SEMINARIO BÍBLICO INSTE

Discipulado 1
Siguiendo a Jesús en servicio fiel

Primer Nivel: Preparación Ministerial

Nicolás y Lena Venditti

Acerca de los autores

La doctora Lena Janzen de Venditti tiene extensa experiencia en el campo de educación y misiones. Enseñó en el Open Bible Institute en Trinidad de 1969 a 1972, y de 1972 a 1980 en el Open Bible College en Iowa, EE.UU. Al mismo tiempo era la decana de estudios del Colegio. En el año 1981 fue enviada por el departamento de misiones de la Biblia Abierta a España donde fundó INSTE en el año 1982. Es autora de los dieciocho libros que forman la base del plan de estudios del Instituto. La Dra. Venditti es licenciada de Open Bible College (B.A., 1967) y de Upper Iowa University (B.A., 1969). Sus estudios posgraduados fueron hechos en Drake University (M.S.E. 1973, Ed.S., 1976, Ed.D., 1978).

El doctor Nicolás Venditti, de padre italiano y madre puertorriqueña se crió en Nueva York. Hizo la carrera de la literatura española y de musicología en New York University (B.A. 1972). Fue a España en 1972 donde formó una orquesta de salsa que dirigió hasta su conversión en 1983. Ingresó en INSTE donde recibió la formación teológica mientras que ministraba en el área de evangelismo en varias iglesias de España. En el año 1987 Nicolás y Lena se casaron, y siguen ministrando juntos en INSTE, colaborando en la revisión de los libros de INSTE. El Dr. Venditti recibió el M. Div. en teología de Fuller Theological Seminary, California, EE.UU. en 1993 y el Ph. D. en la Escuela de Misión Mundial de Fuller Theological Seminary en 1998.

> Procura con diligencia presentarte a Dios aprobado, como obrero que no tiene de qué avergonzarse, que usa bien la palabra de verdad.
>
> 2 Timoteo 2:15

©1992: Open Bible Standard Churches/ Department of International Ministries

Segunda Impresión 2003
Tercera Impresión 2008
Cuarta Impresión 2011

Todos los derechos reservados. Prohibida la reproducción total o parcial sin la autorización de Open Bible Standard Churches.

Las citas bíblicas, a no ser indicada de otra versión, fueron tomadas de la Versión Reina-Valera, revisión 1960. Las citas tomadas de La Biblia de las Américas (Fundación Lockman) se identifica con las siglas LBLA.

INSTE es un ministerio del Departamento de Ministerios Internacionales de las Iglesias de la Biblia Abierta

El Discipulado 1

El señorío de Cristo

Orientación

Lección 1: ...1
- Día 1: Introducción: Cómo estudiar en INSTE ...2
- Día 2: Formación espiritual: Cómo "personalizar" tus estudios ...8
- Día 3: El grupo de INSTE ...13
- Día 4: Cómo memorizar las Escrituras ...16
- Día 5: Repaso de la lección ...19

La base bíblica del discipulado

Lección 2: ...21
- Día 1: Una relación con Cristo ...22
- Día 2: El costo de seguir a Cristo ...28
- Día 3: Las señales de ser discípulo de Cristo ...33
- Día 4: La Gran Comisión: una exposición ...38
- Día 5: La Gran Comisión: la aplicación ...42

El estudio bíblico

Cómo estudiar la Biblia

Lección 3: ...45
- Día 1: Cómo leer la Biblia ...46
- Día 2: Cómo escuchar un sermón ...50
- Día 3: Cómo usar las herramientas de estudio bíblico ...57
- Día 4: Cómo usar la literatura cristiana en el estudio bíblico ...61
- Día 5: Resumen ...66

Cómo estudiar la Biblia: El método sintético

Lección 4: ...69
- Día 1: El método sintético ...70
- Día 2: La introducción al libro ...73
- Día 3: Los párrafos y el bosquejo ...78
- Día 4: El resumen del mensaje del libro ...82
- Día 5: Repaso ...88

Índice

Cómo estudiar la Biblia: Los métodos temático y biográfico

Lección 5: **91**
Día 1: El método temático 92
Día 2: El método temático 98
Día 3: El método biográfico 100
Día 4: El método biográfico 103
Día 5: Repaso de los métodos de estudio bíblico 107

La oración

La oración equilibrada

Lección 6: **111**
Día 1: ¿Qué es la oración? 112
Día 2: La vida de oración de Jesús 116
Día 3: Alabanza y acción de gracias 120
Día 4: Confesión e intercesión 124
Día 5: La súplica y la petición 129

La lucha espiritual y la oración

Lección 7: **133**
Día 1: La lucha espiritual 134
Día 2: El bautismo en el Espíritu Santo 139
Día 3: El ayuno y la oración 142
Día 4: El ayuno general 146
Día 5: Repaso 149

Orando en el Espíritu

Lección 8: **153**
Día 1: Orando en la voluntad de Dios 154
Día 2: Descubriendo la voluntad de Dios 158
Día 3: Utilizando una lista de oración 161
Día 4: Grupos de oración 163
Día 5: Repaso de la unidad 167

© 1992: OBSC

El testimonio personal

"Me seréis testigos...": 1ª Parte

Lección 9: **171**
Día 1: Tu mundo personal 172
Día 2: El crecimiento espiritual y la evangelización 176
Día 3: Cómo usar tu testimonio personal 180
Día 4: Cómo explicar el plan de salvación 185
Día 5: Repaso de la lección 189

"Me seréis testigos...": 2ª Parte

Lección 10: **193**
Día 1: Cómo usar las Escrituras en la evangelización 194
Día 2: Tomar la decisión 199
Día 3: El seguimiento 202
Día 4: Cómo contestar las objeciones 206
Día 5: Evangelizando en el mundo moderno 210

La iglesia

¿Quién soy yo en Cristo?

Lección 11: **215**
Día 1: Cómo Dios nos ve 216
Día 2: El concepto de sí mismo 219
Día 3: La comunión como medio de crecimiento 223
Día 4: Conociéndonos los unos a los otros 226
Día 5: La vida cristiana es relacional 229

"Unos a otros"

Lección 12: **233**
Día 1: Los principios 1 y 2 234
Día 2: Los principios 3 al 7 238
Día 3: Los principios 8 al 10 243
Día 4: Los principios 11 y 12 246
Día 5: Repaso 249

Índice

La unidad del cuerpo

Lección 13: **251**
Día 1: Cómo resolver un conflicto 252
Día 2: La verdadera reconciliación 255
Día 3: La comunicación en la comunidad del Rey..257
Día 4: Estudio temático: La lengua 260
Día 5: Repaso 265

R e p a s o

El discipulado 1

Lección 14: **267**
Día 1: Repaso de las lecciones 1 y 2: El señorío de Cristo 268
Día 2: Repaso de las lecciones 3 a 5: Estudio bíblico 272
Día 3: Repaso de las lecciones 6 a 8: La oración 274
Día 4: Repaso de las lecciones 9 a 10: El testimonio personal..276
Día 5: Repaso de las lecciones 11 a 13: La iglesia..278

Formación espiritual

Compromiso de crecimiento espiritual..282
Compromiso del discipulado..283
El diario espiritual 284
Los versículos..313

Respuestas **319**

© 1992: OBSC

Lección 1
Orientación

¡Bienvenido a INSTE! Te estás uniendo a un grupo de hombres y mujeres que tienen una meta en común: ***ser discípulos de Jesucristo.*** Nuestro propósito es ayudarte para que alcances esa meta.

Acerca de esta lección

En esta lección vamos a darle un vistazo a lo que nos espera en nuestro estudio de discipulado, los propósitos y objetivos de INSTE, cómo funciona nuestro instituto, lo que se requiere de ti como alumno y de tu grupo, y cómo puedes "individualizar" los estudios para aprovecharlos al máximo. Pero antes de hacer eso, lee la lista de objetivos para esta lección:

Objetivos

Cuando termines esta lección, deberás...
1. Estar comprometido al estudio de este programa y todo lo que conlleve para poder llegar a ser un discípulo de Cristo; esto se demostrará al firmar el Compromiso al Discipulado en esta lección, el Compromiso de Crecimiento Espiritual y el Pacto de Compañeros de Crecimiento Espiritual al final del libro.
2. Demostrar tu comprensión del programa de INSTE al contestar correctamente las preguntas en el examen semanal.
3. Memorizar versículos de la Biblia, utilizando el método presentado en esta lección. Demostrarás tu destreza al citar de memoria el versículo señalado para esta lección.

El plan de estudio de esta lección

Día 1: Introducción: Cómo estudiar en INSTE 2
Día 2: Formación espiritual: Cómo "personalizar" tus estudios 8
Día 3: El grupo de INSTE 13
Día 4: Cómo memorizar las Escrituras 16
Día 5: Repaso de la lección 19

Lección 1: Orientación

Día 1:
Introducción:
Cómo estudiar en INSTE

¿Qué es INSTE?

INSTE son las siglas del *Instituto Teológico por Extensión*. Fundada en España en el 1982 bajo los auspicios de las Iglesias de la Biblia Abierta. INSTE se ha extendido a muchas iglesias y denominaciones tanto en aquel país como en otros de habla hispana.

La metodología docente que utilizamos es, en realidad, doble. Como denota su nombre, INSTE es un instituto por *extensión*; es decir, que en vez que el alumno vaya al instituto, INSTE va a dónde él está para entrenarle en el ambiente de su propia iglesia. Pero no solamente se extiende a la iglesia local, sino también desempeña los conceptos útiles de aprendizaje en **relación**, conocido como el método de mentor. (Un mentor es un líder que comparte con el alumno de su experiencia, tiempo, conocimiento y sobre todo, de su propio ejemplo de lo que significa ser discípulo de Cristo.) Los conceptos de extensión y relación son los que hacen de INSTE un instituto distinto.

Los estudios de INSTE se dan en dos niveles. El Primer Nivel, titulado "Formación Cristiana," está diseñado para ayudar al alumno en su desarrollo como discípulo de Cristo. El Segundo Nivel, "Formación Teológica", tiene como propósito la preparación de líderes para la iglesia.

I Nivel: Formación Cristiana

Propósitos y objetivos.

Nuestro propósito en el primer nivel es ayudarte a desarrollar las actitudes y destrezas, los valores, hábitos y conocimiento que deben caracterizar a un discípulo de Cristo. Trataremos los siguientes temas:

- Formación espiritual:
  -Devocionales privados
  -Disciplinas personales
- Oración y ayuno
- Estudio bíblico :
  -Cómo leer la Biblia
  -Reglas generales de interpretación
  -Métodos de estudiar la Biblia
  -Memorización y meditación
- Relaciones interpersonales en la iglesia:
  -Concepto bíblico de sí mismo
  -"Los unos a los otros"
- Dones espirituales:
  -Cómo descubrir y desarrollar los dones
  -El ministerio y los dones
- Testimonio personal
- Conocimiento bíblico y doctrinal

©1992: OBSC

Día 1: Introducción: Cómo estudiar en INSTE

En otras palabras, el plan de estudios del primer nivel está diseñado para ayudarte a ser...

no solamente un...	sino también un...	con el fin de ser ...
Creyente Uno que se ha arrepentido y ha puesto su fe en Cristo como Salvador. Da evidencia de haber nacido de nuevo (2 Cor. 5:17)	**Discípulo** Como seguidor de Cristo, vive bajo el señorío de Jesús, y crece en la santidad. Mantiene una vida caracterizada por las disciplinas espirituales y demuestra las cualidades de Gál. 5:22-23 en su vida.	**Obrero** El discípulo que funciona en un ministerio relacionado con el don que tiene. Es hacedor de discípulos

Entre los cuadros: *Primer Nivel Formación Cristiana* → *descubre su don* →

Nuestro lema es 2 Timoteo 2:15, *"Procura con diligencia presentarte a Dios aprobado, como obrero que no tiene de qué avergonzarse, que usa bien la palabra de verdad."*

¿Cómo sabemos que hemos alcanzado la meta? Fíjate en la descripción del graduado del primer nivel que está a continuación:

El graduado del Primer Nivel...

- Ser   Será caracterizado por las señales de madurez espiritual (Gál. 5:22-23) en sus relaciones interpersonales, en su concepto de sí mismo, en sus valores y actitudes.
- Saber   Sabrá cuál es su don espiritual y demostrará un nivel adecuado de conocimiento bíblico y doctrinal.
- Hacer   Habrá formado los hábitos que caracterizan a un discípulo de Cristo en cuanto a los devocionales diarios, asistencia fiel y apoyo económico a su iglesia, y en su testimonio fiel a los de su alrededor. También servirá en su iglesia conforme al don que tenga.

Fíjate en las tres categorías: el ser, el saber y el hacer. Las examinaremos más detalladamente en la segunda lección. Pero lo importante es que nos demos cuenta de que la meta de INSTE no es solamente aprender conceptos (el saber) sino que los pongamos por obra (el hacer) y que la Palabra de Dios llegue a ser incorporada en nuestra manera de vivir (el ser).

Las cuatro asignaturas del Primer Nivel.

Ya que hemos fijado la meta (ser discípulo de Cristo), la pregunta es ¿cómo alcanzarla? Hemos diseñado las cuatro asignaturas del Primer Nivel para hacer precisamente eso. A continuación, encontrarás una descripción del funcionamiento de las asignaturas. Toma un momento para leerlo.

El Discipulado 1

Lección 1: Orientación

Las cuatro asignaturas son las siguientes:

| El Discipulado 1 | El Discipulado 2 | El Antiguo Testamento | El Nuevo Testamento |

Empezamos con *El Discipulado 1*. Más adelante veremos con más detalles el plan de estudios de esta asignatura. Por ahora, sólo queremos darte una idea general de lo que vamos a hacer. Cada asignatura consta de doce lecciones más una de orientación y se termina con un repaso y el examen final.

Cómo funciona INSTE

Como ya hemos visto, INSTE no es un instituto tradicional. No tienes que dejar tu iglesia, tu trabajo, ni tu familia para acudir a una escuela como un interno. En cambio, INSTE ha sido estructurado para acoplarse a tus necesidades, tanto de tiempo como de tu familia, trabajo y ministerio. Los tres *componentes fundamentales* de nuestro sistema son:

- El estudio diario en casa utilizando el libro interactivo de INSTE.
- La reunión semanal de grupo para reflexionar juntos sobre lo aprendido.
- La convención nacional para celebrar la graduación de los que han terminado sus estudios.

El **estudio diario** tiene como propósito ayudarte a formar el hábito de estudiar la Palabra de Dios y orar todos los días. El estudio de este nivel exige un compromiso de una hora diaria de estudio y oración. Para algunos, es más fácil dedicar una hora por la mañana al estudio. (Algunos se levantan una hora antes para hacer su trabajo diario de INSTE.) Otros prefieren estudiar por la noche. Lo importante es buscar un tiempo fijo que puedas apartar todos los días para estar con el Señor y estudiar su Palabra. También hay que escoger un lugar fijo para estudiar, uno que sea tranquilo y libre de distracciones.

Piensa unos momentos en tu horario normal. ¿Cuándo sería más propicio para ti dedicar una hora al estudio? Rellena el cuadro a continuación. Recuerda que es un compromiso diario.

El estudio diario

Hora: de las _____ hasta las _____

Lugar: _____

Más adelante miraremos cómo usar este libro interactivo en tu estudio diario. Es a través de tu estudio individual en casa que aprendes los conceptos y principios básicos de esta asignatura.

La **reunión semanal** es una parte importantísima de INSTE. No es una conferencia dada por el "profesor" (ya habrás aprendido el contenido de la lección en tu estudio durante la semana); más bien, es una oportunidad para reflexionar junto con los miembros de tu grupo y el líder sobre los temas de la lección. La reunión sirve para animarse los unos a los otros, a ver la relación entre los conceptos estudiados, la vida y ministerio de cada uno. Puesto que la reunión juega un papel tan importante, hemos establecido dos reglas importantes:

Día 1: Introducción: Cómo estudiar en INSTE

- Si un alumno pierde más de una cuarta parte de las reuniones, queda aplazado automáticamente.
- Solamente los que han hecho las tareas de la lección tendrán el derecho de participar en el diálogo de la reunión semanal. La participación de cada alumno será evaluada por el líder de grupo al final de la asignatura.

La hora y día de reunión depende de tu grupo. ¿Ya han fijado el día, hora y lugar de la reunión semanal? Apúntalo en el cuadro a continuación.

La reunión semanal
Día: _____ Hora: _____ Lugar: _____

La **convención nacional** es donde se celebra la graduación de los que terminan sus estudios. Esta reunión provee la oportunidad para que los alumnos de muchas partes del país o región se reúnan y se conozcan. En cada retiro, se dan conferencias sobre temas de interés a la iglesia. Si ha sido anunciada la fecha y lugar del próximo retiro apúntalos en el cuadro siguiente y empieza hacer planes para estar presente:

La Convención Nacional de INSTE
Fecha: _____ Lugar: _____

Cómo usar el libro de INSTE

Este libro de INSTE consta de doce lecciones más ésta de orientación y una de repaso. Tiene las siguientes características.

El Índice

El índice al frente del libro (mira en la página *i* que viene antes de esta lección). Nos da una lista de lecciones más un breve resumen de los temas tratados en cada una. Hemos añadido este índice para que puedas usar esta guía como libro de consulta aún después de haber terminado la asignatura.

La estructura de la lección

Verás en la primera página de esta lección una sección titulada "Acerca de esta lección." Contiene dos partes: Los objetivos y el plan de estudio de la lección. Esta información te ayudará a ver adónde vamos en la lección. Ponle atención a los objetivos, pues definen nuestras metas y los temas tratados en el examen semanal. (*"El que tiene oídos para oír, que oiga..."*) El plan de estudios señala la parte de la lección que tienes que estudiar cada día durante la semana.

El Discipulado 1

Lección 1: Orientación

¿Qué significa "día 1, día 2, etc."? Se refiere a los días que dedicas al estudio de la lección. Por ejemplo, si tu grupo se reúne los jueves, día 1 sería el día próximo, o sea, el viernes; día 2, sería el sábado; día 3, el domingo (aunque la mayoría de la gente lo dejan hasta el día siguiente, pues tienen tantas actividades y responsabilidades en la iglesia) o sea, el lunes; día 4, el martes y el día 5, el miércoles. Hoy estamos haciendo la parte marcada "Día 1: Introducción: Cómo estudiar en INSTE". ¿Qué parte harás mañana? (Mira la lista de días en la primera página.)

Si has puesto "Formación Espiritual: Cómo personalizar tus estudios", has acertado. Si tienes dificultades para fijar tu horario de estudio, habla con tu líder de grupo.

Aprendiendo con el libro de INSTE

En tu estudio diario, vas a hacer dos cosas: leer y responder a las preguntas de este libro. Esta guía es tu "profesor" particular, que te presentará los conceptos y principios importantes de nuestro estudio. Para saber si has entendido bien lo que has leído, tu "profesor" (la guía) te hará una pregunta sobre la lectura. Escribirás tu respuesta en las líneas que siguen a la pregunta. Entonces, tu profesor te dirá si es correcta o no tu respuesta. Notarás que hay un número pequeño al final de la pregunta o las líneas (por ejemplo: ^{2}). Este es el número de la respuesta de tu "profe." Mira en la página 319 las respuestas de las preguntas de esta lección.

En resumen, en tu estudio diario, leerás una porción del libro. Cuando llegues a una pregunta, la contestarás y, a continuación, la comprobarás comparando tu respuesta con la de la guía. Si hay una discrepancia entre tu respuesta y la de la guía, vuelve a leer la porción que corresponde a la pregunta para ver dónde te has equivocado. Si no puedes resolver la discrepancia, anótalo y habla con tu líder de grupo.

Bueno, practiquemos lo que acabamos de aprender. Ya te he presentado mucha información sobre el programa de INSTE. Basado en lo que has leído, dime...¿Cuáles son los tres componentes fundamentales del programa de INSTE?

[1]

¿Encontraste mi respuesta en la página 319? Muy bien. Leyendo, contestando y comprobando tu respuesta, aprenderás el contenido de esta lección. El sistema es sencillo, pero te prometo que aprenderás si lo sigues a conciencia. Ojo: Resiste la tentación de copiar tus respuestas de las mías.

En la sección de tu libro marcada "Exámenes y Trabajos" guardarás tus exámenes semanales y otras tareas que harás a lo largo de este estudio. El examen final está basado en los exámenes semanales, así que si los guardas en tu libro, tu preparación para el examen final será mucho más fácil.

Por último, la sección marcada "**Formación Espiritual**" es de suma importancia. Como ya hemos dicho, nuestra meta no es solamente adquirir conocimiento, sino que el Señor cambie nuestra vida a través de esta experiencia. Mañana consideraremos este tema y cómo puedes "individualizar" este estudio de discipulado.

©1992: OBSC

Día 1: Introducción: Cómo estudiar en INSTE

Resumen

Hoy te he orientado a lo que nos espera en esta asignatura. Solamente nos queda una cosa que hacer, y eso es considerar lo que tu traes a este curso. Ser discípulo de Cristo significa un compromiso total con Cristo. Recibirás de este estudio lo que inviertes en él, tanto de tu tiempo como de tu corazón. Lee la siguiente afirmación de compromiso en una actitud de oración; si realmente expresa tu deseo de seguir a Cristo y aprender más de Él, fírmala.

El Compromiso al Discipulado

"Yo, en este día ____ de _____ del año _____, quiero expresar mi deseo profundo de crecer en mi relación con Jesucristo y seguirle como su discípulo(a). Con Su ayuda, me comprometo a este plan de discipulado, a hacer fielmente los trabajos, a asistir a las reuniones y a colaborar con mis condiscípulos y el líder de mi grupo en la tarea de animarnos el uno al otro en nuestro andar con Cristo."

El Discipulado 1

Lección 1: Orientación

Yo quiero ser "un obrero, aprobado de Dios..."

(II Tim. 2:15)

_____

Firma

©1992: OBSC

Día 2:
Formación espiritual: Cómo "personalizar" tus estudios

La formación espiritual es el fundamento de todo lo que queremos lograr en este estudio de discipulado. La analogía del misionero Fred Holland nos ayuda a ver el papel de la formación espiritual en la preparación de discípulos.

La analogía de la vía del tren

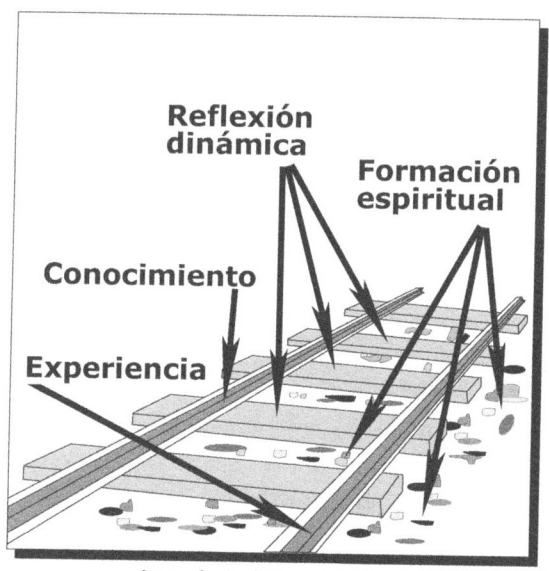

La analogía del tren de Holland

Hay *cuatro factores* importantes en la formación cristiana como vemos en el gráfico a la izquierda. El *conocimiento* (el riel de la izquierda) y la *experiencia* del discípulo (de la derecha) corren paralelos en nuestro plan de discipulado. En INSTE aprenderás el contenido de la asignatura en tus estudios diarios mientras que sigues experimentando el crecimiento espiritual en tu iglesia. El riel del conocimiento incluye tanto conceptos como valores y destrezas.

Las traviesas representan las reuniones semanales de INSTE donde los miembros del grupo, junto con el líder, *reflexionan* sobre los conceptos aprendidos a la luz de las experiencias que han tenido durante la semana. Aprenderás a evaluar tus experiencias a través de tu conocimiento bíblico. La gran ventaja que tiene esta metodología de estudio, sobre un curso por correspondencia, radica en este aspecto de la enseñanza; es decir, la oportunidad que tienes de analizar y evaluar las experiencias de tu vida y ministerio en la compañía de tus condiscípulos y el líder de grupo.

La vía de zanja se refiere a la *formación espiritual* del alumno. La base de todo servicio o ministerio es el carácter del discípulo. En el primer nivel de INSTE, (formación cristiana) subrayamos este aspecto del entrenamiento. Pero sabemos que un libro no puede discipular a nadie. Esto es donde se destaca el papel de tu líder de grupo y del grupo mismo. A través del ejemplo personal de tu líder y de los miembros de tu grupo, serás animado a poner en práctica lo aprendido y a ser cambiado paso a paso a la imagen de Cristo.

Lección 1: Orientación

Los cuatro factores de nuestro plan de discipulado son (mira el gráfico):

_____   _____   _____   _____ [2]

¿Dónde aprenderás el contenido de este curso? (Escoge ☒ la respuesta correcta)[3]

☐ En el estudio diario   ☐ En la reunión semanal   ☐

¿Cuál es el papel de la reunión semanal?

_____
_____ [4]

(No te olvides de comprobar tus respuestas con las mías en la página 319.)

La base de todo, es la formación espiritual. ¿A qué nos referimos al decir esto? A la formación del carácter del discípulo, de sus valores y actitudes y de su disposición a ser cambiado a la imagen de Cristo.

Cómo lograr la meta

Vamos a destacar el área de formación espiritual a lo largo de nuestro estudio. Lo subrayaremos en esta asignatura en tres áreas:

- En relaciones interpersonales:.................................Compañeros de crecimiento espiritual
- En los devocionales: ....El diario devocional
- En las metas de crecimiento espiritual:......................... Compromiso de crecimiento espiritual

Veámoslas.

El compromiso de crecimiento espiritual

Cada persona viene al grupo de INSTE con una mezcla única de experiencias, conocimiento, y personalidad. En otras palabras, ¡todos somos diferentes! Pero todos estamos aquí con el propósito de crecer espiritualmente. Puesto que somos diferentes, puede ser que un alumno necesite crecer en un área, mientras que su compañero de grupo tiene que crecer en otra.

El compromiso de crecimiento espiritual te permite "individualizar" tus metas y proyectos. He aquí una lista de ejemplos para establecer metas: *"Mi meta es...*

☐ Oración............................*orar por lo menos 15 minutos todos lo días por mi familia."*

☐ Palabra............................*memorizar 2 versículos de la Biblia cada semana."*

☐ Testimonio......................*testificarle a una persona cada mes."*

☐ Palabra............................*leer toda la Biblia en este año."*

☐ Comunión......................*visitar a un enfermo o a un anciano una vez por mes."*

☐ Oración............................*orar todos los días por la salvación de mi hermano."*

☐ (Otra)............................*levantarme una hora más temprano para estar con el Señor."*

©1992: OBSC

Día 2: Formación espiritual: Cómo "personalizar" tus estudios

☐ Comunión ....*diezmar de mi sueldo a la iglesia todos los meses."*
☐ (Otra) ....*ser fiel a mi estudio de INSTE todos los días."*
☐ Oración .... *ayunar una vez por semana por mi iglesia."*
☐ Oración ....*orar todos los días por los misioneros en el país de* _____ *"*

Fíjate en estos ejemplos. Cada meta tiene tres partes que corresponden a tres preguntas:

¿Qué (acción)? ...."orar, memorizar, testificar, visitar, levantarme, ayunar..."
¿Por cuánto tiempo? .... "por lo menos 15 minutos todos los días, en este año..."
¿Qué (objeto de la acción)? ...."por mi familia, a una persona, 2 versículos...,
....para estar con el Señor..."

Se puede clasificar las metas comparándolas con los cuatro componentes de discipulado. (Ver el gráfico a la derecha.). Las metas clasificadas "otra" tienen que ver con la disciplina en general en vez de un área específica del discipulado. Sin embargo, es una meta legítima. Cuando están funcionando bien los cuatro componentes, el discípulo lleva una vida espiritualmente equilibrada y creciente.

A continuación encontrarás un "chequeo de disciplinas espirituales" para evaluarte a ti mismo en estas áreas. Quizá te dará una idea de una meta que te gustaría lograr o surgirá un deseo de crecer en un área particular de tu vida espiritual. Ésta será la meta que identificarás en tu compromiso de crecimiento espiritual.

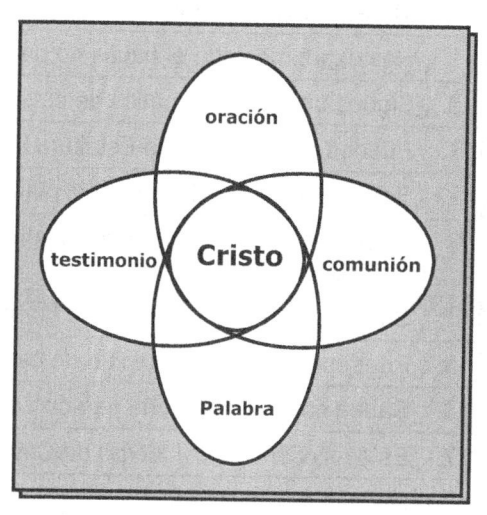

Cuatro componentes del discipulado

El chequeo de disciplinas espirituales

Cuando visitamos un médico, nos hace una serie de preguntas para diagnosticar el estado de nuestra salud. A continuación hay una lista de preguntas para "diagnosticar" nuestro estado de salud espiritual en cuanto a la práctica de las disciplinas espirituales. (Definición: las prácticas que contribuyen a la salud espiritual de un discípulo de Cristo.)

Lee cada pregunta y contesta Sí o No. *No* tienes que enseñarle tus respuestas a nadie. Este "chequeo" sirve solamente para ayudarte a pensar en las áreas dónde posiblemente necesitas mejorar tu salud espiritual.

El Discipulado 1

Lección 1: Orientación

Chequeo de las disciplinas espirituales	
1. ¿Oras por lo menos 15 minutos todos los días?	Sí ☐ No ☐
2. ¿Lees por lo menos un capítulo de la Biblia todos los días?	Sí ☐ No ☐
3. ¿Sabes cuál es el don espiritual que tienes?	Sí ☐ No ☐
4. ¿Diezmas de tu sueldo a la iglesia local?	Sí ☐ No ☐
5. ¿Has testificado de tu fe a un no cristiano en los últimos dos meses?	Sí ☐ No ☐
6. ¿Asistes fielmente a tu iglesia?	Sí ☐ No ☐
7. ¿Tienes un tiempo habitual para tus devocionales?	Sí ☐ No ☐
8. ¿Manejas bien tu tiempo?	Sí ☐ No ☐
9. ¿Has experimentado el bautismo en el Espíritu Santo?	Sí ☐ No ☐
10. ¿Sigues un plan sistemático de estudio bíblico personal?	Sí ☐ No ☐
11. ¿Puedes defender con la Escritura la deidad de Cristo?	Sí ☐ No ☐
12. ¿Sabes explicar bíblicamente el plan de salvación?	Sí ☐ No ☐
13. ¿Se hacen una realidad en ti los principios bíblicos a través de la memorización de la Escritura?	Sí ☐ No ☐
14. ¿Sabes cuáles son los libros de la Biblia en orden?	Sí ☐ No ☐
15. ¿Puedes resumir el contenido de cada libro de la Biblia?	Sí ☐ No ☐
16. ¿Sabes cómo llevar a una persona a Cristo?	Sí ☐ No ☐
17. ¿Estás sirviéndole al Cuerpo de Cristo con tus dones espirituales?	Sí ☐ No ☐
18. ¿Ayunas periódicamente?	Sí ☐ No ☐
19. ¿Puedes explicar con citas bíblicas la esperanza que tenemos en la venida de nuestro Rey y Señor Cristo Jesús?	Sí ☐ No ☐
20. ¿Sabes encontrar el fruto del Espíritu en las epístolas de Pablo?	Sí ☐ No ☐
21. ¿Sabes cómo ser guiado por el Espíritu Santo al dar testimonio de tu fe o dar una palabra de consejo?	Sí ☐ No ☐
22. ¿Manifiestas en tu vida el fruto del Espíritu?	Sí ☐ No ☐
23. ¿Tomas decisiones personales basadas en los valores bíblicos?	Sí ☐ No ☐
24. ¿Estás sometido a la autoridad espiritual que Dios ha puesto en tu iglesia local?	Sí ☐ No ☐
25. ¿Puedes señalar cambios en tu vida que son resultados de tu estudio de la Biblia y tu obediencia a sus principios?	Sí ☐ No ☐
26. En tus devocionales, ¿te habla el Señor a través de la Escritura?	Sí ☐ No ☐
27. ¿Juzgas tus experiencias espirituales a la luz de la Escritura?	Sí ☐ No ☐
28. ¿Has sido bautizado en agua?	Sí ☐ No ☐

©1992: OBSC

En este curso de discipulado, estudiaremos todas estas áreas. Cuando termines las cuatro asignaturas de este programa de discipulado, deberás poder contestar "**Sí**" a cada pregunta de este chequeo. Por ahora, piensa en una meta para este semestre, o sea, un área en que quieres trabajar a lo largo de esta asignatura.

Ahora, mira en la sección marcada de este libro "Formación espiritual" donde hallarás el "Compromiso de Crecimiento Espiritual". Toma un tiempo para orar y, a continuación, escribe una meta personal de crecimiento espiritual.

¿Ya lo has hecho?   Sí ☐   No ☐

Compañeros de crecimiento espiritual

¿Qué haremos con el compromiso de crecimiento espiritual? En primer lugar, este compromiso es algo muy personal entre tú y el Señor. Pero al mismo tiempo sabemos que nos necesitamos unos a otros para estimularnos a crecer. Este es el concepto de *responsabilidad mutua* que viene del modelo de "mentor".

Me imagino que todos hemos tenido la experiencia de proponernos hacer algo, pero si no lo compartimos con alguien a quien tenemos que darle cuentas, la resolución se queda ahí y, pasado el tiempo, fallamos con nuestras mejores intenciones. En el grupo de INSTE, el líder formará "Compañeros de crecimiento" para *"estimularnos al amor y a las buenas obras"* (Heb. 10:24). Utilizando los compromisos de crecimiento, con las dos o tres personas del grupito de "compañeros de crecimiento" se ayudarán mutuamente para proseguir hacia la meta de cada uno.

Mañana consideraremos cómo funcionarán las parejas (o triadas) de los compañeros de crecimiento espiritual.

El diario devocional

Comenzando con la segunda lección, encontrarás en la sección "Formación espiritual" un diario en el cual apuntarás tus pensamientos, peticiones de oración, respuestas de oración, etc. El propósito del diario es ayudarte a reflexionar seriamente sobre el impacto de todo lo aprendido en tu vida espiritual. A lo largo de esta asignatura, aprenderás a usar el diario.

Resumen

La formación espiritual es la base de todo lo que se hará en este curso de discipulado. Es la formación de los valores y actitudes que definen el carácter del discípulo. El Señor está mucho más interesado en lo que *somos* que en lo que *hacemos o sabemos*. El deseo de nuestro corazón es que lleguemos a ser como Él es.

Lección 1: Orientación

Día 3:
El grupo de INSTE

Nuestra meta es *hacer discípulos*; y con este fin hemos preparado estos materiales. Sin embargo, un libro no puede discipular a nadie; lo que hace falta es una relación con alguien que puede demostrar con su propia vida lo que significa ser discípulo de Cristo. Ser modelo y seguir un modelo es el mecanismo principal por el cual el creyente llega a ser un discípulo de Cristo. Por esa razón la piedra angular de nuestro sistema de enseñanza es el grupo de INSTE.

Cuatro niveles de relación

La figura de la derecha señala cuatro niveles de relación que se desarrollan en el grupo de INSTE.[a] En primer lugar el alumno observa en el líder las cualidades espirituales que quiere desarrollar en su propia vida. Al mismo tiempo, el líder ve en el alumno la disposición de seguir sus directrices y consejos y a cumplir con los deberes del curso de discipulado.

En segundo lugar, el alumno comparte, por lo menos una vez por semana con su(s) compañero(s) de crecimiento espiritual, lo que está sucediendo en la búsqueda de sus metas personales (el compromiso de

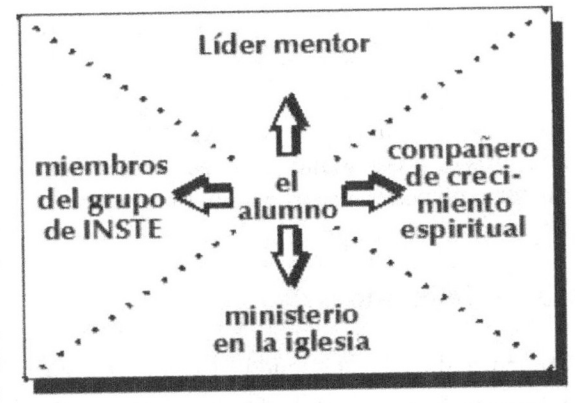

Relación del alumno con su grupo de INSTE

crecimiento espiritual). Darle cuentas del progreso de sus metas a su compañero, le ayudará a ser fiel a su compromiso. Además los dos se animarán mutuamente en el cumplimiento de los requisitos de INSTE, y sobre todo, orarán juntos por las necesidades particulares que tienen.

El tercer nivel de relación es entre el alumno y sus condiscípulos en el grupo de INSTE. Es donde los miembros del grupo reflexionan cada semana sobre el significado de lo que han aprendido. Cada uno ejemplifica en su propia vida cómo está siendo cambiado por el poder transformador de Cristo. Y así, van aprendiendo los unos de los otros, siendo ejemplos en la medida en que exaltan a Cristo en su manera de vivir. Nadie es perfecto pero colectivamente la vida de Jesucristo se expresa pura y poderosamente en todos. Cada miembro del grupo tiene algo para contribuir al bienestar de los demás.

Por último, al continuar el curso, cada alumno aprenderá cuál es su don, y cómo usarlo para el bien de la iglesia. El servicio al Cuerpo de Cristo representa la relación hacia abajo en el cuadro ilustrativo. Es compartir con otros lo que has recibido de parte del Señor.

---

[a]Adaptado del modelo de la constelación presentado en el libro de Paul Stanley y J. Robert Clinton, *Please Mentor Me* (Pasadena, CA: Impreso privado, 1990), página 111.

©1992: OBSC

Resumiendo, la relación hacia arriba exige de parte del alumno la disposición de responder positivamente a la dirección del líder para que sean formadas las disciplinas personales y espirituales que se requiere de un discípulo. Las dos relaciones laterales, a la derecha con el compañero de crecimiento espiritual y a la izquierda con el grupo de INSTE dan al alumno la oportunidad de contribuir al crecimiento espiritual de otros al mismo tiempo que recibe de ellos la motivación necesaria para seguir adelante con su andar con Cristo. Finalmente, la relación hacia abajo ilustra nuestro servicio a la Iglesia de Cristo, al compartir lo que hemos recibido de parte del Señor.

Compañeros de crecimiento espiritual

En la próxima reunión de tu grupo, el líder de grupo asignará a cada miembro del grupo un compañero de crecimiento espiritual. Seguirá las pautas que se dan a continuación en la formación de las triadas o parejas de oración.
- Si en un matrimonio estudian ambos, pueden ser nombrados compañeros.
- Si hay un número impar de miembros de grupo, el líder puede formar una triada.
- El líder puede ser compañero de crecimiento espiritual.

El encuentro semanal.

Los primeros 15 minutos de cada reunión semanal se dedican al encuentro con el compañero de crecimiento espiritual. Se hará lo siguiente:
1. Se informarán el uno al otro del progreso hacia las metas personales de los compromisos de crecimiento espiritual de cada uno. Se animarán el uno al otro en su progreso y se ayudarán mutuamente a superar los obstáculos que pueden surgir y estorbar el adelanto hacia las metas.
2. Orarán el uno por el otro, compartiendo sus peticiones de oración y respuestas. Compartirán de su diario devocional de lo que el Señor les enseñó durante la semana
3. Se animarán mutuamente en el cumplimiento de los trabajos de INSTE y ofrecerán consejos oportunos el uno al otro de cómo aprovechar los estudios. Repasarán también los versículos que han memorizado.

El compromiso de compañeros de crecimiento espiritual.

Mira en la página 283 de la sección de formación espiritual donde encontrarás el pacto de compañeros de crecimiento espiritual. Léelo con atención. En la próxima reunión lo firmarás, y compartirás con tu compañero la(s) meta(s) que has puesto en tu compromiso de crecimiento espiritual.

Resumen

La responsabilidad hacia los hermanos es el principio que subyace en el diseño de los grupos de INSTE. Se incluye la idea del sometimiento mutuo de los miembros del grupo, y de los compañeros de crecimiento espiritual. Tener que darle cuentas a un hermano sobre nuestras metas personales nos protege del autoengaño y provee la ocasión para dar una palabra de amonestación o de ánimo cuando sea necesario. En el grupo, se aprende a valorar las contribuciones de los

Lección 1: Orientación

demás miembros, de amarse mutuamente, de preocuparse el uno por el otro, en fin, de ser la iglesia en microcosmo.

La relación del alumno de INSTE con su líder de grupo le provee la perspectiva para poder mantener equilibrio en su vida personal y espiritual. También su relación con el líder del grupo le provee la motivación necesaria para seguir adelante sin desmayar. Al mismo tiempo esta relación le exige al alumno–discípulo que dé cuentas de su progreso en forma de exámenes, en su fidelidad al hacer los trabajos y en el desarrollo de los hábitos y las destrezas que caracterizan al discípulo de Cristo.

La cualidad de las relaciones dentro del grupo de INSTE determinará el éxito de este programa de discipulado. Deben ser caracterizadas por confianza mutua, amor y aceptación recíproca.

Pensando en lo que hemos dicho de la importancia de relaciones, ¿cómo contestarías la siguiente pregunta?

"¿Cómo puedo desarrollar una buena relación con los miembros de mi grupo de INSTE?"

_____
_____
_____
_____
_____
_____
_____
_____
_____
_____
_____
_____
_____
_____
_____
_____

Día 4:
Cómo memorizar las Escrituras

Las vitaminas que necesitamos para crecer espiritualmente vienen de nuestra comida espiritual; es decir, de la Palabra de Dios. Aprenderás varias maneras de "comer", o sea, de estudiar la Biblia durante este curso. Un método muy fácil de recibir alimentación es memorizando versículos de la Biblia.

Nuestro propósito en este programa de discipulado es de ayudarte a desarrollar las destrezas y hábitos que fomentarán en ti el crecimiento espiritual. En el transcurso de las cuatro asignaturas del Primer Nivel, aprenderás de memoria aproximadamente cincuenta versículos y pasajes bíblicos que tienen que ver con los temas que estudiaremos.

Al sugerir que es bueno memorizar versículos, la mayoría de los adultos protestan diciendo que sufren un "bloqueo mental." Hablando sinceramente, aprender versículos de memoria requiere mucha disciplina, pero se ganan enormes riquezas en la vida espiritual.

¿Cuál ha sido tu experiencia de memorizar versículos? ¿Cuántos te sabes de memoria?

☐ entre 0 a 5   ☐ entre 6 a 10   ☐ entre 11   ☐ más de 20

¿Cuál aspecto de la memorización es para ti más difícil?

_____

Creo que en el sistema que presentamos en esta lección, encontrarás una manera eficaz y más sencilla de memorizar las Escrituras.

¿Por qué memorizar la Escrituras?

Busca los siguientes versículos en tu Biblia y contesta la preguntas a continuación.

Colosenses 3:16 ¿Cómo puede "morar" la palabra de Cristo en nosotros?

_____ 5

Deuteronomio 6:6 ¿Cuál frase de este versículo habla de la memorización de la Escritura?

_____ 6

Mateo 4:4 Jesucristo memorizaba la Escritura. ¿Cómo usó la Escritura en este pasaje?

_____ 7

Salmo 37:31 ¿Cuál es el beneficio que viene de la memorización de Escrituras, según el salmista David?

_____ 8

El Discipulado 1

Lección 1: Orientación

Proverbios 7:1-3 ¿Dónde debe estar escrita la Palabra de Dios?

_____ 9

Salmo 119:11 Según este versículo, ¿qué beneficio trae la memorización de las Escrituras?

_____ 10

Salmo 1:2 David memorizaba la Palabra de Dios (ya lo sabemos del versículo anterior). ¿Para que memorizaba David la escritura?

_____ 11

En resumen, las razones por las cuales debemos memorizar las Escrituras son las siguientes: (Marca las afirmaciones verdaderas) [12]

Sí   No

☐   ☐   Jesucristo nos sirve de ejemplo, debido a que Él memorizaba las Escrituras.

☐   ☐   El Antiguo Testamento también nos aconseja memorizar las Escrituras.

☐   ☐   Memorizar las Escrituras nos equipa para utilizar la espada del Espíritu para vencer a Satanás, y las tentaciones de la carne.

☐   ☐   Nos da una herramienta valiosa para poder meditar "día y noche" en la Palabra de Dios.

☐   ☐   Nos prepara para usar la Biblia en dar el testimonio de nuestra fe en Cristo.

Cómo memorizar un versículo

Preparando las tarjetas. Para ayudarte a memorizar los versículos claves de este curso de discipulado, hemos preparado una hoja de versículos que encontrarás al final de la sección **"Formación espiritual."** Con tijeras, corta los versículos en cuadros siguiendo las líneas separadoras. Tendrás unas 14 tarjetas cuando termines. Guárdalas con un hule o una liga. Nota que cada tarjeta tiene dos lados.

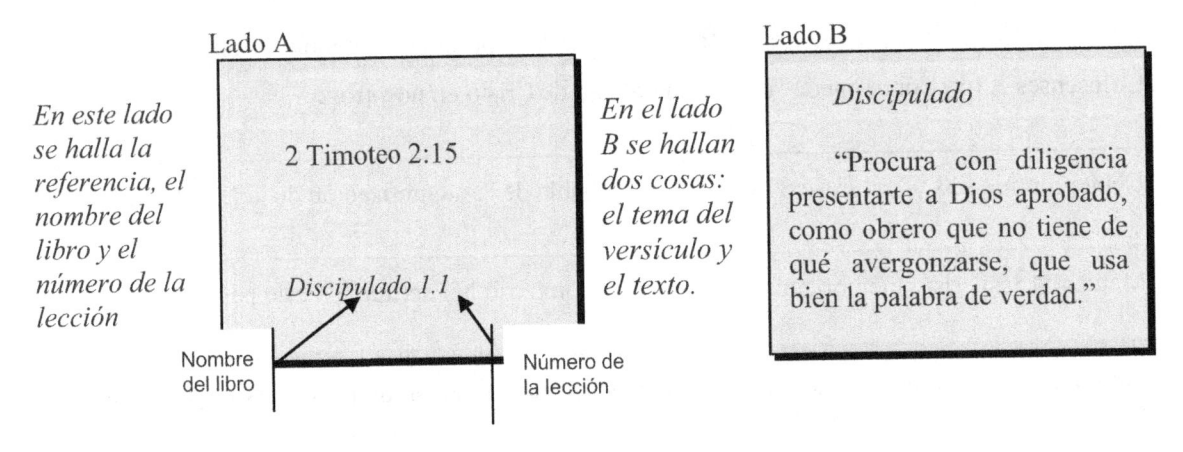

Lado A

En este lado se halla la referencia, el nombre del libro y el número de la lección

2 Timoteo 2:15

Discipulado 1.1

Nombre del libro — Número de la lección

En el lado B se hallan dos cosas: el tema del versículo y el texto.

Lado B

Discipulado

"Procura con diligencia presentarte a Dios aprobado, como obrero que no tiene de qué avergonzarse, que usa bien la palabra de verdad."

©1992: OBSC

Día 4: Cómo memorizar las Escrituras

Cómo usar las tarjetas

1. Lee en voz alta la referencia en el lado A de la tarjeta. En seguida, da vuelta y lee el versículo entero del lado B. Cita la referencia de memoria (si no puedes, da vuelta y léela.) Repite este ejercicio (leyendo la referencia, el versículo, la referencia) 5 a 10 veces.

2. Ahora, diciendo la referencia, da la vuelta y lee todo *menos la última frase*, diciendo ésta de memoria. Por ejemplo:

   "2 Timoteo 2:15" (*leyendo*) "Procura con diligencia presentarte a Dios aprobado, como obrero que no tiene de qué avergonzarse,
   (*ahora de memoria*) que usa bien la palabra de verdad." 2 Timoteo. 2:15

   Hazlo varias veces, para que se grabe en tu mente la última frase, siempre terminando con la referencia.

3. Después de decir la referencia, dale vuelta y lee todo *menos las dos últimas frases*:

   "2 Timoteo 2:15" (*leyendo*) "Procura con diligencia presentarte a Dios aprobado,
   (*de memoria*) como obrero que no tiene de qué avergonzarse, que usa bien la palabra de verdad." 2 Timoteo 2:15

   Practícalo varias veces.

4. A continuación, cítalo todo de memoria.

   "2 Timoteo 2:15" (*todo de memoria*) "Procura con diligencia presentarte a Dios aprobado, como obrero que no tiene de qué avergonzarse, que usa bien la palabra de verdad." 2 Timoteo 2:15

   Repásalo unas 5 a 10 veces hasta que puedas recitarlo con facilidad.

5. Lleva tus tarjetas en el bolsillo o en la cartera, y en tus momentos libres, repásalos. Hazlo diariamente. (Los compañeros de crecimiento espiritual los repasarán en la reunión semanal.)

6. Medita en el versículo nuevo pensando cómo puedes aplicarlo a tu vida personal.

7. Repasa los versículos una vez por semana durante seis meses y después, una vez por mes durante seis meses más. En el "Diario Espiritual" encontrarás un lugar para escribir el versículo para recordarte a repasarlo cada día durante tu tiempo devocional. Hablaremos de esto en la semana que viene.

Al realizar este proceso, lo recordarás el resto de tu vida. Ahora, si todavía no lo has hecho, corta las tarjetas y empieza a memorizar el versículo de esta lección (la tarjeta "Discipulado 1.1" que significa Discipulado 1, Lección 1) siguiendo las pautas que acabas de leer. Dios te bendiga, y ¡a disfrutar!

Lección 1: Orientación

Día 5:
Repaso de la lección

En esta semana te hemos orientado al programa de INSTE. Ya debes saber cuáles son los recursos que tienes a tu alcance, lo que se requiere de ti, y cómo funciona nuestro instituto. Si tienes cualquier pregunta, anótala al final de esta lección y preséntala a tu líder de grupo.

En resumen

Utilizando esta guía de INSTE, estudiarás en casa todos los días. Haciéndolo a conciencia, formarás el hábito de estar diariamente a solas con el Señor estudiando su Palabra y orando, lo que es fundamental para crecer espiritualmente. También aprenderás el contenido del curso y adquirirás las destrezas que caracterizan a un discípulo, tales como:

- tener devocionales privados
- hacer estudios bíblicos
- memorizar la Escritura
- orar y ayunar
- testificar a los no conversos
- relacionarte con el Cuerpo de Cristo.

El Señor te hablará de forma muy personal en tu encuentro diario con Él. Escúchale y obedécele y verás cómo irás cambiando paso a paso a la imagen de nuestro Señor. A veces el crecimiento nos cuesta, pues los hábitos viejos no cambian con facilidad, y las debilidades de la naturaleza humana no son tan fáciles de superar. Sin embargo, tenemos la ayuda del Señor mismo que nos prometió que estaría "con nosotros todos los día hasta el fin del mundo". Todo lo que nos hace falta para poder vivir una vida recta y santa proviene de Su mano. (Pero esto es el tema de la segunda lección.).

Otro componente importante en nuestro sistema es la reunión semanal en la cual, en los primeros minutos te reunirás con tu compañero de crecimiento espiritual para compartir, orar, y ser de ánimo el uno al otro. Luego, en la reunión del grupo reflexionarás con tus condiscípulos sobre los temas estudiados durante la semana. No es una clase tradicional donde un profesor dicta una conferencia; más bien es un tiempo de compartir y aprender los unos de los otros de cómo "encarnar" la Palabra de Dios en la vida y el ministerio de cada miembro del grupo.

El examen semanal

Cada lección termina con un examen semanal en la reunión de grupo. Para prepararte, lee los objetivos al principio de la lección (en la 1ª página de esta lección). Si puedes hacer lo que indican los objetivos, estarás listo para hacer el examen. Otra ayuda será el repaso que encontrarás (con unas pocas excepciones) en el día 5º de cada lección. Presta atención al repaso y te dará una buena idea de los temas que aparecerán en el examen semanal.

©1992: OBSC

Día 5: Repaso de la lección

Al finalizar la asignatura, habrá un examen final, que se basa en los exámenes semanales. La preparación para el examen final es sencilla: repasa bien los exámenes semanales y ¡estarás listo!

En tu próxima reunión, harás el 1er examen semanal, de tipo "test". Este es de práctica; no te preocupes si sales bien o no. La idea es de familiarizarte con los exámenes de INSTE. A continuación hay un ejemplo de una pregunta tomada de un examen semanal:

_____ 1.	En el Primer Nivel (Formación Cristiana) ¿cuántas lecciones hay en cada asignatura o libro? A. 10 B. 12 C. 14 D. 16

La respuesta correcta es la C. (Hay 12 lecciones más una lección de orientación y otra de repaso, un total de 14). Escribe la letra "C" en el espacio a la izquierda de la pregunta.

Los exámenes semanales sirven para motivarte a estudiar todos los días la parte indicada de la lección. Si lo haces fielmente, no encontrarás sorpresas en los exámenes semanales. No te olvides de repasar el versículo que estás memorizando. (De vez en cuando tendrás que escribirlo en el examen semanal.)

Repaso de tareas

Marca las tareas que ya has terminado.

Sí	No	
☐	☐	Fijar una hora y un lugar para tu estudio diario (página 4)
☐	☐	Firmar el Compromiso al Discipulado (página 7)
☐	☐	Hacer el "Chequeo de disciplinas espirituales" (página 11)
☐	☐	Rellenar el Compromiso de Crecimiento Espiritual (página 283 de la sección "Formación espiritual")
☐	☐	Contestar la pregunta "¿Cómo puedo desarrollar una relación buena con los miembros de mi grupo de INSTE?" (página 15)
☐	☐	Cortar las tarjetas de memorización de versículos (en la sección de Formación espiritual).
☐	☐	Memorizar el versículo 2 Timoteo 2:15

Si te queda algo que no has acabado, termínalo ahora.

Notas y comentarios

Usa el espacio a continuación para apuntar las preguntas o comentarios sobre lo que has experimentado esta semana para compartirlos con el líder de tu grupo en la reunión semanal.

Lección 2:
La base bíblica del discipulado

Cuando Jesucristo mandó a sus seguidores a hacer discípulos, los doce entendían perfectamente bien lo que tenían que hacer, porque habían sido entrenados durante aproximadamente tres años por el Señor. Si queremos entender de que trata la gran comisión ("haced discípulos"), tenemos que ir a la fuente, o sea, ver cómo Jesucristo lo hizo. Y eso es lo que vamos a hacer en esta lección.

Acerca de esta lección

Al analizar el uso de la palabra *discípulo* (griego *mathetes*) que aparece más de 200 veces en los primeros cinco libros del Nuevo Testamento, algunas cosas se vuelven evidentes. En primer lugar, notamos la importancia de las *relaciones* en el proceso de hacer discípulos, acompañado por el énfasis puesto en la instrucción, tanto verbal, como a través de la vida compartida del Maestro con sus discípulos. Observamos, también, el *compromiso* requerido por Jesucristo de sus discípulos y, a la misma vez, las *señales* que marcan el discípulo verdadero de Cristo. Al final de su ministerio terrenal, Jesús comisionó a sus discípulos para hacer exactamente lo que Él había hecho. Trataremos todos estos temas, terminando nuestro estudio de esta semana con una exposición de la gran comisión.

Objetivos

Cuando termines esta lección, deberás poder:
1. Identificar y explicar los tres requisitos de discipulado relacionados con la Gran Comisión.
2. Reconocer las señales de crecimiento espiritual en tu propia vida al hacer una "inspección de fruto" como está explicado en esta lección.
3. Comparar los papeles de discípulos y hermanos en relación con el mundo y la iglesia.
4. Identificar y explicar las dos tareas que se encuentran en la Gran Comisión relacionadas con el hacer discípulos.
5. Explicar la relación entre el discipulado y el fruto del Espíritu.
6. Usar un diario en tus devocionales personales.

El Discipulado

El plan de estudio de esta lección

Día 1: Una relación con Cristo 22
Día 2: El costo de seguir a Cristo 28
Día 3: Las señales de ser discípulo de Cristo 33
Día 4: La Gran Comisión: una exposición 38
Día 5: La Gran Comisión: la aplicación 42

Día 1:
Una relación con Cristo

La decisión que tomaste de seguir a Cristo, fue la más importante de tu vida. Naciste de nuevo no porque dijiste las palabras correctas, ni porque tuviste una experiencia espiritual maravillosa; sino por lo que hizo Cristo. Eres parte de la familia de Dios por Su gracia, no por lo que haces. *"Porque por gracia sois salvos por medio de la fe; y esto no de vosotros, pues es don de Dios; y no por obras, para que nadie se glorie."* Efesios 2:8, 9.

Lucas 9:23 Seguir a Cristo

Ahora, eres un seguidor de Cristo. Miremos Luc. 9:23 que nos enseña cómo seguirle a Él.

Discipulado 1

Y decía a todos: Si alguno quiere venir en pos de mí, niéguese a sí mismo, tome su cruz cada día, y sígame

¿Qué crees que Jesús quería decir con estas frases? Escribe tus ideas en las líneas a continuación.

"venir en pos de mí" _____
_____
_____

"niéguese a sí mismo" _____
_____

"tome su cruz cada día" _____
_____

"sígame" _____
_____

Compara tus ideas con las mías en la página 319.[13] En este versículo, Jesús habla del compromiso del discípulo y de su identificación total con el Maestro. Pero el mundo proclama todo lo opuesto: ¡Afírmate! ¡Reclama tus derechos! Seguir a Cristo es andar en otro camino como Jesús mismo andaba. ¿Cómo demuestras en tu vida el hecho de que estás siguiendo a Cristo? Volveremos a este versículo mañana.

Lección 2: La base bíblica del discipulado

Tres requisitos del discipulado

Al analizar la manera en que Jesucristo hizo discípulos, notamos tres cosas:
1. El discipulado requiere una relación íntima entre el discípulo y el "discipulador".
2. El discípulo tiene que ser instruido en la Palabra de Dios.
3. El discípulo tiene que estar comprometido totalmente al Maestro.

1er Requisito: Marcos 3:14 Relación: "Para que estuviesen con él..."

Seguir a Cristo quiere decir *tener una relación íntima con Él*. Los discípulos estuvieron con Él día y noche durante tres años. Escuchaban sus enseñanzas, observaban su vida de oración, su uso de las Escrituras, su actitud y su sometimiento total a la voluntad del Padre, su compasión y amor, su poder. Se reían juntos, comían de la misma comida, viajaban juntos...fue una vida totalmente compartida.

El primer requisito para el discipulado es *tener una relación con el Maestro*. Los doce discípulos tenían la maravillosa experiencia de poder estar con Jesús todos los días. Y ¿qué ocurrió? Los discípulos aprendían de Él. Y todo el mundo *"reconocían que habían estado con Jesús."* Hechos 4:13. Prestemos atención a la manera que podemos cultivar nuestra relación con el Maestro.

Los devocionales privados: ¿Cómo desarrollar una relación personal con Cristo?

El primer requisito del discipulado es _____ [14]

¡Podemos tener el mismo privilegio que tenían los doce de poder estar con Él todos los días! A través de los devocionales personales pasarás tiempo con Él, aprendiendo de Él, dejándole que te cambie, creciendo en tu conocimiento del Maestro. Uno de los hábitos más importantes que aprenderás en este curso de discipulado es cómo mantener este tiempo devocional diario. A continuación explicamos cómo empezar.

Una de las razones por las cuales insistimos en que estudies todos los días es para ayudarte a desarrollar el hábito de tener devocionales diarios. Durante este curso, combinamos el tiempo devocional con el estudio de las lecciones de INSTE. En la primera lección dijimos que debes apartar una hora diaria para el estudio y la oración. ¿Qué hora has apartado?

De las _____ hasta las _____.

Para aprovechar al máximo el tiempo, sigue las siguientes pautas:
1. Comienza la hora con oración, pidiendo la dirección del Señor en el estudio.
2. Estudia la porción de la lección señalada para aquel día.
3. Encontrarás al final una sección titulada "Formación espiritual". Sigue las instrucciones que te guiarán a la parte de este libro con el mismo título.
4. Basado en el tema de la lección, reflexionarás en lo que has aprendido, apuntando en el "Diario espiritual" tus pensamientos personales, peticiones de oración, etc.
5. Termina con oración.

Más adelante tendrás la oportunidad de ponerlo en práctica. Verás cómo el mismo Señor hablará contigo. Tu relación con el Señor se desarrolla pasando tiempo con Él. Puede ser tan real como fue la relación de los primeros doce discípulos con el Maestro.

©1992: OBSC

Relaciones en el grupo de INSTE

A través de tus devocionales desarrollarás una relación más íntima con el Señor. En tus estudios de estas cuatro asignaturas adquirirás conocimiento bíblico. Sin embargo, este libro no puede hacerte un discípulo. El discipulado es una manera de vivir, no solamente una serie de libros o reuniones. Se requiere *una relación personal con otros creyentes* que demuestran en su estilo de vida cómo el carácter de Cristo se va desarrollando en ellos.

En Mateo 4:19 Jesucristo dice en efecto, "sígueme, y te haré como yo." Pablo entendió la importancia de seguir el ejemplo de un creyente más maduro en las cosas del Señor. Dijo en su segunda carta a los Tesalonicenses (3:9) "fuimos un ejemplo para que nos imitaseis" lo que habían hecho: 1 Tesalonicenses 1:6: "vinisteis a ser imitadores de nosotros y del Señor". A los Filipenses dijo (4:9)

> lo que aprendisteis, recibisteis, oísteis, visteis en mí, esto haced

Con facilidad captamos la idea de ser imitadores de Dios, pero el discipulado también requiere modelos concretos para imitar, y *relaciones con otros creyentes en una variedad de situaciones*. Las virtudes cristianas se aprenden viéndolas en otros discípulos. Aprendemos a ser cristianos del mismo modo en que el niño aprende su cultura, es decir, por estar dentro de ella. ¿Cómo aprendiste a hablar? Imitando a los de tu alrededor. ¿Cómo aprendiste a comportarte como un miembro responsable de tu sociedad? Observando a otros. El discipulado es exactamente lo mismo. Se aprende observando, imitando, practicando, hasta que las destrezas, valores, y actitudes de la vida cristiana se encarnen en ti.

¿Quién te puede servir de modelo? En este curso, el líder de tu grupo es tu mentor, o sea, el que comparte contigo de su tiempo, su experiencia y conocimiento y te sirve de ejemplo de cómo ser discípulo de Cristo. Pero no solamente él/ella, sino también el grupo mismo refleja la obra progresiva del Espíritu Santo en sus vidas. Por eso, es importante que pasen tiempos juntos, conociéndose unos a otros, compartiendo la vida como miembros del cuerpo de Cristo. Las reuniones semanales de tu grupo sirven para desarrollar relaciones íntimas con tus condiscípulos y con el líder de grupo. Con tu compañero de crecimiento espiritual también tendrás la oportunidad de compartir y crecer espiritualmente. Pero ¡cuidado! No permitas que el tiempo junto se quede en un nivel de relaciones superficiales.

Lo que aprendas de las relaciones personales con los miembros de tu grupo de INSTE te ayudará para fomentar relaciones con otros creyentes de tu iglesia. Las lecciones 9 al 11 de este libro destacan el papel de la iglesia en la vida del discípulo.

Lección 2: La base bíblica del discipulado

En las líneas a continuación escribe ideas para poder desarrollar una relación íntima con los otros miembros de tu grupo.

"Comer juntos de vez en cuando, hablar por teléfono durante la semana con miembros del grupo..."

_____

_____

_____

2º Requisito: Mateo 11:29-30
Instrucción: "Aprended de mí."

El segundo requisito del discipulado es instrucción. Fijémonos en las palabras de Jesús: *"Llevad mi yugo sobre vosotros, y aprended de mí, que soy manso y humilde de corazón; y hallaréis descanso para vuestras almas; porque mi yugo es fácil, y ligera mi carga"* (Mat. 11:29-30). La enseñanza de Jesús es bien clara: el discípulo tiene la obligación de trabajar en la viña del Señor bajo su dirección. Llevar el yugo significa sometimiento a la voluntad del dueño. Nota que Jesús dice que es *mi yugo*. La obra es suya; no es tu ministerio, ni el ministerio de Fulano. Es de Él. Pero debemos notar también que no trabajamos solos. El yugo es doble. Jesús nos ha prometido que estaría con nosotros todos los días hasta el fin del mundo. Él está al otro lado del yugo; por eso el yugo suyo es fácil y ligera su carga.

¿Cómo aprendemos de Jesús? ¡Estando con Él en el yugo! O sea, compartiendo la vida cotidiana con Él. El discipulado no es estudiar lo teórico y después ponerlo en práctica. La enseñanza debe estar acompañada por la práctica. (¿Te acuerdas de la analogía de la vía de tren de la primera lección? Hay dos rieles paralelos: conocimiento y experiencia.) Aprendemos a ser discípulos de Cristo en el ámbito de la vida diaria.

¿Qué aprendemos de Jesús? Fíjate en sus palabras: *"Que soy manso y humilde de corazón"*. El discipulado tiene mucho más que ver con el carácter que con el conocimiento. El propósito de Jesús es que seamos como Él es. Dios tiene más interés en el obrero que en la obra que él hace. Aprendemos de Él cómo vivir.

El mundo recalca más el *hacer* que el *ser*. Piensa en la respuesta normal que se da a la pregunta "¿Quién es él?" "Es el pastor de tal iglesia." "Es panadero." etc., es decir, contestamos diciendo lo que *hace* la persona.) Pero el énfasis de Jesús es exactamente lo opuesto. Lo que somos determina lo que hacemos, sobre todo, en la manera en que desempeñamos la obra del Señor. Debe ser con carácter manso y corazón humilde.

Es mucho más fácil enseñar conceptos que moldear el carácter de un discípulo. De hecho, las actitudes y los valores que caracterizan a un discípulo de Cristo se adquieren "por contagio" con una persona que demuestra en su vida tales características. Por eso, la relación y la instrucción (los dos primeros requisitos del discipulado) van juntas. El discípulo aprende no solamente lo que sabe el maestro, sino también llega a ser como él es.

©1992: OBSC

El estudio sistemático de la Palabra: ¿Cómo ser instruido?

El segundo requisito del discipulado es _____.[15]

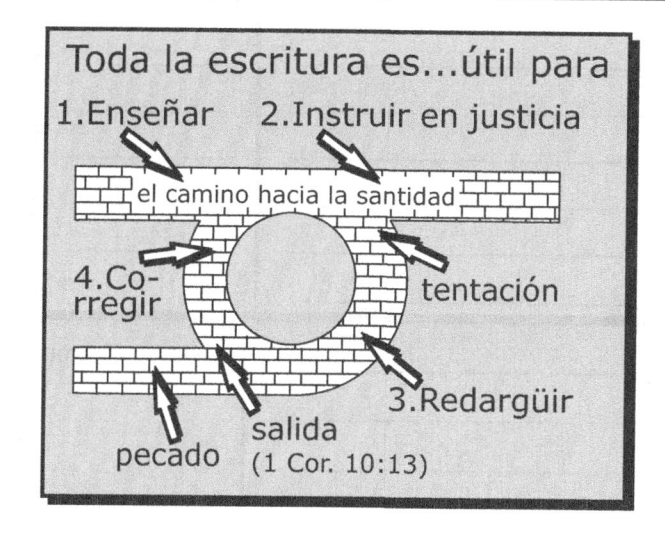

```
Toda la escritura es...útil para
1. Enseñar    2. Instruir en justicia
    el camino hacia la santidad
4. Co-                          tentación
   rregir
                        3. Redargüir
         salida
pecado   (1 Cor. 10:13)
```

Las cuatro asignaturas de este curso de discipulado están diseñadas para llevarte paso a paso hacia un dominio adecuado de la Palabra de Dios. Según la gran comisión, un discípulo tiene que saber "todas las cosas que os he mandado", pero no de forma solamente intelectual; tiene que aprender a "*guardar*" todas las cosas que os he mandado." Una persona no ha sido instruida hasta que haya puesto en práctica los mandamientos del Señor. Aprenderemos conceptos de la Escritura a través de estos estudios. Pero no valen nada hasta que los pongamos por obra en nuestra vida. El conocimiento y la obediencia deben ser un estímulo y respuesta en nosotros. Hay que tomar una decisión con nuestra voluntad, que aunque pase lo que pase, obedeceremos su Palabra. Si hay un conflicto entre nuestros deseos y la Palabra de Dios, seguiremos los mandatos de Dios en vez de nuestros sentimientos; no por nuestras propias fuerzas sino en Él, *"porque Dios es el que en vosotros produce así el querer como el hacer, por su buena voluntad."* Fil. 2: 13.

En 2 Tim. 3:16, el apóstol Pablo ilustra el efecto que la Palabra de Dios tiene en la vida del creyente. La Biblia nos *enseña* el camino en que debemos andar; nos *redarguye* cuando salimos del camino, señalándonos cómo reconocer el pecado; nos corrige, o sea, demuestra cómo salir de la tentación y volver al camino; y nos instruye en justicia, es decir, cómo vivir en santidad. Todo esto resulta en que *"el hombre de Dios sea perfecto, enteramente preparado para toda buena obra"* 2 Tim. 3:17.

Formación espiritual

En la lección de hoy hemos considerado dos de los tres requisitos del discipulado. Mañana estudiaremos el tercero. Ahora, vete a la sección marcada "Formación Espiritual", donde encontrarás un diario que aparece como el modelo a continuación:

Lección 2: La base bíblica del discipulado

Diario Espiritual

		Lista de repaso
Versículo para memorizar en la semana		
		D L M M J V S
Día 1	Escritura _____	Lista de oración
	Comentario: _____	
	Oración: _____	

La manera como lo uses depende de ti. Aquí hay unas sugerencias:

1. El versículo para memorizar esta semana es Lucas 9:23. Saca tus tarjetas de versículos y memorízalo pensando en el significado que tiene para tu vida. Apunta en el diario "Lucas 9:23" donde dice "Versículo para memorizar en la semana." (Míralo en la sección "Formación espiritual") y escríbelo en las líneas provistas. En comentarios, escribe una aplicación personal de este versículo. Termina apuntando un motivo de oración, una alabanza, etc. El Señor te ha hablado a través de su Palabra; ahora, habla con Él en oración.

2. Si estás siguiendo un plan de lectura de la Biblia, apunta la porción leída hoy, y un pensamiento relacionado con ella (una aplicación, una promesa, un mandato, etc.).

3. Escoge uno de los versículos mencionados en la lección de hoy y lee el pasaje donde se encuentra. Apunta el pasaje leído, y una reacción personal. Deja que el Señor hable contigo. Siempre termina orando.

4. En la columna a la izquierda apunta las personas, situaciones, organizaciones, etc., por las cuales quieres orar. Tenerlas en una lista nos hace recordar para orar específicamente por aquellos.

5. Durante este estudio memorizarás 14 versículos. Para ayudarte a repasarlos, cada hoja del "Diario Espiritual" tiene un cuadrito de "Lista para repasar". Apunta ahí los versículos ya aprendidos que quieres repasar durante la semana.

©1992: OBSC

Día 2:
El costo de seguir a Cristo

Ayer consideramos los dos primeros requisitos del discipulado. ¿Te acuerdas cuáles eran?

_____

y _____

Ahora, veamos el tercer requisito: el compromiso total del discípulo con su Maestro.

3er Requisito: Lucas 14:26-27, 33. El compromiso total del discípulo

Nuestro versículo para memorizar esta semana es Lucas 9:23. Cristo vuelve al tema en Lucas 14:26-27, 33. Búscalo en tu Biblia y léelo.

Lo que cuesta seguir a Cristo

En este pasaje, Cristo dice que tenemos que hacer tres cosas para seguir en pos de Él:

1. Exhibir lealtad total a Cristo. v.26.

El término "aborrece" es relativo; o sea, en comparación al amor del discípulo para su Maestro, su amor hacia su familia y aun su propia vida parecerá aborrecimiento. (Compara con Mat. 10:37 fijándote en las palabras *más que a mí...*) Cristo no anula el quinto mandamiento: "Honra a tu padre y a tu madre", sino que anuncia el principio de lealtad absoluta al Rey de Reyes y Señor de Señores. Jesucristo tiene la primera prioridad en la vida de un discípulo.

2. Morir a sí mismo. v.27

Notarás que este versículo repite una parte de nuestro versículo para memorizar de esta semana. El criminal llevaba su propia cruz, hacia la muerte. El discípulo tiene que morir a sus propios deseos y vivir para Cristo. "Para mí, el vivir es Cristo" dijo Pablo en Filipenses 1:21. Obedecer el mandato de Cristo de "sígame" resulta en morir a uno mismo.

3. Rendirle a Cristo el señorío sobre sus bienes. v. 33.

El discípulo considera que todo lo que tiene (sus bienes) es propiedad del Maestro e incluso su vida misma, el discípulo es solamente su mayordomo. El Señor tiene todo derecho sobre el uso de sus bienes.

Si alguien no está dispuesto a pagar el precio, Jesús dice que es como aquel que edifica una torre y no puede acabarla, o como el que va a la guerra sin las fuerzas necesarias para ganar la batalla.

No hay nada más inútil que un edificio inacabado. Así es un discípulo que no ha tomado en cuenta el costo de ser discípulo. Tenemos todos los recursos que necesitamos para ser discípulos:

Lección 2: La base bíblica del discipulado

2 Pedro 1:3 *"como todas las cosas que pertenecen a la vida y a la piedad nos han sido dadas por su divino poder..."* Lo que Jesús nos pide en este versículo es un acto de nuestra voluntad, es decir, de estar dispuestos a vivir bajo Su señorío. Jesús termina su discurso sobre el discipulado diciendo (Luc. 14:34-35) *"Buena es la sal; mas si la sal se hiciere insípida ¿con qué se sazonará? Ni para la tierra ni para el muladar es útil; la arrojan fuera. El que tiene oídos para oír, oiga."*

El creyente que rehúsa ser discípulo, es como la sal insípida. El plan de Dios es que todos seamos discípulos, pero si alguien no quiere pagar el precio, no vale para nada. Viene a la iglesia, pero no se puede contar con él, porque no es disponible al Espíritu Santo. Su vida cristiana es mediocre, su valor para el Reino es nulo. Es creyente, pero no es un discípulo. Es como la sal insípida; no vale para nada.

Sin embargo, ser discípulo no es una opción, sino una obligación. No se puede separar la salvación del discipulado, ni divorciar la muerte de uno mismo de rendirse al señorío de Cristo. Es el costo del discipulado.

La paradoja: La vida de Cristo y la muerte a uno mismo

Para experimentar la nueva vida en Cristo, tenemos que participar en Su muerte. Llegamos a ser "muertos vivientes". Hay una tremenda libertad en la muerte a uno mismo. Un muerto no se preocupa por sus propios derechos, ni de lo que piensen los demás. Al estar unidos a Cristo en la cruz, las cosas tan apreciadas por el mundo (como la seguridad y el prestigio) pierden su atracción. A un muerto tampoco se le turba su corazón por el futuro, pues todo está en las manos de su Maestro. Uno que ha experimentado el morir a sí mismo, hace todo para la gloria de Dios. Pone todo lo que tiene a Su disposición, y se somete al señorío de Cristo en cada decisión que toma. Un discípulo es libre para amar a Dios con todo su ser. Pero si no muere, no se puede producir el fruto del Espíritu en su vida. *"...si el grano de trigo no cae en la tierra y muere, queda solo; pero si muere lleva mucho fruto."* (Juan 12:24)

Pablo bien expresa este principio en Gálatas 2:20. Búscalo en tu Biblia y escríbelo en las líneas a continuación.

_____
_____
_____
_____
_____

El señorío de Cristo

El versículo para memorizar esta semana es Lucas 9:23. Escríbelo en las líneas a continuación.

_____
_____

La abnegación. Surgen las protestas: "¿Qué hay de mis derechos? Si alguien se aprovecha de mí, ¿no puedo protestar? ¿Hay algo mal en querer salir adelante en mi trabajo o en desear lograr mis sueños?" No es malo tener sueños y metas, siempre cuando estén sujetas a la voluntad de Dios. Como discípulos no nos pertenecemos a nosotros mismos; somos siervos de nuestro Señor. Un siervo no puede hacer lo que le da la gana; tiene que estar bajo el mando de su Señor. Negarte a ti mismo quiere decir que Él tiene el derecho de guiar tu vida, de formar en ti el carácter santo que refleja su imagen. *"Pero los que son de Cristo han crucificado la carne con sus pasiones y deseos. Si vivimos por el Espíritu, andemos también por el Espíritu."* Gál. 5: 24-25. ¿Puedes decir como Pablo que "para mí, el vivir es Cristo"?

Tomar la cruz. La cruz es símbolo de la muerte. El tomar la cruz significa un compromiso tan profundo que estamos dispuestos a morir por nuestra fe. Pero aún más, la cruz da muerte a toda costumbre o modo de vivir o pensar que daña la vida santificada del discípulo, toda relación que eclipsa la supremacía del Señor y toda otra cosa que debilita la relación del discípulo con su Maestro. También tomar la cruz es declarar que *"nuestro viejo hombre fue crucificado juntamente con él, para que el cuerpo de pecado sea destruido, a fin de que no sirvamos más al pecado."* (Romanos 6:6)

Seguir a Cristo. Mientras que las dos primeras frases hablan del carácter del discípulo, ésta exige acción. Seguir a Cristo es poner en práctica las decisiones ya tomadas, es expresar en la vida cotidiana nuestra lealtad total al Señor y demostrar en la vida cómo hemos sido y estamos siendo cambiados. Significa ir donde Él va, hacia la cruz y la muerte, que es, en cambio, el camino de la vida eterna. Es un camino de gozo, el andar diario con el Rey de Reyes y el Señor de Señores.

En resumen, Jesús exige total preeminencia en la vida del que quiere seguirle. Su llamamiento es claro: que venga y entregue la vida. Él es Señor.

El sometimiento a la autoridad de Cristo

Una marca de un discípulo es su sometimiento a la autoridad de Cristo. Ayer consideramos el pasaje de Mat. 11:29-30 donde Cristo dice, "Llevad mi yugo", que significa someternos a Su autoridad. Es expresar nuestra confianza total en Él, de tal manera que le obedezcamos incondicionalmente.

Antes de Su ascensión, Cristo dijo: *"Toda potestad (autoridad) me es dada...por tanto, id, y haced discípulos..."* El Señor delegó Su autoridad a los discípulos: *"Como me envió el Padre, así también yo os envío"* (Jn. 20:21). Pablo esperaba que los creyentes de Corinto se sometieran a la autoridad delegada de Cristo, expresada en los líderes de la iglesia (ver 1 Cor. 16:16). Puesto que toda autoridad viene de Dios, nuestra actitud hacia los que la ejercen refleja nuestra actitud hacia Dios. Nuestro sometimiento es la declaración de nuestra confianza en el Señor.

Tal sometimiento es voluntario. El siervo de Dios no tiene poder de exigir sumisión, pero el verdadero discípulo reconoce en él la autoridad delegada por su Señor y gozosamente se somete a su dirección. Si una persona no está sometida a la autoridad de Cristo, expresada en los líderes que el Señor ha puesto en Su iglesia, es como un huérfano que no tiene a nadie quien le pueda ayudar.

Lección 2: La base bíblica del discipulado

Lee las frases a continuación y marca las que son verdaderas.
- ☐ Mi vida demuestra una actitud de confianza total en Dios.
- ☐ La autoridad de Cristo es soberana en mi vida.
- ☐ Me someto gozosamente a la autoridad delegada por Dios través de sus siervos.

El sometimiento al señorío de Cristo sobre los bienes

Como hemos visto en Lucas 14:33, el discípulo es el mayordomo de sus bienes; todo le pertenece al Señor. ¿Cuánto de lo que gana el discípulo pertenece al Señor? (Marca lo correcto) [17]

☐ 10%   ☐ 50%   ☐ 100%

La Biblia nos da un patrón en Malaquías 3:10 de cómo debemos honrar al Señor con nuestros bienes. El Señor dice, *"Traed todos los diezmos al alfolí"* (la iglesia local). ¿Cuánto es un diezmo? Es 10% de lo que ganas en tu trabajo. (La ley exigía que los israelitas dieran el 10% de todo al Señor—véase Lev. 27:30-34.) Si alguien te dice que diezmar es parte de la ley y no aparece en el Nuevo Testamento, dile que Jesús mismo dijo que debemos diezmar. Lee Mateo 23:23. ¿A qué se refiere la frase: "sin dejar de hacer aquello"?

_____ [18]

Además, el que resiste la idea de diezmar en el Nuevo Testamento debe tener en cuenta el hecho de que ¡todo pertenece al Señor! Debemos notar también que la Biblia nos instruye a traer los diezmos a la iglesia local. Si un creyente quiere dar una ofrenda a un ministerio fuera de la iglesia (por ejemplo, al ministerio de Billy Graham) debe de ser en adición a lo que da a la iglesia de diezmos.

El diezmo debe ser el mínimo que el discípulo da para la extensión del Reino de Dios. El apóstol Pablo nos enseña la manera que el creyente debe dar ofrendas en 2 Cor. 9:6-9. Léelo. ¿Cuál es su consejo? (Marca las respuestas correctas). [19]

- A. ☐ Hay que dar porque es una obligación.
- B. ☐ El privilegio del creyente es dar alegremente.
- C. ☐ El creyente tendrá lo suficiente; abundará para toda buena obra.

¿Has rendido al Señor el señorío de tus bienes? ¿Lo demuestras diezmando fielmente a tu iglesia local? Si no, empieza ahora, y verás como el Señor te bendecirá. Si lo haces, prepara un testimonio para dar a tu grupo, de cómo has sido bendecido por honrar al Señor con tus bienes dándole alegremente los diezmos y ofrendas.

Formación espiritual

Hemos considerado hoy el costo del discipulado. Haz un repaso de los pasajes que hemos estudiado; ve a tu "Diario espiritual" en la sección marcada "Formación espiritual." Escribe una reflexión o tus pensamientos al respecto de lo que estudiamos el día de hoy. Termina con oración.

©1992: OBSC

Día 2: El costo de seguir a Cristo

No te olvides de dar un repaso al versículo para memorizar. Tendrás que escribirlo en el examen de esta semana. Reflexiona sobre estos temas:

- El costo de seguir a Cristo
- Lo que significa morir a sí mismo
- El sometimiento a la autoridad que Dios ha puesto en la iglesia
- El señorío de Cristo sobre nuestros bienes.
- Los diezmos y ofrendas.

Lección 2: La base bíblica del discipulado

Día 3:
Las señales de ser discípulo de Cristo

Los policías llevan uniformes que los distinguen como oficiales de la ley, cada club de fútbol tiene su camiseta particular, los monjes budistas llevan un ropaje de color anaranjado; los partidos políticos tienen anagramas fácilmente reconocibles.

¿Cuál es la marca inconfundible de un discípulo de Cristo? Jesús mismo nos da la respuesta en Juan 13:34-35: "Un mandamiento nuevo os doy: Que os améis unos a otros; como yo os he amado, que también os améis unos a otros. En esto conocerán todos que sois mis discípulos..." (Termina el versículo)

20
_____

¿Cómo se desarrolla este nivel de amor que nos identifique con Jesús? Solamente manteniendo una relación íntima con el Señor se puede alcanzar este tipo de amor. En Juan 15:1-17 el Señor describe la relación del discípulo con Él utilizando la analogía de un pámpano y una vid. Para que el pámpano dé fruto, tiene que estar conectado a la vid. Las señales de ser discípulo (el fruto) dependen de la relación íntima entre tú (el pámpano) y Cristo (la vid.)

La vid y el pámpano

¿Cómo llevamos fruto? Abre tu Biblia y lee este pasaje (Juan 15:1-17) con atención. ¿Cuál es el secreto de poder producir fruto en la vida cristiana?

21
_____

Como pámpanos, tú y yo tenemos la responsabilidad de producir fruto. Cuando otros vean en nosotros el fruto que resulta de nuestra relación con Cristo, ¿qué ocurre? (v. 8)

22
_____

El fruto: señal de crecimiento espiritual

La Biblia menciona una variedad de fruto que se puede encontrar en la vida de un discípulo que crece. Veámoslos.

©1992: OBSC

Día 3: Las señales de ser discípulo de Cristo

El fruto del Espíritu (Gálatas 5:22,23)

El fruto del Espíritu es la verdadera característica de una vida llena de Dios. Las virtudes cristianas no son producto de esfuerzos humanos, sino la manifestación de la morada de Cristo en la vida del creyente. El fruto del Espíritu es el *carácter de Cristo*, producido por el Espíritu en el discípulo de Cristo.

Nota bien: Es el fruto (singular) del Espíritu. Algunos han sugerido que el fruto es amor; las demás virtudes son facetas del amor, o sea, su expresión visible. Lee Gálatas 5:22,23 y escribe el fruto del Espíritu en los espacios a la izquierda siguiendo el orden en que aparecen en el pasaje. Lee con atención los comentarios en la columna a la derecha.

_____ Es el distintivo del discípulo. (Jn. 13:35: "En esto conocerán todos que sois mis discípulos, si tuviereis _____ los unos con los otros".)

_____ Es la seguridad interior que proviene del Espíritu, la convicción profunda de que Dios soberano, está en control de nuestra vida y el futuro. Es la cualidad que no se pierde aun en medio de la tristeza y la persecución.

_____ Es el don de Dios al hombre por medio de Cristo, que se expresa en la mente (Fil. 4:6,7), en la iglesia (Col. 3:15), y en todas las relaciones (Heb. 12:14).

_____ Es la cualidad de poder soportarnos los unos a los otros. En Joel 2:13 esta virtud se atribuye al carácter de Dios. Aún más, es la capacidad de esperar en el Señor, sabiendo que Él está obrando para cumplir Su voluntad en nosotros y en toda situación que enfrentamos.

_____ Es la cualidad de Dios ilustrada en la frase "Dios es bueno." Es actuar hacia otros de la misma manera que Dios actúa hacia nosotros. Es ser sensibles a las necesidades de otros.

_____ Es la generosidad que surge de la benignidad. También se relaciona con la justicia. Es llevar una vida transparente delante de Dios y de los hombres.

_____ Es ser una persona fiable, el carácter de uno que moriría por su confesión de fe. (Apoc. 2:10)

_____ Tiene que ver con la capacidad de ministrar a otros con una actitud desinteresada, velando por las necesidades y sentimientos de otros. Es la cualidad que vemos en Cristo en Mat. 11:29, "aprended de mí, que soy _____." Describe la persona que tiene tanto dominio propio que se enoja en el momento debido y nunca en el momento indebido.[a]

_____ Es la cualidad que supera los deseos carnales, el poder vivir en el mundo sin mancharse o contaminarse, el poder de no acceder indebidamente a los apetitos físicos. (1 Cor. 10:13)

---

[a]Aristóteles, Nicomachean Ethics, IV, 5, 1-4, citado en *The Expositors Bible Commentary*, Frank Gaebelein, Vol. 10: Romans-Galatians, página 499.

El Discipulado 1

Lección 2: La base bíblica del discipulado

Vuelve a leer estas virtudes. Son las cualidades del carácter de Cristo que el Espíritu Santo quiere formar en ti y en mí.

El fruto de justicia: Filipenses 1:11 y Santiago 3:18

Mientras que el fruto del Espíritu tiene que ver con el carácter del discípulo, el fruto de justicia se expresa en su conducta. Permanecer en la vid resulta en la rectitud de vida. Es el carácter de Cristo en acción. Cuando no agradamos al Señor en la conducta, ¿qué pasa?

Lee Hebreos 12:11 y escribe la primera parte:

_____

_____

pero después da fruto apacible de justicia a los que en ella han sido ejercitados.

Relacionado con el fruto de justicia están los siguientes:

El fruto del evangelio: Colosenses 1:5,6. El resultado de compartir el evangelio con todo el mundo. Todos tenemos la responsabilidad de testificar a nuestros conocidos. Es parte de la conducta del discípulo, dar testimonio tanto de palabra como a través de su estilo de vida de la verdad del evangelio.

El fruto de servicio: Romanos 1:13 y Colosenses 1:10. Todos somos llamados a servir a nuestros hermanos, a ministrar sus necesidades, usando el don que Dios nos ha dado. (Hablaremos más acerca de este tema en la segunda asignatura). El servicio dado en el nombre del Señor da frutos hermosos en la vida del discípulo.

El fruto de alabanza: Hebreos 13:15. Alabar a Dios es una actividad importante en la vida cristiana. Es reconocer la grandeza de nuestro Dios, expresarle nuestro amor, y declarar nuestra dependencia total en Él.

Estos tres frutos describen la conducta cristiana:

_____   _____   _____

Estos frutos están arraigados en la formación del carácter de Cristo en nosotros. Todo depende de una sola cosa: permanecer en la Vid, que es Cristo Jesús.

Día 3: Las señales de ser discípulo de Cristo

Inspección del fruto

Si acabas de recibir a Cristo como Salvador y Señor de tu vida, o si llevas poco tiempo en el Señor, tu vida ha empezado a cambiar, y el fruto empieza a aparecer. Claro, pasando el tiempo, el fruto irá madurando. Pero puedes ver el cambio en muchas maneras en tu carácter y conducta. A continuación, encontrarás un "chequeo de fruto" para ver cómo te va. Califícate a ti mismo, del 1 al 5 (1 es el más bajo, 5 el más alto.). Recuerda, no estás autorizado para inspeccionar el fruto de otros, ¡sólo el tuyo!

Un chequeo de fruto	
1 2 3 4 5	Amo a hermanos en la fe.
1 2 3 4 5	Tengo gozo en mi corazón aun en medio de problemas y dificultades.
1 2 3 4 5	La paz de Dios reina en mi vida y en mis relaciones con otros.
1 2 3 4 5	Soy paciente con otros.
1 2 3 4 5	Espero pacientemente en el Señor en vez de tratar de arreglar la situación yo mismo.
1 2 3 4 5	Soy sensible a las necesidades de otros.
1 2 3 4 5	Soy una persona fiable, otros confían en mi palabra.
1 2 3 4 5	Soy fiel a Cristo en mi testimonio, tanto de palabra como de modo de vivir.
1 2 3 4 5	Busco el bien de los demás antes que el mío.
1 2 3 4 5	Tengo dominio propio sobre mis pensamientos y apetitos físicos por medio de la obra del Espíritu Santo en mí.
1 2 3 4 5	Mi conducta honra a mi Señor.
1 2 3 4 5	Hablo a conocidos inconversos de lo que el Señor está haciendo en mi vida.
1 2 3 4 5	Tengo mucha compasión hacia los perdidos que me rodean.
1 2 3 4 5	Sirvo gozosamente a mis hermanos en la iglesia.
1 2 3 4 5	Mi vida está caracterizada por buenas obras que brotan de mi amor hacia mi Dios.
1 2 3 4 5	Alabo a Dios con todo mi ser.

El Discipulado 1

Lección 2: La base bíblica del discipulado

Formación espiritual

Después de dar un breve repaso a estas páginas, vete al Diario Espiritual y rellénalo. Apunta el versículo o pasaje que hemos estudiado que más te ha tocado en el espacio de "Escritura" y escribe un comentario o pensamiento personal sobre el tema de hoy. A continuación, anota un motivo de oración relacionado con nuestro estudio. Busca el rostro de Dios en oración. El Señor quiere formar en ti, el fruto digno de un discípulo suyo. No te olvides del versículo de memoria.

Día 4:
La Gran Comisión: una exposición

Cuando hablamos del discipulado, lo que viene a la mente es: el crecimiento espiritual, el andar con Cristo, el fruto y los dones del Espíritu. Es decir, los puntos que hemos considerado hasta ahora. Aunque todos estos aspectos tienen una parte legítima en nuestro tema, el discipulado definido por Jesús es mucho más amplio. Hoy consideraremos la base fundamental de todo discipulado, esta es, la Gran Comisión. Al mencionar la Gran Comisión, muchos, fijándose en el "id...", piensan que se trata solamente de la evangelización de tierras lejanas; y claro, es una parte importante de ello, pero como veremos, la Gran Comisión se trata de mucho más.

> Por tanto, id, y haced discípulos a todas las naciones bautizándolos en el nombre del Padre y del Hijo y del Espíritu Santo; enseñándoles que guarden todas las cosas que os he mandado; y, he aquí yo estoy con vosotros todos los días, hasta el fin del mundo.
>
> La Gran Comisión de Mateo 28:19,20

Exposición de la Gran Comisión

En el griego, hay un solo verbo imperativo (el mandato): *haced discípulos*. Los otros verbos ("id", "bautizando" y "enseñando") explican la amplitud y el carácter de la tarea de hacer discípulos. Francisco Lacueva en su Nuevo Testamento Interlineal lo traduce así:[a] (cursivas mías)

Yendo...*haced discípulos...bautizando...enseñando...*

En otras palabras, la fuerza del mandato cae en el **hacer discípulos.** Habrá que hacer discípulos en "Jerusalén, Judea, Samaria, y hasta lo último de la tierra." (Hch. 1:8) La implicación es clara: "Vayáis donde vayáis en el curso de vuestra vida (y tendréis que llegar a todo el mundo) **HACED DISCÍPULOS**...bautizándolos...y enseñándoles..."

---

[a]Francisco Lacueva, *Nuevo Testamento Interlineal Griego-Español*. Terrassa (Barcelona, España): CLIE, 1984, página 136.

Lección 2: La base bíblica del discipulado

La estrategia divina

La tarea de un hacedor de discípulos (o un discipulador) consiste en dos actividades. Lee la Gran Comisión en el cuadro de arriba y contesta esta pregunta: ¿Cuáles son las dos tareas de un discipulador?

_____ y _____ [24]

"Bautizándolos en el nombre del Padre, y del Hijo y del Espíritu Santo"

Hacer discípulos significa compartir el evangelio con los inconversos a nuestro alrededor con tanta claridad y unción del Espíritu que reciban a Cristo como Señor y Salvador. El nuevo creyente toma su primer paso de obediencia al Señor y es bautizado en el nombre del Padre, del Hijo y del Espíritu Santo.

El bautismo. El bautismo es una expresión exterior de un cambio interior. Marca la entrada en la iglesia como miembro nuevo del cuerpo de Cristo. Se bautiza porque ya es salvo; el bautismo en sí no salva, es la señal de haber nacido de nuevo. El descenso en las aguas del bautismo representa identificación con la muerte de Cristo, la inmersión simboliza la ratificación de la muerte al pecado; el levantarse de las aguas simboliza que la muerte ha sido conquistada y la vida nueva en Cristo. El bautismo proclama el mensaje: *"Cristo murió por el pecado, a fin de que este hombre muriera al pecado."*

Abre tu Biblia a Romanos 6:4. ¿Qué debe hacer una persona después de haber sido bautizado?

_____ [25]

¿Has sido bautizado en obediencia al mandato del Señor? Si no, ¿por qué no hablas del tema con tu líder de grupo? Te aseguro que al seguir a Cristo en obediencia, el bautismo te fortalecerá en tu compromiso con Él y en tu andar cristiano.

A la luz de la Gran Comisión, el bautismo (nuevos creyentes siguiendo el mandato de identificarse con Cristo en su muerte y resurrección) es evidencia del evangelismo cumplido, pero no de "misión cumplida." La Gran Comisión no es un mandato de evangelizar, sino de hacer discípulos, de lo cual el primer paso es la proclamación del evangelio y la conversión de la gente. Pero hay más. La segunda tarea del discipulador es enseñar.

"Enseñándoles que guarden todas las cosas que os he mandado..."

¿Enseñar qué? (lee el versículo en el cuadro de la página anterior) _____

Hacer discípulos requiere una instrucción en la Palabra de Dios y en los fundamentos del vivir cristiano para fomentar el crecimiento espiritual hacia la madurez en Cristo.

El Nivel I de INSTE ha sido diseñado para instruirte en el conocimiento bíblico y doctrinal, que te proveerá una buena base para crecer espiritualmente. Pero el verdadero conocimiento viene al practicar toda la verdad que se encuentra en la Escritura. Por eso tu grupo de INSTE es tan importante. Como ya hemos dicho, se aprenden los valores cristianos viéndolos en otros creyentes.

La estrategia divina es que cada discípulo se convierta en discipulador. La metodología es clara en este pasaje: conversión y multiplicación.

Día 4: La Gran Comisión: una exposición

La responsabilidad personal a la luz de la Gran Comisión

¿Cuándo puedes empezar a colaborar en el cumplimiento de la Gran Comisión? ¡Ahora! No tienes que esperar hasta que hayas terminado este curso de discipulado. Puedes empezar ahora a hablar con las personas en tu entorno de lo que Cristo ha hecho por ti. Mientras aprendes de las cosas del Señor, puedes compartirlas con el nuevo convertido. No tienes que ser perfecto, lo que verá la gente es la manera en que Dios está obrando en tu vida.

Las matemáticas divinas

Lo más emocionante de todo esto es que utilizando la metodología divina, ¡la Gran Comisión es alcanzable! Haciendo discípulos "a todas las naciones" no es un sueño imposible. Tenemos el plan (yendo...haced discípulos...bautizando...enseñando...). También tenemos el poder. Lee Hechos 1:8 y rellena los espacios a continuación:

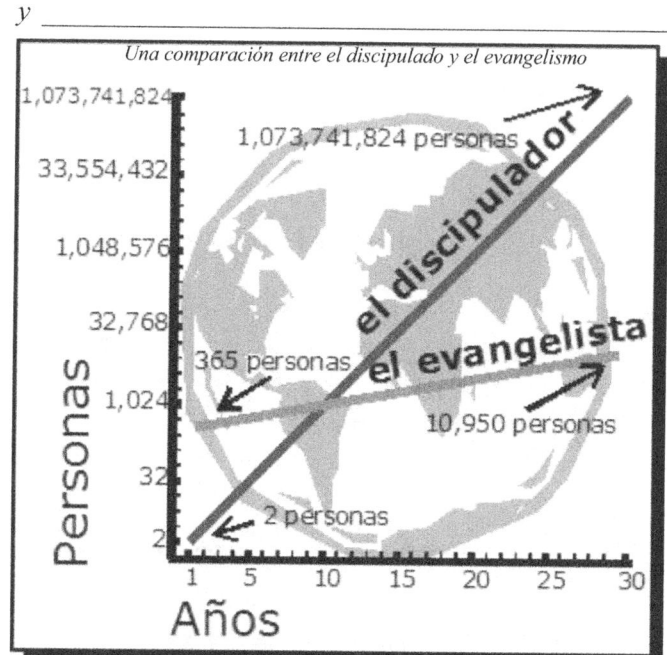

Pero recibiréis _____ cuando haya venido sobre vosotros el Espíritu Santo, y me seréis _____ en _____, en _____, en _____, y _____.

Una comparación entre el discipulado y el evangelismo

¿Cuál es la diferencia que todos sean evangelistas o todos discipuladores? Veamos las cifras. Supongamos que soy evangelista, y gano una persona cada día para el Señor. Mientras que, tú eres discipulador. Tú ganas una persona para Cristo, pero durante el año, la discípulas, afirmándola en su fe, ayudándola a crecer hacia la madurez en Cristo. En el segundo año, yo, como evangelista gano otras 365 personas para Cristo. Tú, sin embargo, junto con la persona que discipulaste, ganan cada uno a una persona más. Así que, en el segundo año, los dos (tú y la persona que discipulaste en el primer año) se concentran en discipular a dos nuevos convertidos. Y así va la cosa. Al final de 30 años, ¿cuál sería el resultado? Observa el cuadro.[a]

No solamente se multiplican el número de convertidos, en el discipulado los nuevos creyentes llegan a ser miembros maduros y responsables en su iglesia. En vez de una guardería de creyentes "bebés," la iglesia llega a ser el cuerpo de Cristo donde el ministerio mutuo de los miembros fomenta el crecimiento tanto numérico como espiritual de la iglesia entera.

---

[a]Adaptado del cuadro de Keith Phillips, *Making of a Disciple*, página 23.

El Discipulado 1

Lección 2: La base bíblica del discipulado

Pablo entendía bien el principio de discipulado. En 2 Timoteo 2:2 escribe: "Lo que has oído de mí ante muchos testigos, esto encarga a hombres fieles que sean idóneos para enseñar también a otros."

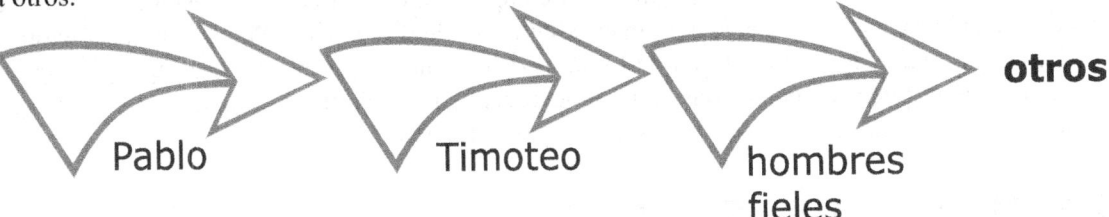

Pablo → Timoteo → hombres fieles → otros

Si hemos hecho bien nuestra tarea de discipular, se verán los resultados en la tercera y cuarta generación.

Discípulos de Cristo

Una palabra de precaución. Los discípulos no son nuestros sino de Cristo. Abre tu Biblia en Mateo 23:8-10. ¿Quién es nuestro único Maestro?

_____

¿Cuál es la relación de un discipulador con el discípulo?

_____

Discípulos y hermanos

La palabra "discípulo" aparece 264 veces en los primeros cinco libros del Nuevo Testamento, pero ni una sola vez en los demás 22 libros. ¿Por qué? Quizá se debe al hecho que los primeros cinco libros tienen que ver con la expansión del Reino de Dios mientras que las Epístolas y Apocalipsis están dirigidos a la iglesia y tratan del ministerio de los miembros del cuerpo de Cristo dentro de la iglesia. Seguimos siendo discípulos de Cristo toda la vida, pero en cuanto a nuestra relación dentro de la iglesia, somos hermanos.

La iglesia
En el mundo somos discípulos
En el cuerpo de Cristo: somos hermanos y santos

Siendo discípulos cumplimos el propósito de la iglesia en el mundo, es decir, llevar las buenas nuevas a todo el mundo. Siendo hermanos, cumplimos el propósito de la iglesia reunida, la edificación del cuerpo de Cristo.

Formación espiritual

Vete ahora a tu diario espiritual y, meditando en todo lo que estudiamos hoy, rellénalo y habla con el Maestro. ¿A quién en tu entorno puedes empezar a hablar del evangelio? Apunta su nombre y ora por él.

©1992: OBSC

Día 5:
La Gran Comisión: la aplicación

¿Qué quiere decir ser discípulo de Cristo? Como vimos ayer, "discípulo" tiene que ver con la expansión del Reino de Dios en el mundo. Fíjate en la definición a continuación. Es nuestra meta en este curso.

> **Definición: El discipulado cristiano**
> El discipulado cristiano es una relación entre el discipulador y el discípulo, (basado en el modelo de Cristo con Sus discípulos) en la cual el discípulo crece hacia la plenitud de la vida en Cristo para que él, a su vez, pueda discipular a otros.

Cómo tener un impacto en tu mundo

En primer lugar, recuerda que el poder para testificar viene de Dios. Mira lo que ocurrió en los primeros creyentes en Jerusalén. Después de haber recibido el poder del Espíritu en el aposento alto (Hch. 2) salieron para testificar. Y el Señor añadía cada día a la iglesia. Tú puedes tener la misma experiencia de ser lleno de Su Espíritu al igual que los primeros discípulos. Segundo, debemos quitarnos para siempre de la mente la idea que la Gran Comisión es para una élite de la iglesia, o sea, el clero profesional. Es responsabilidad de la iglesia entera, no de unos cuantos.

Si entendemos que "id." quiere decir no solamente ir a otra parte del mundo sino también al mundo que nos rodea, la tarea de llevar las buenas nuevas comienza con las personas que componen nuestro mundo diario. En las circunstancias de la vida habrá personas que necesitan ver el evangelio encarnado en tu vida, y oírte explicar lo que el Señor ha hecho en ti. Si cada miembro del cuerpo de Cristo fuera un discípulo comprometido y tomara en serio la Gran Comisión, ¿qué pasaría?

Resumen de la lección

Repasemos los conceptos y principios más importantes de esta lección.

1. El versículo para memorizar de esta semana es Lucas 9:23. Escríbelo aquí:

_____

_____

Lección 2: La base bíblica del discipulado

2. El discipulado requiere tres cosas: una relación personal del discipulador con el discípulo, instrucción en la Palabra de Dios y un compromiso total del discípulo con el Maestro, Jesucristo.

3. La relación desarrollada en este curso es doble: en los devocionales privados con el Señor y la relación del alumno con su grupo y líder de grupo, y con su iglesia.

4. La instrucción es tanto conceptual como experimental. Para crecer espiritualmente se necesita contacto frecuente con personas que demuestran en su propia vida las virtudes cristianas. La clave de la instrucción efectiva es la disposición del discípulo de obedecer la Palabra de Dios.

5. El costo de seguir a Cristo es morir a sí mismo y vivir totalmente bajo su señorío. Consiste en tres pasos: Negarse a sí mismo, tomar la cruz, y seguir a Cristo.

6. El sometimiento a Cristo se refleja en la sumisión voluntaria del discípulo hacia los líderes que Dios ha puesto en la iglesia.

7. La marca inconfundible de ser discípulo es el amor entre los hermanos. Se expresa en el carácter (el fruto del Espíritu) y en la conducta (el fruto de justicia) del creyente.

8. La Gran Comisión es hacer discípulos y consiste en dos tareas relacionadas: evangelizar a los no conversos y educar a los que aceptan a Cristo en los preceptos y caminos del Señor hasta el punto que ellos se conviertan en discipuladores.

9. El bautismo es la señal exterior de un cambio interior, el identificarse con Cristo en su muerte y resurrección.

10. La Gran Comisión es responsabilidad de todos, no sólo de unos cuantos. Siguiendo el plan divino de Dios, la evangelización del mundo es posible.

11. Todos somos discípulos de Cristo y nuestra relación entre la iglesia es la de hermanos. Nuestra tarea es hacer discípulos de Cristo, no de nosotros.

Las tareas de esta semana han sido, en su mayor parte, autoevaluaciones. Espero que hayan sido de ayuda. Hemos hablado de relaciones, de compromiso, de fruto. Todo esto requiere un proceso de crecimiento. Dios te bendiga en tu andar con Él.

Formación espiritual

Cuando Jesús dice aprended de mí, que soy manso y humilde de corazón, nos demuestra las dos virtudes que necesitamos si queremos vencer el egocentrismo y el orgullo. Seguir a Cristo exige nada menos que morir a nosotros mismos y rendirnos a Su señorío.

Meditando en los conceptos y principios resumidos en esta y la página anterior, vete ahora al diario espiritual y escucha lo que el Señor te está diciendo. Habla con Él en oración.

No te olvides de repasar el versículo. Tendrás que escribirlo de memoria en el examen de esta semana.

Notas

Lección 3:
Cómo estudiar la Biblia

Fundamental para el crecimiento espiritual es la capacidad de un discípulo de alimentarse con la Palabra de Dios. En las próximas tres lecciones exploraremos dos maneras de "comer" de la Palabra. La primera es el estudio indirecto y la segunda, el directo. Las dos son igualmente válidas para suplir las necesidades nutritivas de un seguidor de Cristo.

Nuestro propósito en estas lecciones es de explorar varias opciones para estudiar la Biblia con el fin de proporcionarte una gama de posibilidades. El método, directo o indirecto, que adoptes como tu método habitual de alimentarte espiritualmente dependerá de tu temperamento, los dones que el Espíritu Santo te ha dado, y tus necesidades espirituales. Lo importante es formar un hábito de alimentarte diariamente de la Escritura.

En esta lección enfocaremos nuestra atención en los métodos indirectos de alimentarte de la Biblia. En las siguientes lecciones estudiaremos tres métodos de estudio directo: sintético, biográfico, y temático.

Acerca de esta lección

No todo el mundo tiene los dones necesarios para hacer estudios bíblicos extensos, pero todos necesitamos una manera de alimentarnos de la Palabra de Dios. En esta lección sobre el estudio indirecto, presentaremos métodos para sacar provecho espiritual de los estudios de siervos dotados de Dios como maestros de la Palabra de Dios.

Se incluye en esta clase de estudio indirecto, los sermones y estudios bíblicos de tu iglesia, la literatura cristiana, cursillos y seminarios sobre temas bíblicos, etc. Tu estudio de las cuatro asignaturas del primer nivel de INSTE es, también, una forma de estudio bíblico indirecto. Las pautas de estudio que propusimos en la primera lección son para ayudarte a sacar el máximo provecho espiritual de tus estudios. Sin embargo, en esta lección queremos presentarte más métodos que puedes desarrollar a lo largo de tu vida para poder seguir creciendo en la gracia y el conocimiento de la Palabra de Dios.

El Discipulado 1

Objetivos
Cuando termines esta lección deberás poder...
1. Analizar tu costumbre de leer la Biblia a la luz de los principios presentados en esta lección, con la meta de mejorar la capacidad de alimentar tu vida espiritual..
2. Desarrollar destrezas en tomar apuntes durante los sermones en tu iglesia.
3. Explicar cómo usar las herramientas de estudio bíblico tales como concordancias, diccionarios bíblicos, y comentarios.
4. Usar las herramientas presentadas en esta lección con el fin de maximizar el valor de la literatura cristiana para tu crecimiento espiritual.

El plan de estudio de esta lección
Día 1: Cómo leer la Biblia..46
Día 2: Cómo escuchar un sermón..50
Día 3: Cómo usar las herramientas de estudio bíblico 57
Día 4: Cómo usar la literatura cristiana en el estudio bíblico..61
Día 5: Resumen 66

Día 1:
Cómo leer la Biblia

Imaginemos que acabamos de realizar una encuesta entre los creyentes de una iglesia evangélica. Queríamos averiguar cuántos estudian sistemáticamente la Biblia. Los resultados de nuestra encuesta imaginaria, posiblemente saldría así:
- Creyente "A" asiste fielmente a las reuniones pero raramente lee la Biblia u ora fuera de la iglesia.
- Creyente "B" también es fiel asistiendo a la iglesia, lee la Biblia y ora esporádicamente durante la semana.
- Creyente "C" mantiene un tiempo fijo de oración y lectura bíblica diaria durante la semana junto con su asistencia a la iglesia.
- Creyente "D" no solamente asiste a la iglesia, sino también tiene un hábito de estudiar la Biblia sistemáticamente bien desarrollado, con oración, poniendo en práctica lo que se aprende.

Para el que desea seguir a Cristo como discípulo suyo, ¿cuál de los cuatro creyentes de la encuesta imaginaria demuestra el nivel adecuado de estudio bíblico?_____ [27]

Lo triste es que la mayoría de los miembros de muchas iglesias evangélicas estarían en las categorías "A" y "B". Uno de los problemas más grandes de la iglesia actual es la falta de estudio personal de la Palabra de Dios. Se atribuye a varios factores:
- **Falta de deseo**. Algunos no se dan cuenta de lo esencial que es el estudio sistemático para el crecimiento espiritual. Sin embargo, la determinación de seguir a Cristo debería despertar el deseo de conocer su Palabra.

Lección 3: Cómo estudiar la Biblia

- **Falta de conocimiento**. Por muchos que sean sus deseos de estudiar, hay creyentes que no tienen ninguna idea de cómo empezar a estudiar la Palabra.
- **Falta de autodisciplina**. El estudio adecuado de la Biblia cuesta trabajo. Muchos no están dispuestos a invertir el tiempo y la energía necesaria para llevarlo a cabo. El discipulado no es fácil.
- **Falta de tiempo**. Como lo anterior, la falta de tiempo está relacionada con la jerarquía de valores que posee una persona. Si un creyente valora el desarrollo de su vida espiritual, apartará el tiempo suficiente para estudiar la Palabra.

Sean cuales sean las razones para no estudiar la Biblia, todas pueden ser resueltas con un rendimiento incondicional a Cristo como el Señor de nuestra vida en su totalidad. No podemos darte el deseo de estudiar, pero si lo tienes, en estas lecciones te equiparemos con las herramientas necesarias para estudiar efectivamente la Biblia por ti mismo.

Contesta a lo siguiente marcando en el cuadro que corresponda a tu costumbre actual de leer la Biblia.

Lees la Biblia:
- ☐ diariamente
- ☐ 3 ó 4 veces en la semana
- ☐ sólo durante los cultos
- ☐ de vez en cuando

Cuando la lees ¿cuánto tiempo dedicas para ello?
- ☐ Menos de 15 minutos
- ☐ De 15 a 30 minutos
- ☐ Más de 30 minutos

Normalmente, ¿cuánto lees a la vez?
- ☐ Un capítulo o menos
- ☐ 2 ó 3 capítulos
- ☐ Más de 3 capítulos

¿Cómo caracterizarías tu manera de leer la Biblia?
- ☐ Sistemática
- ☐ Al azar
- ☐ A medias

¿Cuándo lees la Biblia?
- ☐ Por las mañanas
- ☐ Al mediodía
- ☐ Por las tardes
- ☐ Por las noches
- ☐ Cuando puedo

Normalmente la práctica de leer la Biblia es la que inspira a la persona a ser un estudiante serio de la Palabra de Dios. Si no tienes la costumbre de leer la Biblia de forma sistemática, empieza ahora. A continuación te daré unas ideas de cómo comenzar.

¿Por qué estudiar la Biblia?

Porque nos conduce hacia la madurez espiritual. 1 Juan 2:14 dice que "habéis vencido al maligno". Esto requiere una fortaleza espiritual que se obtiene solamente estudiando la Palabra de Dios. La definición bíblica del creyente maduro es "en el que se manifiesta el fruto del Espíritu". Lee Gál. 5:22-23.

Señala en cuál etapa estás en tu crecimiento espiritual:

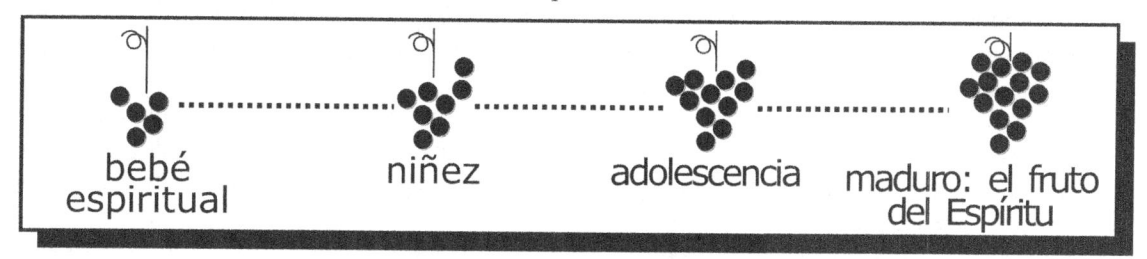

[bebé espiritual — niñez — adolescencia — maduro: el fruto del Espíritu]

Para llegar a ser adulto en Cristo es preciso el estudio de su Palabra. No tiene nada que ver con el tiempo que lleva una persona siendo cristiana. Es el compromiso con la Palabra lo que manifiesta el fruto espiritual en la vida del creyente.

Porque nos purifica de toda maldad. (Jn. 15:3; 17:7,8; 1 Jn. 1:9; Salmos 119:9) El crecimiento espiritual significa la santificación. El ser santo implica poder ver la vida desde el punto de vista divino. Tan solo el estudio de la Palabra puede ayudarnos a tener una visión más clara del mundo y de nosotros mismos.

Nos garantiza el éxito desde el punto de vista de Dios. Lee Josué 1:8. Fíjate en las palabras "todo te saldrá bien". La meditación diaria sobre la Palabra de Dios produce el éxito en todo, porque adoptamos el punto de vista de Dios sobre todo lo que nos toca, no el criterio humano de lo que es el éxito.

Tres herramientas

Hay tres herramientas que debemos usar en la lectura sistemática de la Palabra; es decir, la Biblia, los ojos, y el diario espiritual. Hay que leer y estudiar la *Biblia* misma, no solamente libros acerca de la Biblia. Los *ojos* representan la necesidad de observar, tanto física como espiritualmente la Palabra de Dios, para ver claramente lo que nos dice. El *diario espiritual* sirve para conservar los resultados del estudio bíblico. Por eso hemos incluido un diario en la sección marcada "Formación Espiritual".

Las tres herramientas importantes son:

_____   _____ y _____ [28]

Cómo leer la Biblia

Libro por libro. Muchas personas pretenden leer la Biblia abriendo sus páginas al azar, otras leen porciones saltadas, y aún otras buscan versículos sobre algún tema que les interesa y los interpretan fuera del contexto. Cualquiera de estas prácticas no sólo es incorrecta sino aún puede ser más peligrosa de lo que se cree. La lectura sistemática limita la posibilidad de sacar los versículos de su contexto. La Biblia es un libro literario compuesto de 66 libros. Para entenderla lo mejor posible es necesario leerla libro por libro.

En las asignaturas "**Antiguo y Nuevo Testamento**" tendrás la oportunidad de leer la Biblia libro por libro. Los estudios de INSTE te darán una buena base para poder aprovechar al máximo la lectura por libros.

Lección 3: Cómo estudiar la Biblia

Siguiendo un plan de lectura. Muchas iglesias promueven la lectura de la Biblia utilizando un calendario para la lectura de toda la Biblia en un año. El valor de un plan de esta índole se aumenta si los sermones siguen en general lo que han leído los miembros de la congregación durante la semana.[a]

Leerla muchas veces. Una de las mejores maneras de llegar a conocer un libro muy bien es leerlo muchas veces. Por ejemplo, hay un plan de lectura devocional de los Salmos y Proverbios por el cual se lee todos los Salmos y el libro de Proverbios en un mes. Al seguirlo durante todo el año, el estudiante lee los Salmos y Proverbios doce veces. Se hace de la siguiente manera:

Cada día se empieza la lectura de Salmos con la fecha que corresponda a ese día (1,2 etc.) añadiendo 30 al número para el próximo, y 30 más para el tercer Salmo, etc. leyendo 5 Salmos por día. Lee un capítulo de Prov. cada día.	Mes	Lectura de los Salmos					Proverbios
	Día 1	1	31	61	91	121	1
	Día 2	2	32	62	92	122	2
	Día 3	3	33	63	93	123	3
	Día 30	30	60	90	120	150	30

No debes extrañarte de que éste sea uno de los hábitos más difíciles de formar, sobre todo si consideramos que aparte de la falta de tiempo, existirán distracciones de carácter espiritual; como el diablo, la carne, o el mundo, las cuales también intentarán robarte el tiempo necesario para leer y estudiar la Biblia. Pero las riquezas espirituales que nos esperan en el estudio de la Biblia, nos recompensan el tiempo y la fuerza que invertimos al estudiar.

En la próxima lección, estudiaremos uno de los métodos básicos, la piedra angular de la cual es la lectura repetida de un libro de la Biblia.

El diario espiritual

El mayor peligro con la lectura devocional de la Biblia es que dejemos correr los ojos sobre las páginas sin quedarnos con el contenido. Más tarde no tendremos la menor idea de qué trataba la lectura. La forma más adecuada de preparar la mente es la de tomar un lápiz para anotar lo que observamos. Es más probable que aprendamos algo si ese algo está escrito.

Formación espiritual

¡Adelante con tu lectura bíblica! No te olvides de apuntar en tu diario espiritual algo relacionado con tu lectura. Apunta una petición de oración y ora por ella.

---

[a]INSTE ha publicado un plan de lectura bíblica gratuito. Lo puedes obtener por la Oficina Nacional o puedes bajarlo de nuestra página web.

Día 2:
Cómo escuchar un sermón

Dios ha puesto en la iglesia a líderes cuya responsabilidad es "perfeccionar a los santos para la obra del ministerio, para la edificación del cuerpo de Cristo." (Ef. 4:12) Abre tu Biblia a Efesios 4:11-16. ¿Quiénes son estos líderes?

_____ 29

Tanto Pablo (Hechos 20:28 "_____ la iglesia del Señor") como Pedro (1 Pedro 5:2 "_____ la grey de Dios") señalan la labor de un líder espiritual. ¿Cuál es?

_____ 30

En otras palabras, darles de comer de la Palabra de Dios. El lugar principal donde un creyente recibe la comida espiritual es la iglesia local a través de los sermones y enseñanzas de su pastor y de otros líderes de la iglesia. El Espíritu Santo es el que guía a los líderes a dar al rebaño una dieta equilibrada que consta de "todo el consejo de Dios." (Algunos creyentes han formado el mal hábito de comer más de otras fuentes y como consecuencia corren el riesgo de sufrir de indigestión espiritual.)

¿Recuerdas el sermón de la semana pasada?

Estudios nos enseñan que olvidamos del 70% al 90% de lo que oímos en las 24 horas después de haberlo oído. Hagamos una prueba de la memoria. ¿Cuál fue el sermón del domingo pasado en tu iglesia? En las líneas a continuación escribe el bosquejo y los puntos más importantes.

_____

_____

_____

_____

_____

Recordar es una tarea difícil para la mayoría de la gente. Hay muchos factores que afectan nuestra capacidad retentiva. Tendemos a recordar parcialmente lo que hemos oído. Por ejemplo, las ideas que consideramos más útiles se recuerdan con mayor facilidad mientras que las que creemos más conflictivas pronto se olvidan. También el estado físico o emocional afecta la memoria. Una persona cansada o perturbada tendrá dificultad para concentrarse en la enseñanza o predicación. De la misma manera, la actitud con la que nos acercamos a la enseñanza bíblica es

Lección 3: Cómo estudiar la Biblia

importante. Una persona crítica o altiva suele recordar solamente lo negativo de un sermón pero el que realmente quiere escuchar al Señor comerá "del pan de vida" de la misma predicación.

Cómo escuchar un sermón

Para aprovechar al máximo los sermones y estudios bíblicos de tu iglesia debes ser un "oyente activo." En primer lugar, prepara tu corazón delante del Señor en oración. Guárdate de la crítica y la altivez de espíritu. Acércate al estudio bíblico con la mente abierta y el corazón preparado para recibir instrucción de la Palabra de Dios.

La hoja de apuntes

En las próximas páginas encontrarás una hoja especialmente diseñada para tomar apuntes de los sermones y enseñanzas bíblicas de tu iglesia. Sigue las instrucciones que se dan a continuación:

1. Saca la primera hoja titulada "Apuntes de sermones y enseñanzas bíblicas" de tu libro, y córtala en dos. Hemos hecho la hoja del tamaño de media página para que sea más manejable; que quepa bien en tu Biblia o en un portafolio. No te olvides de poner un lápiz o bolígrafo en tu Biblia o bolsillo. (Un lápiz es una buena ayuda para la memoria.)

2. En la próxima reunión de tu iglesia, usa esta hoja de "Apuntes". Escribe la fecha, lugar, el nombre del predicador/maestro, el texto (o pasaje) y el título (o tema). A continuación, escucha con atención, apuntando ideas, conceptos, hechos, un bosquejo, etc. Escribe frases cortas, palabras abreviadas en lugar de oraciones completas. Lo importante es apuntar suficiente información para recordar los puntos principales de la predicación o enseñanza. No te preocupes si al principio lo encuentras un poco difícil. Con la práctica adquirirás habilidad. Estos apuntes son para tu "consumo privado"; no te preocupes de la ortografía, o la gramática.

   Trata de apuntar *por lo menos tres ideas importantes* de la predicación o enseñanza. Recuerda, tu propósito es aprender más de la Palabra de Dios.

3. Al final, escribe una aplicación personal. Santiago 1:22 nos dice *"Pero sed hacedores de la palabra y no tan solamente oidores..."* El propósito de todo estudio bíblico es ser cambiado a través de la obediencia a la Palabra de Dios. ¿Cómo puedes ser hacedor de la Palabra que acabas de escuchar? Apúntalo.

¿Qué hacer con la hoja de apuntes?

Durante la semana, repásala por lo menos dos o tres veces. Habla con otra persona que escuchó la misma predicación y compara tus apuntes con los suyos. A lo mejor tu hermano/a apuntó algo que no pusiste en la hoja; amplía tus notas, y habla de la Biblia con él/ella. Compartir de la Biblia juntos enriquecerá tu entendimiento y el de tu hermano.

Guarda la hoja de apuntes; de vez en cuando es muy aleccionador repasarlas y darte cuenta de la manera en que el Señor te ha hablado. Es bueno también, hacer un chequeo a ver si estás poniendo en práctica lo que has oído.

©1992: OBSC

Día 2: Cómo escuchar un sermón

(La segunda hoja de apuntes de sermones y enseñanzas bíblicas en esta lección es para hacer fotocopias. No te olvides de copiar los dos lados tal y como está la hoja y cortarla en dos.) En la próxima reunión de tu grupo prepárate para compartir una hoja de apuntes que has escrito esta semana.

Formación espiritual

Lo que hemos presentado hoy es un método práctico de crecer en tu conocimiento de la Palabra de Dios. Lee Santiago 1:19-25 y medita en ello. Vete al diario espiritual y escribe un pensamiento y un motivo de oración. Habla con tu Señor en oración.

Apuntes de sermones y enseñanzas bíblicas

Fecha: _____ Lugar _____
Predicador / Maestro: _____
Texto: _____ Título _____

_____
_____
_____
_____
_____
_____
_____
_____
_____
_____
_____
_____
_____
_____
_____
_____
_____
_____
_____
_____

continuar al dorso

Apuntes de sermones y enseñanzas bíblicas

Fecha: _____ Lugar _____
Predicador / Maestro: _____
Texto: _____ Título _____

_____
_____
_____
_____
_____
_____
_____
_____
_____
_____
_____
_____
_____
_____
_____
_____
_____
_____
_____
_____

continuar al dorso

Apuntes de sermones y enseñanzas bíblicas

Aplicación Personal

INSTE - Discipulado 1

Apuntes de sermones y enseñanzas bíblicas

Aplicación Personal

INSTE - Discipulado 1

Apuntes de sermones y enseñanzas bíblicas

Fecha: _____ Lugar _____
Predicador / Maestro: _____
Texto: _____ Título _____

continuar al dorso

Apuntes de sermones y enseñanzas bíblicas

Fecha: _____ Lugar _____
Predicador / Maestro: _____
Texto: _____ Título _____

continuar al dorso

Apuntes de sermones y enseñanzas bíblicas

Aplicación Personal

Apuntes de sermones y enseñanzas bíblicas

Aplicación Personal

INSTE — El Discipulado 1

Lección 3: Cómo estudiar la Biblia

Día 3:
Cómo usar las herramientas de estudio bíblico

No es ningún secreto que puedes encontrar casi cualquier cosa en Internet. Y para muchos, Internet es de fácil acceso. Incluso en algunas de las zonas más remotas del mundo, se pueden encontrar PC, portátiles, tabletas o teléfonos inteligentes. Internet ha cambiado cuántos leen la Biblia (¿usa una Biblia física, en papel o una que se encuentra en su computadora o teléfono?) Internet también ha cambiado la forma en que estudiamos la Biblia. Dependiendo de su idioma, a menudo hay muchas versiones de la Biblia disponibles para descargar de forma gratuita oa las que se puede acceder fácilmente en línea. La búsqueda de las respuestas que uno pueda tener acerca de la Biblia generalmente trae muchos recursos posibles para revisar. Perfeccionar sus habilidades para diferenciar lo que son sitios web legítimos basados en la Biblia es esencial para los cristianos de hoy.

Pero incluso con todas las maravillas de Internet, hay tres herramientas de estudio bíblico que nos gustaría presentarle que vale la pena obtener para su biblioteca personal (ya sean libros físicos o digitales): una concordancia, un diccionario bíblico y un comentario.

La concordancia

La concordancia es un índice alfabético de todas las palabras contenidas en el texto bíblico en castellano. La Editorial Caribe publica una concordancia completa que se basa en la revisión de 1960 de la versión Reina–Valera. Algunas Biblias de estudio también contienen una concordancia menos extensa. .

Usos de la concordancia

1. **Para localizar versículos**. Cuando quieres hallar en la Biblia un versículo y recuerdas solamente una frase, la concordancia te ayudará a localizarlo rápidamente. Usando el índice alfabético, sólo tienes que buscar una de las palabras principales del pasaje y luego el versículo deseado.

   Por ejemplo, queremos hallar el pasaje que dice: *"Te amo, oh Jehová, fortaleza mía. Jehová, roca mía y castillo mío, y mi libertador; Dios mío, fortaleza mía, en él confiaré; Mi escudo, y la fuerza de mi salvación, mi alto refugio"* pero recordamos solamente unas frases sueltas: "fortaleza mía... roca mía... castillo mío, y mi libertador..." A lo mejor lo hemos cantado como un corito en la iglesia. Ahora, vamos a la concordancia para buscarlo. Se puede hacer la búsqueda utilizando cualquier palabra principal, tal como "fortaleza, roca, castillo, escudo.." Al buscar bajo "castillo" encontramos 4 versículos:
   CASTILLO
   Sal. 18:2 Jehová, roca mía y *c*... mi libertador
        31:2 tú eres mi roca y mi *c*; por tu nombre

58 ©*1992: OBSC*

Día 3: Cómo usar las herramientas de estudio bíblico

 91:2 diré yo a Jehová; Esperanza mía, y *c*
 144:2 misericordia mía y mi *c*, fortaleza mía

¿Cuál es la cita correcta del pasaje que estamos buscando? _____ 31

2. Para estudiar temas. La concordancia sirve no solamente para hallar lo conocido, sino también para investigar temas e ideas que nos llaman la atención. (Esto será el enfoque de la quinta lección al tratar el estudio temático de la Biblia.)

3. Para estudiar personajes, lugares o acontecimientos. En la próxima lección, usaremos la concordancia para hacer un estudio biográfico. Puesto que los nombres propios aparecen en orden alfabético, es fácil encontrar la información deseada buscándola bajo el nombre respectivo.

La concordancia también nos proporciona información de las variaciones de nombre de personajes bíblicos. Por ejemplo,

SILVANO   Mira también SILAS
2 Cor. 1:19   ha sido predicado...mí, S y Timoteo
1 Tés. 1:1, 2   Pablo, S y Timoteo, a la
1 Ped. 5:12   por conducto de S, a quien tengo por

Busca los versículos anteriores. ¿Bajo cuál otro nombre buscarías información sobre este personaje bíblico? _____ 32

Como ves, la concordancia es una herramienta muy útil para tu estudio personal de la Biblia.

El diccionario bíblico

Otra herramienta muy útil en cualquier tipo de estudio de las Escrituras es un buen diccionario bíblico. Hay varios diccionarios ya publicados en castellano (por ejemplo, *el Diccionario ilustrado de la Biblia* de la Editorial Caribe, 1974). El diccionario nos proporciona información valiosa sobre personajes, libros de la Biblia, la geografía, el entorno cultural de la Biblia, temas teológicos, y mucho más.

Usos del diccionario bíblico

1. Para investigar el trasfondo histórico de un libro. Supongamos que como resultado de tu lectura bíblica quieres estudiar más a fondo las epístolas de Pablo. Antes de comenzar el estudio del mensaje de las cartas de Pablo, haz una investigación del trasfondo de sus escritos. Te ayudará a comprender mejor los mensajes de los libros que deseas leer. Lee el artículo "Pablo", seguido por "Romanos, Epístola" y "Roma, Ciudad" lo que te proporcionará información de la fecha de la composición de la epístola, los destinatarios, el autor, el propósito y temas destacados del libro y un bosquejo. Ahora, al leer la Epístola a los romanos, tendrás mayor idea de lo que se trata.

2. Para proveer información sobre pasajes y personajes bíblicos. Supongamos que en tu lectura del libro de Oseas, encuentras estas palabras: (4:17) "Efraín es dado a ídolos; déjalo." y llega a tu mente la pregunta, ¿a qué se refiere "Efraín"? Si buscas en el diccionario bíblico, hallarás la siguiente explicación:

El Discipulado 1

Lección 3: Cómo estudiar la Biblia

Los descendientes de E. llegaron a formar una de las tribus del pueblo de Israel. En la división de la Tierra Prometida, después de la conquista, correspondió a la tribu de E. una rica y extensa región al centro del país... Fue tanto el predominio de esta tribu que en muchos pasajes bíblicos se cita el Reino del Norte (Israel) como reino de E. (Os. 4:17). El profeta Oseas habla de la caída de E. (Os. 11:1-12), dejando ver la ingratitud de estas gentes ante el permanente y cuidadoso amor de Dios.[a]

---

[a]*Diccionario ilustrado de la Biblia*, ed. 1977 Editorial Caribe, s.v. "Efraín" de Aristómeno Porras.

Día 3: Cómo usar las herramientas de estudio bíblico

Según esta explicación, Efraín es sinónimo de (escoge la correcta): [33]

❏ Jerusalén ❏ Judá ❏ Israel

Si, el propósito es aprender más de la Palabra de Dios, mientras vayas leyendo la Biblia, mantén el diccionario a la mano para buscar información sobre personas, lugares, costumbres, etc. Ésta información hará que el texto bíblico tenga un mayor significado.

El comentario

Mientras la concordancia contesta la pregunta de dónde se encuentra un pasaje bíblico, y el diccionario proporciona información explicativa, el comentario destaca la interpretación del texto bíblico.

El punto de vista teológico del autor o la casa editorial se refleja en un determinado comentario. Por ejemplo, *El Comentario de la Santa Biblia* de Adam Clarke, publicado por la Casa Nazarena de Publicaciones presenta la teología wesleyana. Por otro lado, el *Comentario de la Biblia* de Jamison, Fausset, y Brown publicado por la Casa Bautista de Publicaciones ofrece el punto de vista calvinista. Otro comentario interesante es *El comentario bíblico Moody*. Hay más. Pregúntale a tu pastor qué comentario te recomienda, especialmente uno que sea accesible en precio y evangélico en cuanto a la doctrina.

Usos del comentario

1. Para explicar pasajes difíciles de entender. Igual que el diccionario, el comentario nos puede proporcionar información sobre un pasaje y nos ayudará a aclarar su significado. O puede darnos una perspectiva nueva de un pasaje o versículo. Por ejemplo, si fuéramos a buscar en uno de nuestros comentarios una interpretación de Gálatas 5:22-23 (el fruto del Espíritu), encontraríamos lo siguiente:

22,23. Todo lo que ahora se dice contrasta con lo precedente: **fruto** en lugar de obras; **el Espíritu** en lugar de la carne; y una lista de virtudes sumamente atractivas y deseables en vez de las cosas horrendas mencionadas. La palabra **fruto**, en singular, como suele hallarse en los escritos de Pablo, tiende a poner de relieve la unidad y coherencia de la vida del Espíritu en cuanto se opone a la desorganización e inestabilidad de la vida bajo los dictámenes de la carne. También es posible que el singular quiera ser una alusión a la persona de Cristo, en quien todas estas cosas se hallan en estado perfecto. El Espíritu busca producirlas tratando de reproducir a Cristo en el creyente (Ef. 4:19). Pasajes como Rom. 13:14 sugieren que los problemas morales de los redimidos se pueden solucionar con la suficiencia de Cristo cuando se apropia por la fe.

A la luz de la preferencia de Pablo por la forma singular de **fruto**, no es necesario recurrir al expediente de poner un guión después de **amor** para hacer depender del mismo el resto de lo enumerado. El amor es crucial (1 Jn. 4:8; 1 Cor. 13:13; Gál. 5:6). El **gozo** lo confiere Cristo a sus propio seguidores (Jn. 15:11) por la mediación del Espíritu (1 Tés. 1:6; Rom. 14:17). La **paz** es el don de Cristo (Jn. 14:27) e incluye el reposo interior (Fil. 4:6) y las relaciones armónicas con los demás (contrasta con Gál. 5:15,20). **Paciencia** se refiere a la actitud de uno hacia otros y conlleva el no tomar represalias ni vengarse por el mal recibido. Es literalmente *grandeza de espíritu*. **Benignidad** se traduce mejor por *amabilidad*. Es mostrarse benévolo, virtud eminentemente social. **Bondad** es la rectitud de alma que aborrece el mal, honestidad rectilínea en motivos y conducta. **Fe**, en este caso, significa fidelidad (si fuera *fe* se hallaría al comienzo de la lista). En Tito. 2:10 tenemos un uso paralelo ("fidelidad"). **Mansedumbre** se basa en la humildad y denota una actitud para con otros que es consecuencia del negarse a sí mismo. **Templanza** se traduce mejor por dominio propio (lit., *sostener con mano firme*), o dominio de la vida propia por medio del Espíritu. **Contra tales cosas no hay ley**. "La Ley tiene como fin constreñir, pero en las obras del Espíritu nada hay para

El Discipulado 1

Lección 3: Cómo estudiar la Biblia

constreñir" (J. B. Lightfoot, *Galatians*, página 213.) Lo mismo se afirma en otras partes, por ejemplo, Rom. 8:4. (Gálatas 5:22,23.)[a]

2. Para aprender el trasfondo histórico de un libro de la Biblia. Un comentario es también, una buena fuente de información del trasfondo de un libro.

El estudio indirecto y las herramientas de estudio bíblico

El estudio indirecto se refiere a cuando el estudiante de la Palabra, depende de los estudios de otras personas (maestros de su iglesia, los eruditos bíblicos que escriben diccionarios, comentarios, los cursos de INSTE etc.) para aumentar su conocimiento bíblico.

El uso debido de las tres herramientas de estudio bíblico (concordancia, diccionario, comentario) te puede ayudar en tu búsqueda del conocimiento bíblico. He aquí unas sugerencias:

1. En tu tiempo de estudio bíblico diario, siempre mantén a mano las herramientas que hemos mencionado en esta lección.

2. Sigue un plan de estudio bíblico sistemático, lo que estás haciendo ahora en INSTE.

3. Cuando encuentres algo que no entiendas, busca información o una interpretación en el diccionario o en el comentario.

4. Apunta tus hallazgos en la hoja al final de la lección o en un cuaderno dedicado a este propósito.

5. Comparte con alguien tus descubrimientos. Como pueblo de Dios debemos aprender a hablar unos con otros de las maravillas de Dios y de su Palabra.

Formación espiritual

Compara el comentario sobre Gálatas 5:22,23 de la página anterior con el de la página 34 de este libro. No te olvides del versículo de memoria de esta semana.

---

[a] *El Comentario Bíblico Moody*, 1971, página 349-350

Día 4:
Cómo usar la literatura cristiana en el estudio bíblico

El libro más importante para estudiar es la Biblia. El salmista pregunta *"¿Con qué limpiará el joven su camino?"* y contesta *"Con guardar tu palabra"* (Sal. 119:9). Pablo, afirmando lo que dice el salmista, dice que *"Toda la Escritura es inspirada por Dios, y útil para enseñar, para redargüir, para corregir, para instruir en justicia."* Nota que el énfasis no está en la rectitud del credo (aunque está involucrado en todo estudio de la Palabra) sino que en la transformación del carácter del creyente. Nos acercamos a la Biblia no para acumular conocimiento, sino para ser cambiados.

La literatura cristiana

Aunque la Biblia es de primera importancia en nuestro estudio, no debemos olvidar de la gran cantidad de libros valiosos que pueden ayudarnos para aprender valores bíblicos, ni de las biografías de los gigantes de la fe que pueden desafiarnos a seguir sus ejemplos. He aquí unas sugerencias para tu lectura complementaria:

Los clásicos de la literatura cristiana

- Agustín .... *Confesiones*
- Tomás de Kempis .... *Imitación de Cristo*
- Juan Bunyan .... *El progreso del peregrino*
- _____ _____

La literatura devocional

- A. Murray .... *La vida interior*
- E. M. Bounds .... *Un tesoro de oración*
- _____ _____

La literatura biográfica

Uno no puede leer las vidas de los hombres y mujeres consagrados sin ser inspirado, y aspirar a seguir sus ejemplos. Busca biografías de hombres y mujeres como Guillermo Carey, Adoniram Judson, Hudson Taylor, C.T. Studd, Jorge Borrow, Juan Wesley, Corrie Ten Boom, Mary Slessor, C. Booth, y muchos más.

Lección 3: Cómo estudiar la Biblia

- _____ .... _____
- _____ .... _____
- _____ .... _____

La literatura sobre la vida cristiana

- J.R.W. Stott .... Cristianismo básico
- A. Murray .... La nueva vida del cristiano
- _____ .... _____

Cómo leer un libro

La experiencia del lector tiene mucho que ver con su manera de entender e interpretar un libro. Si ha pasado por una crisis y el autor describe algo similar, se identifica con lo que está leyendo. Otra ayuda para aprender de lo que has leído es poder compartir con otros del mismo libro. Esto es lo que hacemos en nuestras reuniones de INSTE. Todos aprenden mucho en el estudio individual en casa utilizando este libro, pero al compartir con los compañeros de grupo, se aprende mucho más.

Hay que contestar tres preguntas en el estudio de un libro:

- ¿Qué dice el autor? .... Entendimiento
- ¿Qué significa? .... Interpretación
- ¿Es acertado o no? .... Evaluación

Una cita del libro *Pablo el líder*[a]

En nuestro Señor, y no en Pablo, vemos el liderazgo ideal, pues Él es el Líder por excelencia. Sin embargo, hay quienes se atemorizan y desaniman ante su misma perfección. Puesto que Él no heredó una naturaleza pecaminosa como nosotros, creen que esto le confirió una enorme ventaja y lo quitó de la arena de las luchas y fracasos terrenales de los humanos. Perece estar tan por encima de ellos, que es muy poca la ayuda práctica que pueden sacar de su brillante ejemplo. Aunque esta idea surge de un concepto erróneo de la clase de ayuda que Cristo puede ofrecer, sus resultados son muy reales.

En el apóstol Pablo, Dios nos ha provisto el ejemplo de "un hombre semejante a nosotros" (Santiago 5:17). Es verdad que fue un hombre de suma grandeza, pero también fue un hombre que conoció el fracaso y el éxito; un hombre que exclamó con desesperación: "¡Miserable de mí! ¿quién me librará de este cuerpo de muerte?" pero también se alegró diciendo: "Gracias doy a Dios, por Jesucristo Señor nuestro" (Romanos 7:24,25).

Este y otros desbordamientos de su corazón lo traen muy cerca de nosotros, donde podemos identificarnos más

---

[a] J. Oswald Sanders, *Pablo el líder*, (Miami: Vida, 1986), página 9

©1992: OBSC

fácilmente con sus experiencias. Él no era "un santo imposible," sino un hombre débil y falible como nosotros, cercano a nuestra necesidad.

En Cristo tenemos la inspiración de un Hombre real que nunca falló, mientras que en Pablo tenemos el aliento de un hombre que cayó y se volvió a levantar. Un hombre perfecto revela cuál es el ideal; un hombre derrotado y después victorioso descubre lo que podemos llegar a ser por la gracia de Dios. Necesitamos a Jesús a un lado de nosotros, y a Pablo al otro lado, para andar en victoria por la vía difícil y peligrosa.

Para que nuestro estudio de los principios del liderazgo en Pablo rinda fruto permanente, tiene que ser más que un ejercicio académico. Cada lector tendrá que dominarlos y traducirlos en acción en su propia vida y esfera de servicio. Los hechos tendrán que hacerse factores de la experiencia.

Debemos estarle agradecidos por la inconsciente auto revelación que caracteriza a sus cartas. Aprendemos mucho más de él por las referencias indirectas y espontáneas de sus cartas, que por el material histórico de Lucas en el libro de los Hechos. En su biografía de A.W. Tozer, D.F. Font adoptó el método de ver al hombre desde sus propios escritos, y este es el método que seguiremos en estos estudios.

En Pablo tenemos un prototipo inspirador de lo que un hombre, totalmente entregado a Dios, puede lograr en una sola generación. Será nuestro propósito verlo especialmente en su papel de dirigente de la Iglesia: considerar su punto de vista sobre temas de importancia; examinar las cualidades que hicieron de él el hombre que fue y descubrir cómo estas características contribuyeron a su espléndido liderazgo.

Explica brevemente lo que dice el autor.

_____
_____
_____
_____
_____
_____
_____
_____
_____
_____
_____
_____
_____
_____

Lección 3: Cómo estudiar la Biblia

¿Qué significa?

_____
_____
_____
_____
_____
_____
_____
_____
_____

¿Está acertado o no el autor en su argumento?

_____
_____
_____
_____
_____

¿Cómo te puede ayudar esta información a entender mejor la Biblia?

_____
_____
_____
_____

En la próxima reunión de tu grupo, comparte con tus condiscípulos lo que has aprendido de esta lectura breve. A lo mejor, quieres leer el libro entero. Se titula *Pablo el líder* de la Editorial Vida.

¿Hay algún otro libro que hayas leído que te ha sido de ayuda en tu vida cristiana? ¿Cuál? Prepárate para dar un breve resumen a tu grupo.

_____
_____
_____
_____

©1992: OBSC

Día 4: Cómo usar la literatura cristiana en el estudio bíblico

> En Pablo tenemos un prototipo inspirador de lo que un hombre, totalmente entregado a Dios, puede lograr en una sola generación. Será nuestro propósito verlo especialmente en su papel de dirigente de la Iglesia.

Formación cristiana

Pablo le dice a Timoteo "...*ocúpate de la lectura*" (1 Tim. 4:13). Nos diría lo mismo a nosotros.

Lección 3: Cómo estudiar la Biblia

Día 5:
Resumen

En esta semana hemos sugerido varias maneras de estudiar la Biblia del modo indirecto. Por indirecto queremos decir, que aprovechamos los estudios bíblicos de los siervos ungidos que Dios ha puesto en la iglesia; también de los libros de eruditos bíblicos que aclaran diferentes temas bíblicos. Podemos aprender, también, de biografías y otros géneros de literatura cristiana.

El filósofo Francis Bacon propuso esta regla: [a]

> "Lee no para contradecir o confundir; no para creer o tomar por sentado; no para buscar conversación y discurso, sino para pensar y considerar. Algunos libros son para ser probados, otros para ser tragados y unos pocos para ser masticados y digeridos."

Por "probados" Bacon quiere decir los libros que te desafían a pensar pero con los cuales no estás de acuerdo. Los "tragados" son los de buena enseñanza que te ayudan a crecer en tu entendimiento espiritual y personal; y los "masticados y digeridos" se refiere a los libros de primera calidad que merecen ser leídos varias veces, los que hacen un impacto inolvidable en tu vida.

Bacon señala otra cosa importantísima; no todo lo impreso en un libro es verdadero, ni provechoso. Hay que leer con discernimiento pero sin críticas ni prejuicios.

Aprender de los sermones y enseñanzas de tu iglesia

Entregarás una hoja de apuntes de una predicación o enseñanza que has escuchado en tu iglesia esta semana como parte del examen semanal. Tendrás que identificar por lo menos un concepto de ella que te ha ayudado crecer espiritualmente durante esta semana.

¿Cuál fue para ti el concepto o idea más provechoso para tu vida espiritual que escuchaste de las predicaciones y enseñanzas de tu iglesia de esta semana?

_____

_____

Las herramientas del estudio bíblico

La compra de una concordancia, un diccionario bíblico y un comentario significa una inversión de dinero. A lo mejor no puedes comprarlos todos ahora; piensa en hacer de ello un proyecto de largo plazo. Otra posibilidad es compartir los libros con otro hermano.

---

[a] Francis Bacon citado por J. Oswald Sanders, *Liderazgo espiritual*, página 120.

Día 5: Resumen

La literatura cristiana

Leer libros no significa que todos tienen que comprar los mismos libros. ¿Por qué no hacer un acuerdo con otros miembros de tu iglesia de comprar diferentes libros y compartirlos unos con otros? Recuerda la regla de oro: *¡devolverle el libro a su dueño!*

En la reunión de tu grupo, hablarán de los libros que han sido de beneficio a los varios miembros del grupo. En las páginas 61 y 62 has visto los espacios en blanco bajo cada clasificación de libro. Durante el diálogo sobre este tema, apunta los títulos de otros libros que se sugieran en tu grupo que quieres leer en el futuro.

Aprender de otros

Hay más fuentes que se pueden aprovechar para crecer en el conocimiento de la Palabra de Dios. Una que no debemos pasar por alto, son los creyentes maduros a nuestro alrededor. Hablar con los miembros de tu grupo de INSTE, y con otros miembros de tu iglesia es un método muy eficaz para enriquecer tu vida espiritual. Escribe en las líneas a continuación algo que hayas aprendido de la Biblia hablando con otro creyente.

_____
_____
_____
_____
_____
_____

Formación espiritual

Repasa la hoja de apuntes de la última predicación o enseñanza que escuchaste. Lee una porción de la Escritura relacionada con ella. ¿Lo has aplicado a tu vida personal?

El Discipulado 1

Lección 3: Cómo estudiar la Biblia

Notas

Lección 4:
Cómo estudiar la Biblia: El método sintético

De vez en cuando se oye comentar: "Me gustaría estudiar la Biblia, si supiera cómo hacerlo." Incluso, tal vez lo habrás dicho tú mismo. Durante las próximas dos semanas queremos ayudarte a desarrollar la habilidad de estudiar la Biblia por ti mismo, de una manera eficaz y divertida.

Realmente, no existe un método único y perfecto para estudiar la Biblia. Hay muchos métodos y cada uno se adapta al temperamento u objetivos de cada estudiante. En esta y la próxima lección, aprenderás a estudiar la Biblia utilizando tres métodos diferentes: sintético, temático, y biográfico.

Los tres métodos que vamos a estudiar en estas lecciones tienen dos rasgos en común. En primer lugar, están diseñados para meterte directamente en la Palabra de Dios, y en segundo lugar, para animarte a aplicar a tu propia vida las verdades bíblicas que descubres en tu estudio sistemático de la Biblia.

Acerca de esta lección

Presentamos en esta semana el método sintético de estudiar la Biblia. Lo seguiremos utilizando en el segundo año del Primer Nivel al hacer el estudio introductorio del Antiguo y Nuevo Testamento. Pero no te preocupes; en esas asignaturas, ya hemos hecho mucho del trabajo por ti. Nuestra meta en el Primer Nivel es ayudarte a conocer la Biblia en su totalidad.

Objetivos

Cuando termines esta lección deberás poder:
1. Desarrollar un estudio sintético siguiendo las pautas presentadas en esta lección.
2. Aplicar las enseñanzas del libro de Filipenses a tu vida personal.

Lección 4: Cómo estudiar la Biblia: El método sintético

El plan de estudio de esta lección

Día 1: El método sintético..70
Día 2: La introducción al libro..73
Día 3: Los párrafos y el bosquejo..78
Día 4: El resumen del mensaje del libro..82
Día 5: Resumen y Repaso..88

Día 1:
El método sintético

La Biblia consta de 66 libros; una manera muy efectiva de descubrir el mensaje básico de cada libro es emplear el método sintético. Este método nos ayuda a superar uno de las fallas más comunes en la lectura bíblica; es decir, la tendencia a ver las Escrituras como versículos aislados, en lugar de comprender el mensaje de las divisiones literarias. El propósito del método sintético es de *llegar a conocer un libro en su totalidad*. Al emplear este método, podemos ver la unidad del libro y entender mejor por qué escribió el autor de tal manera.

Para hacer un estudio sintético, empezamos con (escoge lo correcto):[34]

☐ un pasaje ☐ un libro de la Biblia ☐ un párrafo

El propósito del estudio sintético es _____[35]

Las divisiones en capítulos y versículos

Los manuscritos originales fueron escritos sin divisiones de capítulos y versículos. Las primeras divisiones de la Biblia en capítulos aparecieron en el año 1228 en la traducción de la Vulgata latina. La división de los capítulos en versículos fue hecha en el año 1551 en la Biblia de Ginebra. Aunque las divisiones de capítulos y versículos nos ayudan para hallar pasajes, tantas divisiones impiden la perspectiva global del libro.

En la versión de Ginebra del 1551, cada libro se divide en _____ y _____[36]

El propósito de la división en capítulos y versículos es para _____[37]

Sin embargo, si queremos conocer bien un libro en su totalidad, las divisiones de capítulos y versículos no sirven para alcanzar nuestra meta. Para nuestro estudio, consideraremos el *párrafo* como la unidad literaria fundamental de estudio. Algunas versiones, tales como "Dios habla al hombre" y la "Biblia de las Américas" presentan las Escrituras en forma de párrafos. (En la de "la Biblia de las Américas" el párrafo se indica con números o letras en negritas.)

Lawrence O. Richards, educador cristiano, dice:

La Biblia no está escrita a pedazos, con pensamientos desorganizados, desparramados por todas partes a través de sus páginas. La mayor parte de la Biblia se encuentra escrita en unidades de pensamiento, largas o pequeñas, que poseen su propia lógica de la revelación de Dios, lo que determina nuestro acercamiento a la Escritura al tratar de edificar una comprensión de la Palabra de Dios.

La "unidad de pensamiento" a que se refiere Richards es el párrafo. Desarrollar el estudio sintético por párrafos significa ver las unidades de pensamiento del autor del libro. En cuanto a la literatura, un párrafo *tiene sólo una idea principal*, la que se desarrolla mediante las oraciones que lo forman.

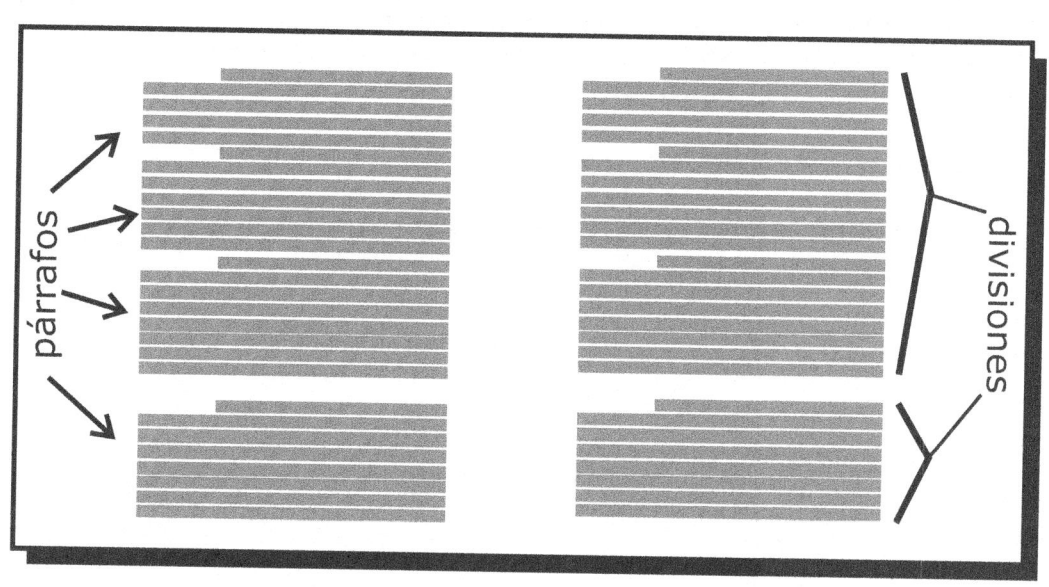

Los párrafos tienen correlación entre sí. Estos constituyen una división. El libro entero se compone de estas divisiones. Este gráfico ilustra las relaciones entre párrafos y las divisiones en un libro bíblico.

La unidad de pensamiento básico que empleamos para hacer un estudio bíblico es el

_____ 38

Usamos el párrafo como la unidad básica del estudio bíblico porque _____

_____ 39

En el gráfico, ¿cuántas divisiones hay? _____ Las divisiones se componen de _____ 40

Desarrollo del método sintético

El método sintético sigue siete pasos:

1. Elegir un libro
2. Escribir una introducción del libro
3. Determinar las divisiones
4. Titular cada sección
5. Desarrollar el bosquejo
6. Hacer un resumen del mensaje de cada párrafo
7. Hacer una aplicación personal

Lección 4: Cómo estudiar la Biblia: El método sintético

Paso 1: Elegir el libro que se ha de estudiar

¿Cuántos libros hay en la Biblia? _____. Por lo tanto, hay 66 libros posibles para elegir. El estudio sintético es el estudio de (escoge lo correcto): [41]

☐ un párrafo   ☐ una división   ☐ un libro

El método sintético sirve para el estudio de cualquier libro bíblico. Para practicar este método, estudiemos la epístola de Filipenses, porque es rica en enseñanza y bastante corta para que podamos estudiarla fácilmente hoy y mañana.

Cómo proceder...leer, leer, y volver a leer

La piedra angular de este método es sencilla: la *lectura repetida de un libro completo* de la Biblia de una sola vez. Durante las lecturas repetidas, buscamos cuatro clases de información.

- El tema principal .... ¿De qué se trata el libro?
- El trasfondo histórico .... ¿Hay información acerca del autor, los lectores, el propósito del libro, las circunstancias que les rodeaban?
- El desarrollo del tema .... ¿Cómo desarrolló el autor su tema?
- El bosquejo del contenido .... ¿Cuál es la estructura del libro?

Para empezar, *lee Filipenses* por completo y de una sola vez. No necesariamente con lentitud, ni fijándote en los detalles. En el principio nos interesa leer el texto en su totalidad, a fin de obtener una impresión general de su estilo, mensaje, desarrollo y conclusiones.

¿Lo has leído?   ☐ Sí   ☐ No

Ahora, vuelve a leerlo buscando su *tema principal*. También busca palabras y frases repetidas. Escribe aquí el tema que has descubierto en el libro de Filipenses. (Tu respuesta puede diferir de la mía).

[42]

Formación Espiritual

¿Cuántas veces has leído el libro de Filipenses hoy? Si has seguido los pasos de este estudio, lo has leído por lo menos dos veces. Ahora vete a tu Diario Espiritual y apunta un pensamiento que te ha venido a la mente durante tu lectura de hoy. Toma tiempo para hablar con el Señor.

© 1992:OBSC

Día 2
La introducción al libro

Hagamos un repaso de lo que hicimos ayer. El primer paso en el método sintético es _____ 43

Paso 2: Escribe una introducción al libro

El propósito de este paso es conocer el trasfondo histórico del libro. Lee Filipenses 1:1. (Si tu Biblia tiene referencias al pie de la página, encontrarás allí alguna que señale dónde podemos hallar más información sobre la fundación de la iglesia de Filipos.) Si tú estuvieras buscando información acerca del establecimiento de la iglesia de Filipos, ¿dónde buscarías? (Mira la referencia de Fil. 1:1)

_____ 44

Preguntas de búsqueda

Ahora intentaremos sacar la mayor cantidad de información de Hechos 16:11-40 y de la epístola misma respecto al trasfondo histórico de Filipenses. Trata de transportarte mentalmente a la época para comprender las circunstancias y el trasfondo del autor.

Aunque las preguntas variarán según la clase de libro que estudiemos, generalmente serán de la misma índole de las preguntas que se dan a continuación:

Preguntas de investigación

1. ¿Quién escribió este libro?
2. ¿A quién lo escribió?
3. ¿Dónde lo escribió?
4. ¿Cuándo lo escribió?
5. ¿Qué motivó que lo escribiera?
6. ¿Cuál fue su propósito al escribirlo?
7. ¿En qué circunstancias se encontraba el autor al escribir esta carta?
8. ¿En qué circunstancias estaban aquellas personas a quienes lo escribió?
9. ¿Qué información nos da el libro acerca de la vida del autor?
10. ¿Cuáles son las ideas principales del libro?
11. ¿Cuál es la verdad central del libro?
12. ¿Cuáles son las características del libro?

Estas son las preguntas que sugiere el doctor R. A. Torrey en su libro *Cómo estudiar la Biblia*.[a] Escribe las preguntas en tarjetas de 7 x 12 cm., una pregunta en cada tarjeta, como el

---

[a] R.A. Torrey, *Cómo estudiar la Biblia* (Terrassa, España: CLIE), sin fecha, página 9.

Lección 4: Cómo estudiar la Biblia: El método sintético

ejemplo a continuación. O puedes usar las tarjetas ya preparadas en la próxima página. Córtalas siguiendo las líneas separadoras.

¿Quién escribió este libro?

Lee Filipenses una vez más junto con Hechos 16:11-40, sacando la información que se solicita en estas preguntas. Escribe lo que descubras en las tarjetas. Hemos apuntado algunas cosas en las tarjetas a continuación. Añade tus observaciones.[45] Mañana las usaremos para escribir la introducción.

El segundo paso es _____[46]

¿Cuál es el propósito del segundo paso? _____[47]

Las tres fases del segundo paso son los siguientes:

1. Prepara las preguntas y escríbelas en tarjetas pequeñas.
2. Lee el libro y los pasajes correspondientes para obtener información sobre el trasfondo histórico. Escribe tus observaciones en las tarjetas.
3. Escribe un resumen de lo que has encontrado.

¿Cuál es "la piedra angular" del método sintético? _____[48]

76 © *1992: OBSC*

Día 2: La introducción al libro

1. ¿Quién escribió este libro? (Fil. 1:1)	2. ¿A quién lo escribió? (Fil. 1:2 y Hch. 16:11-40)
3. ¿Dónde lo escribió? Fil. 1:13; 4:23) **Probablemente desde la prisión en Roma. (1:13, 4:22)**	4. ¿Cuándo lo escribió? **Posiblemente fue en el 62 o 63 d.c. Mandó la carta a los Filipenses con Epafrodito.**
5. ¿Qué motivó el que lo escribiera? (Fil. 2:25; 4:14-16)	6. ¿Cuál era su propósito al escribirlo? (Fil. 4:10-14) **Agradecerles por la ofrenda y exhortarlos a que siguieran el ejemplo de Epafrodito (su humildad y su abnegación), de Cristo, de Pablo y de Timoteo.**
7. ¿En qué circunstancias estaba el autor cuando lo escribió? **Pablo estaba preso, probablemente en Roma.**	8. ¿En qué circunstancias estaban aquellas personas a quienes lo escribió? (1:29-30).
9. ¿Qué información nos da el libro acerca de la vida de su autor? (Fil. 3)	10. ¿Cuáles son las principales ideas del libro? ¿Hay alguna palabra o frase que se repita? **La más prominente (mencionada por lo menos 18 veces) es gozo. Pero el secreto de este gozo es Cristo en nuestra vida (cap. 1), como nuestro ejemplo (cap. 2), nuestra meta (cap. 3), nuestro todo (cap. 4).**
11. ¿Cuál es la verdad central del libro? **El gozo de la vida cristiana. Pablo da ejemplos: Cristo, Timoteo, Epafrodito, y él mismo.**	12. ¿Cuáles son las características del libro? **Es muy personal y práctico. Es difícil encontrar una estructura.**

El Discipulado 1

Lección 4: Cómo estudiar la Biblia: El método sintético

Escribiendo la introducción

Ayer acumulamos información sobre el trasfondo histórico de Filipenses. Ahora nos toca sintetizarla en una redacción corta. Repasa la información que reuniste en las tarjetas y haz una redacción a continuación de los resultados de tu búsqueda. Si no sabes cómo comenzar, lee el resumen a continuación, y escríbelo en tus propias palabras.

Día 2: La introducción al libro

A continuación encontrarás mi redacción, la tuya puede ser diferente.

Pablo y sus ayudantes establecieron la iglesia en Filipos durante su segundo viaje misionero (Hch. 16). No había muchos judíos en Filipos, pues no había sinagoga. Pablo y su grupo asistieron a una reunión de oración en las orillas del río. Ahí tuvo su primera convertida, Lidia. Se quedaron en casa de ella durante su estancia en Filipos. Al echar fuera un demonio de una muchacha de Filipos, se enojaron los dueños y le encarcelaron. A través de un terremoto, fueron librados y se convirtieron el carcelero y su familia.

La iglesia de Filipos apoyaba económicamente la obra misionera de Pablo (4:15) en Corinto, en Tesalónica y en Roma. Pablo, estando preso en Roma, recibe de la mano de Epafrodito una ofrenda de los filipenses (2:25). Pablo escribe esta carta de agradecimiento y exhortación desde la cárcel en Roma en el 62 ó 63 d.C. y se la envía con Epafrodito.

La carta nos brinda bastante información biográfica sobre Pablo: un judío, de la tribu de Benjamín, de la más estricta secta de los fariseos, un perseguidor de la iglesia. Sin embargo, todo esto es como basura en comparación con el conocimiento de Cristo.

El tema principal es el gozo en la vida del creyente que está en Cristo, lo que se menciona más de 18 veces. La razón por la cual puede regocijarse, es que Cristo ocupa el centro de la vida del creyente. En el capítulo 1, la vida es Cristo (1:21): en el capítulo. 2, Cristo es nuestro ejemplo: en el capítulo. 3, la meta es Cristo (3:10), y en el capítulo. 4, Cristo es nuestra suficiencia (4:13). La carta es personal y práctica.

El valor de la introducción

Hay algunos libros de la Biblia y pasajes aislados que jamás se podrán entender correctamente, a menos que sepamos a quién y bajo qué circunstancias fueron escritos. Muchas falsas interpretaciones de la Biblia surgen del hecho que pasajes de aplicación local se toman como de autoridad general. Así también muchas veces surgen falsas interpretaciones por aplicar a los incrédulos lo que fue escrito para los santos. Conociendo la ocasión en que el libro fue escrito, muchos pasajes que de otra manera permanecerían oscuros, se presentan claros y de fácil interpretación.[a]

La introducción que escribas tú mismo, valdrá más para ti que cualquier otra escrita por otra persona. Después de haber escrito tu introducción, (y si quieres hacerlo) consulta con un diccionario bíblico para ver si hay más información sobre el fondo histórico que quieras añadir a la introducción. Esta parte es opcional puesto que nuestro propósito es hacer un estudio "directo" no de otras fuentes. Sin embargo, esa información puede confirmar lo que ya has estudiado de tu lectura.

Formación espiritual

¿Qué has descubierto acerca de Filipenses en este estudio? Vete a tu Diario Espiritual y escribe una cosa que te ha llamado la atención.

---

[a] Ibid. página 11.

El Discipulado 1

Lección 4: Cómo estudiar la Biblia: El método sintético

Día 3
Los párrafos y el bosquejo

El primer paso del método sintético es _____ [49]

El segundo es _____ [50]

Paso 3: Determinar las divisiones

Hemos dicho que <u>la unidad estructural</u> que se usa para el estudio bíblico es (escoge uno): [51]

☐ el capítulo   ☐ el párrafo   ☐ el versículo

Recuerda que ningún autor bíblico escribió utilizando versículos y capítulos. Más bien, siguiendo las normas de la literatura, ordenaron sus libros alrededor de ciertas ideas relacionadas entre sí para alcanzar sus propósitos. Al identificar estas ideas claves, podemos descubrir la estructura del libro, y de ella, el propósito del autor al escribir el libro. El párrafo es la unidad básica que contiene una idea central, que a su vez se desarrolla por las oraciones de que se compone.

Párrafos

Hemos dividido la epístola en párrafos. Marca los párrafos en tu Biblia, haciendo un círculo alrededor del número del versículo donde empieza un párrafo nuevo. Recuerda, un párrafo contiene una unidad de pensamiento centrada en una idea principal. Por ejemplo, el decimoquinto párrafo comienza en 4:8.

empieza un nuevo párrafo →

7 Y la paz de Dios, que sobrepasa todo entendimiento, guardará vuestros corazones y vuestros pensamientos en Cristo Jesús.

⑧ Por lo demás, hermanos, todo lo que es verdadero, todo lo justo, todo lo puro, todo lo amable, todo lo que es de buen nombre; si hay virtud alguna, si algo digno de alabanza, en esto pensad.

1:1,2	<u>Salutación</u>
1:3-8	<u>Acción de gracias</u>
1:9-11	<u>Oración por los filipenses</u>
1:12-18	<u>Efecto del encarcelamiento de Pablo en Roma</u>
1:19-26	<u>Esperanza de la libertad</u>
1:27-30	<u>Exhortación: Unidad frente a los enemigos</u>

Día 3: Los párrafos y el bosquejo

2:1-11 _____
2:12-18 _____
2:19-24 _____
2:25-30 _____
3:1-16 _____
3:17-4:1 _____
4:2-3 _____
4:4-7 _____
4:8-9 _____
4:10-14 _____
4:15-20 _____
4:21-23 _____

[52]

Paso 4: Titular cada párrafo

El título debe ser:

1. **Breve.** .... No más de siete palabras
2. **Único.** .... Que se aplique sólo a ese párrafo.
3. **Inolvidable.** .... Que te ayude a recordar el contenido del párrafo.

Ya hemos dado títulos a los primeros ocho párrafos. Ahora te toca a ti; lee estos párrafos y dale un título a los demás párrafos. Si tienes un problema en pensar de algo, puedes copiar los que hemos sugerido en las respuestas al final del libro.

Paso 5: Desarrollar el bosquejo

La tarea de este paso es buscar las relaciones entre los párrafos y desarrollar un bosquejo del libro. *Vuelve a leer Filipenses* teniendo en mente los títulos de los párrafos. Busca la relación entre los párrafos. ¿Cuáles de ellos tienen el mismo tema? Los que tienen un tema en común pertenecen a una división.

En la próxima página, notarás que hemos dado títulos a cada división. Fíjate en el título, "Pablo en Roma" que hemos dado al segundo grupo de párrafos. Nota también las subdivisiones (A, B, C) que corresponden a esta división. Escribe los títulos de todos los párrafos (del paso 4) en el bosquejo en la próxima página.

Mi bosquejo es sólo un ejemplo. El tuyo será diferente. Lo importante es descubrir el mensaje de Filipenses. Mañana seguiremos con el resumen del mensaje de los párrafos.

Lección 4: Cómo estudiar la Biblia: El método sintético

Filipenses

I. Introducción
   A. _____(1:1,2)
   B. _____(1:3-8)
   C. _____(1:9-11)

II. Pablo en Roma
   A. _____(1:12-18)
   B. _____(1:19-26)

III. Primeras exhortaciones
   A. _____(1:27-30)
   B. _____(2:1-11)
   C. _____(2:12-18)

IV. Dos mensajeros de Pablo
   A. _____(2:19-24)
   B. _____(2:25-30)

V. Advertencia: falsos maestros
   A. _____(3:1-16)
   B. _____(3:17-4:1)

VI. Más exhortaciones
   A. _____(4:2,3)
   B. _____(4:4-9)

VII. Las ofrendas de los filipenses
   A. _____(4:10-14)
   B. _____(4:15-20)

VIII. Despedida (4:21-23

_____
_____

¿Has terminado? Ahora vuelve a leer el libro, párrafo por párrafo, teniendo en mente este bosquejo. ¿Ves la estructura?

Día 3: Los párrafos y el bosquejo

Formación espiritual

Has leído el libro de Filipenses por lo menos cinco veces. Estás aprendiéndote bien el contenido del libro. Recuerda que la piedra angular del método sintético es _____

Ahora, llena tu diario espiritual. No te olvides de repasar el versículo de memoria para esta semana.

Lección 4: Cómo estudiar la Biblia: El método sintético

Día 4
El resumen del mensaje del libro

Nos quedan dos pasos más para completar nuestro estudio sintético del libro de Filipenses. ¿Cuál es el propósito de nuestro estudio?

Paso 6: Hacer un resumen del mensaje de cada párrafo

Volvamos a leer el libro de Filipenses, buscando el mensaje de cada párrafo del libro. Observemos las palabras y frases más el contexto en que son usadas y si hay una duda sobre el significado de una frase, busca pasajes paralelos que puedan aclarar la interpretación del párrafo. He aquí algunas sugerencias para descubrir el significado de un pasaje.

a. **Palabras y frases.** Utilizando una concordancia, busca todos los usos de la palabra cuyo significado sea dudoso; deben ser leídos y estudiados y así se determinará el significado preciso de la palabra.

b. **Contexto.** Una frase estudiada aisladamente puede tener varias interpretaciones, pero al verla en el contexto (lo que viene antes y después) no habrá más que una interpretación.

c. **Pasajes paralelos.** La mayor intérprete de la Biblia es ella misma. Al comparar el pasaje bajo investigación con un versículo paralelo, se resolverán muchos problemas de interpretación.

A continuación hallarás nuestro bosquejo de Filipenses y el resumen que hemos sacado de cada párrafo. Lee el resumen del párrafo junto con el párrafo correspondiente de la epístola. En las líneas que siguen el párrafo, escribe las ideas adicionales que te vienen a la mente.

Bosquejo y resumen de los párrafos

I. Introducción 1:1-11

A. Salutación (1:1,2)

Siervos (Pablo y Timoteo) y santos (la iglesia de Filipos). Dos tipos de liderazgo, los obispos (nota el plural) y diáconos. De la gracia proviene la paz. (La salutación que Pablo emplea en todas sus epístolas.)

Día 4: El resumen del mensaje del libro

B. Acción de Gracias (1:3-8)

Estando Pablo en la cárcel, piensa en los filipenses, aún más, ora gozosamente por ellos, dando gracias a Dios por su participación en el evangelio desde el principio. El afecto de Pablo por los filipenses se ve en las frases: "os tengo en el corazón" y "os amo a todos vosotros..." Están unidos en el amor y en el sufrimiento.

C. Oración por los filipenses (1:9-11)

Pablo anhela profundamente que la iglesia siga creciendo en el conocimiento de la Palabra y en discernimiento moral. Al desarrollar los valores cristianos la iglesia abundará en rectitud de conducta (fruto de justicia). La meta de la vida es glorificar a Dios.

II. Pablo en Roma 1:12-26

A. Efecto del encarcelamiento de Pablo en Roma (1:12-18)

¿Qué pasará con el apóstol en la cárcel? Ésta fue la gran preocupación de los filipenses. Pablo les dice que lo que podía haber parecido una catástrofe, fue en realidad una ventaja para el evangelio. No solamente toda la guardia escuchó el evangelio, sino también la iglesia de Roma había cobrado ánimo y valentía para predicarle el evangelio a toda Roma. No todos predicaban con motivos correctos; sin embargo, Pablo se regocijaba que Cristo fuera predicado.

B. Esperanza de la libertad (1:19-26)

Pablo no temía la muerte pues significaba estar con Cristo; sin embargo, estaba convencido que pronto estaría en libertad como resultado de las oraciones de los filipenses y que seguiría trabajando en la obra del Señor.

III. Primeras exhortaciones 1:27-2:18

A. Unidad frente a los enemigos (1:27-30)

Pablo hace una advertencia: en la lucha contra los enemigos de la fe, hay que estar unidos, perseverando en la fe. Sufrir por Cristo es el privilegio de los creyentes. Los filipenses también estaban sufriendo por la fe.

B. Humildad y sometimiento (2:1-11)

La unidad en la iglesia se basa en cuatro verdades: la consolación en Cristo, el consuelo de amor, la comunión del Espíritu, y la misericordia afectuosa. El ejemplo supremo de humildad y renunciación es Cristo en Su encarnación y muerte. Que seamos como Él en humildad y sometimiento.

C. Obediencia (2:12-18)

A la luz del ejemplo de Cristo, Pablo exhorta a los filipenses a seguir creciendo en madurez, sin quejarse. Usa varias metáforas para contrastar la vida de los creyentes con la del mundo a su alrededor.

IV. Dos mensajeros de Pablo 2:19-30

A. Timoteo (2:19-24)

Pablo espera enviar a Timoteo con las noticias del juicio. Tanto los filipenses como Pablo reconocen los méritos de Timoteo, como ejemplo de un siervo desinteresado. Pablo espera ir a Filipos una vez terminado el juicio.

B. Epafrodito (2:25-30)

Había llevado el donativo de la iglesia de Filipos a Pablo. Estaba a punto de morir durante su servicio a favor del apóstol, pero el Señor lo tocó. Pablo lo envía a Filipos con esta carta.

V. Advertencia: falsos maestros 3:1-21

A. Los "mutiladores del cuerpo" (3:1-16)

Pablo avisa a los filipenses contra los judaizantes, que son "perros" (su carácter), "malos obreros" (su conducta), y "mutiladores" (falsa enseñanza). Pablo presenta sus credenciales como judío, y concluye que todos los privilegios de ser parte del "pueblo escogido" son basura en comparación con ganar a Cristo. "Prosigo a la meta" indica el carácter progresivo de la santificación en el creyente. Perfectos = maduros.

B. Los "enemigos de la cruz" (3:17-4:1)

Pablo hace un contraste de su ejemplo (sed imitadores de mí) con la conducta de los "enemigos de la cruz," que son libertinos. Pero somos ciudadanos del cielo. En Su venida tendremos cuerpos glorificados como el de nuestro Salvador. (Compara con 1 Jn. 3:2)

Lección 4: Cómo estudiar la Biblia: El método sintético

VI. Más exhortaciones 4:1-9

    A. Unidad en la iglesia (4:2, 3)

Pablo vuelve al tema de la unidad. Dos mujeres prominentes estaban causando problemas. Pablo les aconseja que tengan el mismo sentir. (Ver 2:2) Promover la reconciliación es responsabilidad del liderazgo. ¿Clemente era mártir de la iglesia de Filipos?

    B. Practicar las virtudes cristianas (4:4-9)

La oración es el remedio para la ansiedad. Pablo da consejos para la salud mental. Vuelve a su ejemplo personal (seguid mi ejemplo). Nota la "paz de Dios" (v.7) y el "Dios de paz" del v.9.

VII. Las ofrendas de los filipenses 4:10-20

    A. La ofrenda enviada con Epafrodito (4:10-14)

Pablo expresa su agradecimiento a los filipenses por su ofrenda. Parece que había pasado un tiempo en el cual la iglesia no le había enviado ayuda a Pablo, posiblemente por falta de un portador. Pablo les dice que un creyente sabe vivir contento, fuera cual fuera la circunstancia, porque Cristo es su fortaleza.

    B. Las ofrendas previas (4:15-20)

Los filipenses aprendieron muy temprano el gozo de dar. Respondieron a sus necesidades; así que, Pablo dijo Dios "suplirá todo lo que os falta." Las riquezas de Cristo son más valiosas que las cosas materiales.

© 1992: OBSC

Día 4: El resumen del mensaje del libro

VIII. Despedida **4:21-23**

Tanto los compañeros de Pablo, como la iglesia mandan saludos. "Los de la casa de Cesar" son los que están en su servicio.

Formación espiritual

Escribe en tu diario un pensamiento de lo que has aprendido hoy. ¿Cuántas veces has leído Filipenses esta semana?

El Discipulado 1

Lección 4: Cómo estudiar la Biblia: El método sintético

Día 5
Resumen y Repaso

El estudio de la Palabra de Dios es tan esencial para el crecimiento espiritual, como lo es el comer para el cuerpo físico. La semana pasada consideramos varios planes para la lectura devocional de la Biblia, destacando la práctica de anotar en el diario espiritual los pensamientos y peticiones de oración. Esta semana aprendiste a hacer un estudio sintético. Terminas con el último paso.

Paso 7: Escribe una reacción personal

Escribe un párrafo de tus reacciones personales frente a esta epístola. ¿Qué valor tiene este libro en cuanto a tu crecimiento espiritual y el ministerio que Dios te ha dado?

_____
_____
_____
_____
_____
_____
_____
_____
_____
_____
_____
_____
_____
_____

[54]

El estudio sintético

La piedra angular de este método es _____ [55]

¿Cuántas veces leíste el libro de Filipenses esta semana? _____

¿Cuál es el propósito del estudio sintético? _____ [56]

La unidad de pensamiento que usamos en nuestro estudio es el _____ [57]

Día 5: Repaso

¿Cuáles son los pasos principales para desarrollar un estudio sintético?

1. _____   5. _____
2. _____   6. _____
3. _____   7. _____ 58
4. _____

No es necesario memorizar los pasos, pues si usas este método con frecuencia, los aprenderás. Siempre y cuando quieras hacer un estudio sintético, vuelve a esta lección y sigue los pasos.

En la próxima reunión semanal de INSTE

¿Cuántas veces has leído Filipenses esta semana? Ganarás puntos en el examen semanal según el número de veces que lo leíste.

    1-4 veces   5 puntos
    5-6 veces   10 puntos
    7-8 veces   15 puntos

Prepara una copia en limpio de tu estudio siguiendo el bosquejo a continuación. Si quieres, incluye tus observaciones incorporando las nuestras. Tu estudio vale 10 puntos, y el versículo para esta semana, 5 puntos.

El estudio sintético

- Número de veces que has leído el libro
- Introducción
- Bosquejo y resúmenes de los párrafos
- Aplicación (tu reacción personal)

Formación espiritual

No te olvides del diario espiritual y la oración. ¿Cuál es el versículo para memorizar de esta semana?

El Discipulado 1

Lección 4: Cómo estudiar la Biblia: El método sintético

Notas

Lección 5:
Cómo estudiar la Biblia: Métodos temático y biográfico

El estudio bíblico sistemático y personal es esencial si queremos crecer espiritualmente. Nuestra meta en estas 3 lecciones ha sido darte las herramientas necesarias para que puedas hacer una variedad de estudios bíblicos. Encontrarás que uno de ellos llegará a ser tu método preferido; pero tendrás a tu alcance las pautas de todos estos métodos para usarlos si surge la ocasión.

Acerca de esta lección

La semana pasada aprendiste a usar el método sintético que se basa en la lectura repetida de un libro. El estudio sintético es una herramienta para llegar a conocer un libro de la Biblia en su totalidad. Es básico para cualquier otro método de estudio. Esta semana seguiremos con el libro de Filipenses. Estudiaremos dos métodos que requieren el uso de la concordancia, el método temático y el biográfico. Los dos métodos son sencillos pero si se hacen a conciencia, pueden ayudarte a crecer en la gracia y el conocimiento de Dios.

Objetivos

Cuando termines esta lección, deberás poder:
1. Definir los propósitos de los métodos temático y biográfico.
1. Hacer tu propio estudio temático, siguiendo los pasos de este método.
2. Hacer un estudio biográfico utilizando este método.

Lección 5: Cómo estudiar la Biblia: Métodos temático y biográfico

El plan de estudio para la semana

Día 1: El método temático 92
Día 2: El método temático 98
Día 3: El método biográfico 100
Día 4: El método biográfico 103
Día 5: Repaso de los métodos de estudio bíblico 107

Día 1:
El método temático

Jesús empleó este método en su discurso con los discípulos en el camino a Emaús. Nos dice Lucas 24:27 *"Y comenzando por Moisés y (continuando) con todos los profetas, les explicó lo referente a Él en todas las Escrituras."* (LBLA)

El propósito del método temático es *conocer lo que dice la Biblia sobre un determinado tema*. Cuando el tema es de carácter doctrinal, y buscamos las referencias doctrinales del concepto, entonces el estudio se transforma en el método doctrinal. En la próxima asignatura, **"El Discipulado 2"** emplearemos este método con el estudio de las doctrinas básicas de nuestra fe cristiana. Este método es la base de muchos sermones temáticos que se escuchan con frecuencia en la iglesia. Es un método que no es complicado y puede ser muy útil.

Voy a desarrollar un estudio modelo sobre el tema "la vida de oración de Jesús." Igual que en el estudio anterior, seguirás los pasos haciendo un estudio temático basado en el libro de Filipenses.

Los pasos del método temático

1. Elegir un tema.
2. Buscar las referencias que tratan el tema.
3. Leer cada pasaje en su contexto y resumirlo en una frase descriptiva.
4. Organizar el material que ha sido reunido.
   (Opcional: Elegir un versículo clave).
5. Aplicar la enseñanza.

Paso 1: Escoger un tema

El tema puede ser limitado a un libro (como va a ser el estudio tuyo) o puede ser un estudio tomado de toda la Biblia de un concepto, una idea, o una pregunta que tienes. Tal vez alguien te ha preguntado sobre un tema que no pudiste contestar. O quieres desarrollar una enseñanza sobre un tema determinado. El estudio temático te brinda la oportunidad de desarrollar el tema que desees. Si escoges un tema amplio, como el amor, subdivídelo en otras temas tales como "el amor de Dios," "el amor al prójimo", "el amor en el Cuerpo de Cristo." Esto lo verás en el estudio modelo. En vez de escoger el tema general de "oración", he limitado el tema a "la vida de oración de Jesús."

La Biblia es una fuente inagotable de temas para explorar. Sus páginas abarcan todos los temas de la vida, del hombre y de su necesidad. Puede ser que el problema más grande en este paso sea que se limite el enfoque del tema para poder hacer un estudio responsable de él.

El tema del estudio modelo (mira la página 96) es_____ 59

En el libro de Filipenses, me imagino que has notado varios temas que trata el apóstol Pablo. Por ejemplo, habla de la unidad, y de las virtudes cristianas. O un tema interesante es "La salud mental en el libro de Filipenses." También se puede notar el ejemplo de Pablo (cap. 1, 4) de Cristo (cap. 2), luego de Timoteo y Epafrodito. (cap. 2) Pero el tema que sobresale en toda la epístola es el del gozo de la vida cristiana. (Mira el tema principal que pusimos en el estudio modelo en la página 96.) Esta semana desarrollarás tu estudio sobre este tema.

Paso 2: Buscar referencias bíblicas que tratan el tema

Este paso incluye dos operaciones: La primera, consiste en elegir los pasajes claves, es decir, que tengan relación directa con el tema. Para ello necesitarás una buena *concordancia*. Primero, identifica las palabras claves del tema. Por ejemplo, para el tema "La vida de oración de Jesucristo", las palabras claves serían oración, orar, bendecir, rogar, interceder, suplicar, pedir... Algunos pasajes que encontramos sobre estos temas serán un versículo, otros un párrafo, y tal vez otros, un capítulo entero. El tema definirá los límites de la búsqueda. Por ejemplo, en el tema que hemos mencionado, "La vida de oración de Jesucristo" los límites estarán en los textos que hablan específicamente de las oraciones de Jesús.

Siguiendo este ejemplo, vemos que, al buscar en la concordancia, nos encontramos con una referencia a la palabra "oración", veinte a "orar", cuatro a "bendecir", una a "rogar", una a "suplicar", y una a "interceder". Al leerlas, notamos que hay 12 pasajes importantes para nuestro estudio:

Marcos 1:35; Lucas 11:1; Lucas 3:21,22; Juan 17; Lucas 6:12,13; Lucas 22:31,32; Mateo 14:23; Hebreos 7:25; Marcos 6:46; Mateo 26:36-44; Lucas 5:15,16; Lucas 23:46; Mateo 14:19. Y esta es la segunda operación; o sea, apuntar las referencias claves en una hoja de trabajo.

Ahora, puesto que tu tema está limitado al libro de Filipenses, sigue los pasos a continuación:

1. Escribe las palabras claves, o sea, sinónimos y derivados de la palabra "gozo" que Pablo usa en el libro:

_____ 60

2. Ahora, busca en una concordancia (si la tienes) o simplemente leyendo el libro de Filipenses, apunta los versículos donde aparece una de las palabras claves:

_____ 61

Estos pasajes serán el enfoque del estudio.

Paso 3: Leer el pasaje en su contexto y resumirlo en una frase descriptiva

Es importante leerlo *en su contexto*. Identifica el contenido de cada versículo o pasaje en la columna a la derecha. (Mira el estudio modelo en la página 96) Puedes usar comentarios,

Lección 5: Cómo estudiar la Biblia: Métodos temático y biográfico

diccionarios, y otras fuentes siempre que no caigas en la trampa de depender más de otros estudios que en tu propio esfuerzo.

Referencias	Frases descriptivas
Fil. 1:4	
1:25	
2:2	
2:29	
2:17	
2:18	
4:1	
4:4	
4:11	

Paso 4: Organizar el material que ha sido reunido.

Después de analizar cada pasaje, vuelve a leer las descripciones varias veces anotando la enseñanza central de cada uno de ellos y su relación entre sí. Una vez terminado, con tus notas frente a ti, realiza un resumen condensando, reorganizando el tema, y combinando las diferentes enseñanzas. Busca la causa y el efecto, las definiciones, los principios, etc. Este será tu resumen de lo que enseñan las Escrituras sobre ese tema. Si prefieres, puedes ponerlo en forma de esquema o bosquejo. Mira el estudio modelo en las páginas 96 y 97.

Haz un borrador del resumen de la enseñanza que estás desarrollando. (Mañana tendrás la oportunidad de pulirlo y hacer una copia en limpio). Ahora, apunta tus pensamientos sobre la enseñanza de Filipenses sobre el gozo en la vida del creyente.

En tu organización del material de tu estudio, recuerda dónde estaba Pablo cuando escribió esta epístola. También observa el hecho de que la iglesia de Filipos estaba pasando por grandes pruebas en esa época. Todo esto debe influir tu organización de la enseñanza sobre el gozo en el libro de Filipenses.

Día 1: El método temático

_____
_____
_____
_____
_____
_____

Opcional: Elegir un versículo clave

Al leer los pasajes claves, busca un versículo que se destaque; pueda que sea el que más te guste, o bien resalta la enseñanza que has recibido en tu estudio. Escríbelo bajo el título de "versículo clave" o "versículo preferido". Por ejemplo, en nuestro estudio de "La vida de oración de Jesucristo" el versículo clave podría ser Hebreos 5:7, "*Y Cristo, en los días de su carne, ofreciendo ruegos y súplicas con gran clamor y lágrimas al que le podía librar de la muerte, fue oído a causa de su temor reverente.*"

En el estudio modelo, pusimos un versículo clave (página 97). ¿Cuál fue?

_____

Puedes usar este versículo u otro en tu estudio.

Paso 5: Aplicar la enseñanza

Haz un repaso de tu estudio y los pasajes, pidiéndole a Dios que te muestre algún aspecto que debes aplicar a tu vida. Apunta un plan de acción para "hacer realidad" la verdad aprendida. Mira el ejemplo en la página 97. La aplicación puede ser un sermón o una enseñanza o simplemente un párrafo aplicando el tema a tu vida personal. Harás este paso mañana.

Formación espiritual

Escribe en tu diario espiritual y habla con el Señor en oración. ¿Cuál es el versículo para memorizar para esta semana?

Lección 5: Cómo estudiar la Biblia: Métodos temático y biográfico

Estudio Bíblico: Método temático

Tema: La vida de oración de Jesús

Referencias	Frases descriptivas
Marcos 1:35	Se levantó muy de mañana y oró.
Lucas 3:21,22	Antes de su bautismo, oró y el Espíritu descendió sobre Él.
Lucas 6:12,13	Antes de escoger a los 12 discípulos, pasó toda la noche en oración.
Mateo 14:23, Marcos 6:46	Después de un día lleno de actividades subió al monte a orar aparte.
Lucas 5:15,16	Aún cuando los multitudes le buscaban, se apartaba a lugares desiertos a orar.
Mateo 14:19	Cada día oraba mientras se realizaban las cosas rutinarias. Por ejemplo, bendijo el pan.
Lucas 11:1	Oró de tal manera que sus discípulos querían que les enseñara a orar.
Juan 17	Oró por sus discípulos y por la iglesia.
Lucas 22:31, 32	Oró por Pedro para que su fe no faltara.
Hebreos 7:25, Romanos 8:34	Hoy día intercede por nosotros.

Resumen de la enseñanza

Podemos ver claramente la importancia de la oración en la vida de Jesucristo. Cuando mucha gente venía a verle y oírle, solía levantarse muy de mañana para ir a un lugar desierto a orar. Cuando todos le buscaban, lo hallaban en oración. Las decisiones y acontecimientos importantes fueron precedidas por la oración. Antes de hacer grandes milagros, oraba. Después de los días llenos de actividades y milagros, tenía la costumbre de ir al monte a orar. Vemos su constante necesidad de estar en comunión con su Padre. Oraba en medio de los acontecimientos normales de la vida.

En el momento más triste de su vida, Jesús oró. Cuando su alma estaba muy afligida "hasta la muerte" se postró sobre su rostro, orando, que fuera cumplida la voluntad de Dios, no la suya. La vida de Cristo estaba tan saturada de oración que incluso las últimas palabras que dijo en la cruz fueron en forma de una oración.

© 1992: OBSC

Versículo clave:

Hebreos 5:7 "Y Cristo, en los días de su carne, ofreciendo ruegos y súplicas con gran clamor y lágrimas al que le podía librar de la muerte, fue oído a causa de su temor reverente."

Bosquejo

I. La constancia de la vida de oración de Jesús
   A. En su bautismo, Jesús oró y el Espíritu Santo descendió sobre Él.
   B. Cuando la gente lo buscaba, Jesús solía levantarse muy de mañana y apartarse para orar.
   C. Después de los días llenos de actividades y milagros, Jesús tenía la costumbre de ir al monte a orar.
   D. Antes de hacer grandes milagros, oró.
   E. Oraba mientras se realizaba las cosas rutinarias de cada día. Por ejemplo, bendijo el pan.
   F. Antes de tomar una decisión importante, pasó la noche en oración.
   G. Cuando su alma estaba muy triste "hasta la muerte" se postró sobre su rostro, orando, que fuera cumplida la voluntad de Dios, no la suya.
   H. Sus últimas palabras desde la cruz fueron en forma de una oración.

II. La oración de Jesús por otros
   A. Oró por Pedro para que su fe no faltara.
   B. Oró por los discípulos y por la iglesia.
   C. Intercede ahora por nosotros en el cielo.
   D. Enseñó a sus discípulos (y a nosotros) a orar.

Aplicación

Si Jesús, el Hijo de Dios, necesitaba orar tanto, ¡cuanto más necesitamos nosotros orar! Si Cristo necesitaba una comunicación constante con su Padre, ¡cuanto más necesito yo comunicarme con mi Padre celestial! Igual que Jesús, necesito orar en todas las circunstancias. *"¿Así que no habéis podido velar conmigo una hora? Velad y orad, para que no entréis en tentación; el espíritu a la verdad está dispuesto, pero la carne es débil."* (Mat. 26:40-41) Jesús está haciéndome esta misma pregunta, ¿No puedes velar conmigo una hora? Por lo tanto, voy a dedicar una hora cada día a orar y comunicarme con mi Padre.

Lección 5: Cómo estudiar la Biblia: Métodos temático y biográfico

Día 2:
El método temático

Ayer te presentamos los cinco pasos del método temático. Usa el trabajo que hiciste y sigue los pasos, para terminar tu estudio temático sobre "El gozo de la vida cristiana." Prepárate para compartirlo con los miembros de tu grupo en la próxima reunión.

Estudio Bíblico
Método Temático

Tema: El gozo de la vida cristiana

Referencias   **Frases descriptivas**

Fil. 1:4 _____

1:25 _____

2:2 _____

2:29 _____

2:17 _____

2:18 _____

4:1 _____

4:4 _____

4:11 _____

Resumen o bosquejo

_____
_____
_____
_____
_____
_____
_____
_____

© 1992: OBSC

Día 2: El método temático

Versículo clave

Aplicación

Formación espiritual

No te olvides de escribir en el diario espiritual. Repasa, también, tu versículo de memoria.

Lección 5: Cómo estudiar la Biblia: Métodos temático y biográfico

Día 3:
El método biográfico

El propósito del estudio biográfico es *aprender todo lo posible de un personaje bíblico* estudiando los detalles biográficos que se encuentran en un sólo libro o que se puedan sacar a través de toda la Escritura. Se ha calculado que la Biblia menciona cerca de tres mil personajes diferentes. Lo que de ellos se narra, constituye una rica fuente de conocimiento con relación al plan de Dios para toda la humanidad. El propósito del estudio biográfico es

_____

Hoy vamos a estudiar los cinco pasos del método biográfico. Te daré un ejemplo para cada paso utilizando un personaje bíblico: Nehemías. Mañana tendrás la oportunidad de hacer un estudio biográfico de Timoteo.

Los pasos del método biográfico

> 1. Escoger un personaje.
> 2. Anotar las referencias bíblicas.
> 3. Hacer una "entrevista" con el personaje bíblico.
> 4. Resumir la lección destacada del estudio
> 5. Hacer la aplicación

Paso 1: Escoger un personaje.
¿Cuántos personajes hay en la Biblia? ....

Así que no te será difícil elegir un personaje entre tantas posibilidades.

Paso 2: Anotar todas las referencias bíblicas.

Para hacer este paso, se necesita una concordancia bíblica. Por ejemplo, si fueras a hacer un estudio biográfico de Lucas, buscarías en la concordancia bajo "Lucas" las referencias bíblicas en que se le menciona (hay tres) y las apuntarías en una hoja de trabajo. Si es autor de un libro, lee su libro y extrae de cada capítulo la información biográfica que tiene sobre el personaje que estás estudiando. (En el caso de Lucas, anotarías información biográfica de Lucas 1:1-4 y porciones de Hechos). Para el modelo del estudio biográfico hemos escogido a Nehemías. Apuntamos las referencias bíblicas del libro de Nehemías y la información biográfica sacada de ellas. Por ejemplo:

Día 3: El método biográfico

El personaje: Nehemías		
Referencias		**Materia Biográfica**
Nehemías	1:4	Se sintió intensamente angustiado por causa de la situación en su pueblo.
	1:9	Mantuvo la promesa de Dios.
	2:5-9	Confió en Dios, pero también hizo planes detallados para ayudarle a su pueblo.
	4:14	Dio toda la gloria a Dios por el éxito conseguido.
	5:15	Como resultado de su reverencia a Dios, Nehemías es un ejemplo de una vida desinteresada.
	6:13	Sus enemigos hicieron un complot para arruinar su reputación.
	8:10	Alentó al pueblo a que se regocijasen en Dios.
	13:14	Expresó su deseo de que Dios reconociera su trabajo.
	13:25	Fue riguroso en la disciplina contra el pecado que se encontraba entre el pueblo.

Paso 3: Hacer una entrevista con el carácter bíblico.

¿Hay algún detalle de su nacimiento, niñez, o de su familia que se da en las Escrituras? Describe su formación, la influencia de su familia, su ocupación. ¿Quiénes eran sus amigos y/o enemigos? ¿Qué decían de él (ella)? Describe su ámbito, o sea, la época en la que vivía, la influencia del ambiente religioso, social, político, etc. ¿Cuál fue su logro principal? ¿Qué efecto tuvo en su entorno (nación, iglesia, familia)? ¿Cuáles son los rasgos de carácter evidentes en el personaje? ¿Había un punto fuerte que le caracterizó? Nota su actitud, sus motivaciones, y su filosofía de vida. Describe su vida espiritual, sus hábitos para orar, la calidad de su fe en Dios, su servicio para Dios. ¿Hay algún detalle de su muerte? ¿Cuáles son los factores que contribuyeron a su crecimiento espiritual (o falta de ello)? Nota los elementos de poder y de éxito en su vida, las dificultades superadas, las oportunidades que tuvo, las equivocaciones cometidas, los peligros evitados, las personas que le ayudaron.

Paso 4: Resumir la lección destacada del estudio

Haz un resumen de la información obtenida de tu búsqueda bíblica y tu "entrevista" con el personaje bíblico que estás estudiando. Presta atención al siguiente ejemplo:

Lección 5: Cómo estudiar la Biblia: Métodos temático y biográfico

Nehemías cuyo nombre significa: "Jehová consuela", vivió durante el reinado del rey persa Artajerjes. Los acontecimientos del libro de Nehemías sucedieron del 445 al 433 a. de C.

Nehemías, hijo de Hacalías, fue copero del rey. Llegó a ser gobernador del pueblo judío en Jerusalén y reedificó la ciudad a costa del gobierno. Defendió los intereses de sus conciudadanos empobrecidos por los negociantes usureros. Durante su tiempo como gobernador, tomó medidas contra los negociantes injustos y se opuso a la práctica de casarse con mujeres extranjeras. También fue un hombre sumamente desinteresado. Renunció al dinero que le correspondía como gobernador. Con frecuencia suspendió sus labores, para dedicarse a la oración, como en: 1:5-11, 2:4, 4:4-9, etc. Fue un hombre de fe, de energía, de acción y de carácter intachable.

Vuelve a leer los pasos anteriores. ¿Cuál es la enseñanza que se puede sacar de la vida de esta persona? La clave puede estar en un versículo. La lección puede ser algo positivo o negativo, algo digno de imitar o de evitar. He aquí la lección destacada de nuestro estudio modelo:

Resumen de la lección destacada
Stg. 2:17, *"Así también la fe, si no tiene obras, es muerta en sí misma."* Nehemías es el ejemplo sobresaliente de un hombre que demostró su fe por sus obras. Creyó que Dios podía superar todo obstáculo y estuvo dispuesto a actuar en la luz de su creencia.

Paso 5: Hacer la aplicación

Haz un repaso del estudio. Pídele al Señor que te enseñe un principio para aplicarlo a tu vida, o algún peligro que debes evitar. Escríbelo bajo este encabezamiento. Sé específico.

Aplicación
Durante la lectura del relato de su vida, aprendí que la disposición de actuar y la disponibilidad para hacer lo que Dios quiere son dos actitudes imprescindibles en el líder espiritual. Aunque Nehemías era copero del rey y no albañil, Dios le utilizó para reedificar los muros. De manera que Dios es poderoso para hacerme cumplir lo que ha puesto en mi corazón, si yo estoy dispuesta a seguir Su dirección.

Como aplicación personal, voy a evaluar mi actitud y mi horario diario para estar más disponible al Señor. Me doy cuenta de que me enfrento a retos que me hacen temer, pero confiar en Dios es lo mismo que reconocer su suficiencia y habilidad para superar todo obstáculo. Tengo la oportunidad de ayudar a otros ahora, pero no he estado muy disponible al Señor. Esta semana voy a evaluar mi horario y hacer los cambios necesarios para estar libre y dar ayuda a otros.

Las oportunidades que consideraré incluyen reunirme con el grupo de los jóvenes para hablar, escuchar, y ayudar. También, voy a orar para que Dios ponga una carga más grande en mi corazón que no pueda eludir. Oraré y confiaré para que el Señor me utilice en su obra.

Repaso del método biográfico

Mañana tendrás la oportunidad de hacer un estudio biográfico. Prepárate para entregarlo a tu líder de grupo en la próxima reunión.

Formación espiritual

Repasa el estudio biográfico de Nehemías y escribe una aplicación personal en tu diario espiritual. No te olvides del versículo de memoria.

© 1992: OBSC

Día 4:
El método biográfico

Ayer consideramos el estudio biográfico de Nehemías. Hoy vamos a hacer un estudio de uno de los personajes bíblicos que encontramos en el libro de Filipenses. Siguiendo los pasos que usamos ayer, haz un estudio biográfico de Timoteo.

Estudio Bíblico
Método Biográfico

Personaje: Timoteo

Pasajes Importantes   Materia Biográfica

Hch. 16:1-3 _____

_____

Hch. 17:14-15 _____

_____

Hch. 18:5 _____

_____

Hch. 19:22 _____

_____

Hch. 20:4 _____

_____

Rom. 16:21 _____

_____

1 Cor. 4:17 _____

_____

Lección 5: Cómo estudiar la Biblia: Métodos temático y biográfico

1 Cor. 16:10 _____
_____

2 Cor. 1:1,19 _____
_____

Fil. 1:1 _____
Fil. 2:19-23 _____
_____

Col. 1:1 _____
_____

1 Tes. 1:1 _____
2 Tes. 1:1 _____
1 Tim. 1:2, 18 _____
_____
_____

1 Tim. 6:20 _____
2 Tim. 1:2, 6 _____
_____
_____

Flm. 1 _____
Heb. 13:23 _____

Notas de la "entrevista" con el personaje:

_____
_____
_____
_____
_____
_____
_____
_____
_____
_____

Día 4: El método biográfico

Resumen de la lección destacada:

Lección 5: Cómo estudiar la Biblia: Métodos temático y biográfico

_____
_____
_____
_____
_____
_____
_____

Versículo Clave:

_____
_____
_____
_____

Aplicación Personal:

_____
_____
_____
_____
_____
_____
_____
_____
_____

En la reunión semanal

Tendrás que entregarle tus trabajos (temático y biográfico) a tu líder de grupo en la próxima reunión. Prepárate para compartir con tus condiscípulos la aplicación personal de los dos estudios.

Formación espiritual

No te olvides del diario espiritual y la oración. ¿Cuál es el versículo para memorizar para esta semana?

Día 5: Repaso de los métodos de estudio bíblico

Día 5:
Repaso de los métodos de estudio bíblico

En estas dos lecciones hemos presentado tres métodos de estudiar la Biblia. Hagamos un breve repaso.

El método sintético

1. _____
2. _____
3. _____
4. _____
5. _____
6. _____
7. _____

¿Cuál es el propósito del método sintético?

_____ 64

¿Cuál es su "piedra angular"?

_____ 65

La división fundamental de nuestro estudio de un libro es: 66

❏ Un capítulo
❏ Un versículo
❏ Un párrafo

El estudio sintético proporciona una buena base para la preparación de estudios utilizando los otros métodos. Al leer un libro un número de veces, llegarás a tener una mejor idea de su tema, su estructura, el propósito del libro y su mensaje. Entonces, al iniciar un estudio temático, o biográfico basado en aquel libro, tendrás una idea de lo que hay en el libro. Usaremos este método en las asignaturas introductorias del **Antiguo y Nuevo Testamento**.

¿Cuál es el propósito del estudio biográfico?

_____ 67

¿Qué valor ves en un estudio de esta índole?

_____

Si fueras a hacer otro estudio biográfico, ¿qué personaje estudiarías?

El método biográfico

1. _____
2. _____
3. _____
4. _____
5. _____

El Discipulado 1

Lección 5: Cómo estudiar la Biblia: Métodos temático y biográfico

Una interesante variación del método biográfico es el estudio de parejas de la Biblia, tales como David y Jonatán, Pablo y Timoteo, Aquila y Priscila, etc.

¿Cuándo es apropiado usar el método temático? _____

_____ 68

Este método se parece mucho a otro que hemos estudiado. ¿Cuál es?

_____ 69

El método temático

1. _____
2. _____
3. _____
4. _____

(Opcional: elegir un versículo clave)

5. _____

Los dos métodos tienen propósitos y procedimientos similares. Lo importante es ver lo que dice la Biblia sobre un tema o un personaje bíblico. Para aprovechar al máximo estos dos métodos debes usar una concordancia. Algunas Biblias incluyen una concordancia breve en la parte de atrás. Pero si puedes comprar una concordancia completa (como la de Caribe), sería una buena inversión.

En todos estos métodos el propósito fundamental es meterte directamente en la Palabra de Dios para descubrir sus riquezas por ti mismo. Puedes usar diccionarios y comentarios bíblicos para confirmar lo que has descubierto, pero esto debe ser el último, no el primer paso. En todos los métodos hay un paso en común. ¿Cuál es?

_____ 70

Lo más importante en todo estudio es vivirlo. Deja que el Señor te hable a través de tu estudio diario de su Palabra. Escucha y obedécele. En las próximas semanas haremos estudios de varios tipos, sobre todo temáticos. Tendrás amplia oportunidad de practicar tus nuevas destrezas de estudio bíblico.

Tus hábitos de estudio bíblico

¿Por qué es importante el estudio de la Palabra de Dios? Porque en ella está todo lo que Dios quiere decirte. El creyente que no estudia la Palabra de Dios nunca descubrirá la voluntad de Dios y Su dirección para su vida. Jesús dijo: *"No sólo de pan vivirá el hombre, sino de toda palabra que sale de la boca de Dios"* (Mat. 4:4). En esta cita Jesús compara el pan con la Palabra de Dios.

Si tus hábitos de comer fueran como los de tu estudio bíblico, ¿cómo estarías de salud? De igual manera, sin el estudio bíblico llegarías a ser un anémico espiritualmente. A continuación hay una autoevaluación para ver si tienes anemia espiritual a causa de una deficiencia de tu dieta escritural.

Día 5: Repaso de los métodos de estudio bíblico

Autoevaluación

Calífícate a ti mismo en una escala de 1 al 10 en respuesta a las afirmaciones a continuación. Un 10 representa un máximo acuerdo con la afirmación, un uno sería un mínimo acuerdo. Marca con un círculo el número que corresponda a tu autoevaluación.

1 2 3 4 5 6 7 8 9 10	Veo en mí mismo la necesidad de estudiar la Biblia.
1 2 3 4 5 6 7 8 9 10	Estudio la Palabra de Dios (a través de mis estudios de INSTE) todos los días.
1 2 3 4 5 6 7 8 9 10	Medito en la Palabra de Dios a través de los devocionales utilizando el diario espiritual para apuntar lo que el Señor me está diciendo.
1 2 3 4 5 6 7 8 9 10	Sigo un plan de memorización de versículos bíblicos.
1 2 3 4 5 6 7 8 9 10	Cuando me viene un problema una de las primeras cosas que hago es consultar con la Biblia para encontrar una respuesta.
1 2 3 4 5 6 7 8 9 10	Mi vida de oración se centra en la Biblia porque sé que el Señor me habla a través de ella.
1 2 3 4 5 6 7 8 9 10	Mi meta es conocer bien la Palabra de Dios para que pueda ponerla por obra en mi vida.
1 2 3 4 5 6 7 8 9 10	Me comprometo a practicar los varios métodos de estudio personal para perfeccionar mi destreza de estudiar la Biblia para mí mismo.
1 2 3 4 5 6 7 8 9 10	Yo quiero ser "un obrero...que usa bien la palabra de verdad." 2 Tim. 2:15
1 2 3 4 5 6 7 8 9 10	Puedo señalar cambios en mi vida que son el resultado de mi estudio de la Biblia y mi obediencia a sus principios.

Calificación

Suma la puntuación de la autoevaluación. Interprétalo usando la escala a continuación:

90-100..Vas por buen camino hacia la vida abundante en Cristo.
80-89.. Todavía tienes altibajos en tu vida espiritual pero demuestras una buena voluntad de crecer en Cristo.
70-79............Una vida espiritual que tira hacia la inconsistencia. Cuidado con la anemia espiritual.
60-69...¡Peligro! Busca ayuda inmediata por tu salud espiritual.

El Discipulado 1

Lección 5: Cómo estudiar la Biblia: Métodos temático y biográfico

Formación espiritual

Reflexiona sobre el papel que juega el estudio bíblico en tu vida espiritual. ¿Estás satisfecho con tus esfuerzos y el efecto que notas en tu andar cristiano? ¿Hay algo que debes cambiar? Apunta tus pensamientos en tu diario espiritual y ora. Sería bueno compartirlo también con tu compañero de crecimiento espiritual.

Lección 6:
La oración equilibrada

Es interesante notar que en los evangelios sólo hay una vez en que los discípulos pidieron al Señor que les enseñara algún aspecto de la vida cristiana. No le pidieron que les enseñara "los cinco principios para el crecimiento de la iglesia," tampoco le preguntaron sobre el evangelismo personal. Sino que les enseñara a orar (Luc. 11:1).

En las próximas tres lecciones analizaremos varios aspectos del maravilloso privilegio que tenemos de orar. Empezamos esta semana con una definición de la oración. Estudiaremos la oración modelo de Jesucristo, y las clases de oración mencionadas en la Escritura. En la segunda lección de esta unidad trataremos el tema de la oración en el Espíritu, luchando en oración y el valor del ayuno. En esta lección descubriremos cómo crecer espiritualmente a través de la oración. La próxima lección se enfocará en la práctica de la oración.

Acerca de esta lección

En esta primera lección sobre la oración, consideraremos que es la oración y porqué oramos. Veremos la importancia del hábito de orar. También estudiaremos la vida de oración de Jesucristo y el modelo de oración que él nos dio.

Objetivos

Cuando termines esta lección deberás poder:
1. Identificar las seis clases de oraciones bíblicas que mencionamos en la lección.
2. Citar ejemplos personales de cómo Dios está obrando en tu vida a través de la oración.
3. Citar el Padrenuestro de memoria.
4. Formar el hábito de orar todos los días.
5. Usar el "Diario Espiritual" para apuntar peticiones de oración y contestaciones a las oraciones.

Lección 6: La oración equilibrada

El plan de estudio de esta lección

Día 1: ¿Qué es la oración?..112
Día 2: La vida de oración de Jesús...116
Día 3: Alabanza y acción de gracias...120
Día 4: Confesión e intercesión..124
Día 5: La súplica y la petición...129

Día 1:
¿Qué es la oración?

Uno de los aspectos más importantes de la vida cristiana es la oración. A través de ella podemos experimentar la presencia de Dios. Es, simplemente, hablar con Dios, diciéndole nuestros pensamientos más íntimos y dejar que Él nos hable. Es desarrollar una relación personal con Él. La oración es una conversación íntima entre tú y Dios.

Definición

En el párrafo anterior definimos la oración. ¿Qué te llama la atención en aquella definición?

_____
_____

¿Por qué orar?

Pero, ¿por qué orar? Dios sabe nuestras necesidades antes de que oremos ¿no? Él sabe todo lo que vamos a pedir antes de que lo pidamos. ¡Claro! Entonces, ¿por qué orar? En primer lugar, *para conocer a Dios íntimamente*. La palabra hebrea en Dan. 11: 32b para conocer es "*yada*" que significa intimidad espiritual. Esto nos enseña que en la oración desarrollamos un amor espiritual profundo y una relación íntima con Dios. Lee Daniel 11:32b y escríbelo aquí:

_____

Es en la oración que desarrollamos una intimidad que nos hace fuertes en El.

Nuestro propósito en la oración es tener comunión íntima con Dios. Lee Salmos 25:14 y termina esta frase: "*La comunión íntima con Jehová es con*

_____ 71

¿Cuál es la definición bíblica de temor? (Lee Prov. 8:13) _____ 72

Es decir, ver todo desde el punto de vista de Dios. Él es santo y la comunión con Él, exige que crezcamos en santidad; hasta que las cosas que Él aborrece, las aborrezcamos nosotros también.

Día 1: ¿Qué es la oración?

Otra razón para orar es para *solicitar ayuda divina, para una situación en particular*. Lee los ejemplos siguientes y escribe un resumen en las líneas a continuación.

Elías 1 Reyes 18: 37-38 _____
_____

Josafat 2 Crón. 18:31 _____
_____

Samuel 1 Sam. 7: 9-10 _____
_____

En resumen, podemos decir que la oración es para el espíritu lo que la respiración es para el cuerpo. Orar no es vencer la resistencia de Dios. No es persuadirle a que haga algo que Él no está dispuesto a hacer. Es conocerle más, sabiendo que su voluntad es lo mejor que podemos esperar.

¿Cuándo debemos orar?

Lee los versículos que siguen a continuación y escribe el mandato que Dios nos da en ellos.

Luc. 21:36 "velad, pues, _____ orando..."

Rom. 12:12 "_____ en la oración"

Col. 4:2 "_____ en la oración, _____ en ella con acción de gracias"

1 Tes. 5:17 "Orad _____"

1 Tim. 2:8 "que los hombres oren _____"

En estas citas podemos ver que la oración es más que un privilegio sagrado, también es un mandato divino. La oración debe ser constante y tan natural como el respirar.

S.D. Gordon dijo: "Lo más grande que alguien puede hacer por Dios y por el hombre es orar". También dijo: "Puedes hacer más que orar cuando hayas orado, pero no puedes hacer más que orar hasta que hayas orado".

Pon una ☒ en el cuadro que corresponda a tu costumbre actual de orar.

☐ Soy constante en mi vida de oración. Tengo la costumbre de orar todos los días.
☐ Oro a menudo pero no puedo decir que tengo tiempo para orar cada día (quizá 3 o 4 veces durante la semana).
☐ Oro cuando surge la necesidad de orar.
☐ Oro casi nunca.

Cuando oras, ¿cuánto tiempo dedicas a ello?
☐ menos de 15 minutos   ☐ de 15 a 30 minutos   ☐ más de 30 minutos

¿Cómo caracterizarías tu manera de orar?
☐ sistemática   ☐ al azar   ☐ descuidada   ☐ _____

¿Cuándo oras?
☐ por la mañana   ☐ por la noche   ☐ al mediodía   ☐ cuando tengo ganas

El Discipulado 1

Lección 6: La oración equilibrada

Formar el hábito de orar

Separa un tiempo diario para la oración.

Si esperamos hasta que encontremos algún tiempo, nunca lo vamos a encontrar. Hay que separar un tiempo específico cada día para la oración. Por eso, en este estudio de discipulado, hemos puesto la parte llamada "Formación Espiritual" para ayudarte a formar el hábito de orar.

¿Cuánto tiempo se debe dedicar a la oración?

Sugerimos que ores por lo menos 15 minutos diarios aunque sería más provechoso que oraras 30 a 60 minutos cada día. Lo más importante es que estés en oración bastante tiempo para encontrar a Dios. No podemos conocer a Cristo sin pasar tiempo con Él. Al igual que se tarda mucho tiempo para llegar a conocer una persona, así también es nuestra relación con Dios, nuestro nivel de intimidad será determinado por el tiempo que pasemos en Su presencia.

¿Cuándo se debe orar?

Depende de si eres una alondra o un búho. Las alondras se levantan muy temprano cantando y piando, pero por la noche se cansan y tienen sueño. Los búhos tardan mucho en despertarse pero por la noche están alertas. No es más espiritual ser uno u otro. Dios nos ha creado a cada uno diferente y por lo tanto debes elegir el tiempo que más te convenga.

"Mas tú cuando ores, entra en tu aposento..." (Mat. 6:6)

Es bueno elegir un sitio específico para la oración. Vemos en las Escrituras que era normal para los personajes bíblicos tener un sitio especial donde solían ir a orar. Lee los ejemplos a continuación y pon el nombre del sitio donde oraba cada uno de ellos.

1. Abraham (Gen. 12:7, 13:18; 19:27) ....

2. Isaac (Gen. 24:63) ....

3. Daniel (Dan. 6:10) ....

4. Jesús (Luc. 22:39) ....

Cada creyente necesita un sitio específico, libre de todo estorbo para estar en comunión con Dios. ¿Qué sitio has elegido que sea tu "aposento de oración"?

"Orad sin cesar" (1 Tes 5:17)

Nuestra comunión con el Señor no termina cuando salimos de nuestro "aposento de oración". Debemos mantener un espíritu de oración a lo largo del día. "Orar sin cesar" significa llevar una actitud de oración en todo lo que hacemos. Es tener las líneas de comunicación abiertas con Dios para que en todo momento podamos darle las gracias, adorarle o hacerle saber nuestras peticiones.

Día 1: ¿Qué es la oración?

En el transcurso del día, muchas veces nos encontramos con personas o circunstancias que nos estorban. En estos momentos podemos poner en práctica el orar sin cesar con las oraciones "S.O.S.". Con las líneas abiertas podemos orar, "Señor, ayúdame a tener Tu actitud hacia esta persona o circunstancia," y en ese momento, el Señor nos contestará.

¿Qué significa "orar sin cesar"? _____ 74

¿Qué es la oración S.O.S.? _____ 75

Hábitos buenos para desarrollar

1. Cada creyente, sea "alondra" o "búho", debe desarrollar el hábito de pensar en Dios cuando se despierta, aun antes de salir de la cama. El Salmo 17:15 dice: "Estaré satisfecho cuando despierte a tu semejanza". Antes que empiecen todas las actividades del día, podemos entregárselo a Dios. (Lee también Salmos 5:1-3).
2. Estar inquieto o molesto cuando faltes a tu tiempo de oración. Trata tu tiempo de oración como una cita o un compromiso con un amigo íntimo. No dejes que interfieran otras cosas en este tiempo especial.
3. Orar en voz alta. Muchos han encontrado que orar en voz alta nos hace escuchar más cuidadosamente lo que pedimos. También nos ayuda a tratar a Cristo como una persona que está con nosotros en la misma habitación.

Hábitos malos que evitar

1. No dejes que los sentimientos dicten tus oraciones. Si sólo oramos cuando tenemos deseos de orar, vamos a orar muy poco. Debemos guardar nuestra cita con Dios a pesar de los sentimientos.
2. No sustituyas la oración por las actividades. Nunca debemos estar demasiado ocupados como para dejar de orar. Puede que haya muchas actividades en la iglesia y pocos resultados porque no hemos tomado el tiempo necesario para orar.
3. No estés atado por el legalismo. Debes descubrir el método de oración que funcione mejor para ti. "La oración debe ser tan natural como el respirar y tan agradable como el comer".

Formación espiritual

Ahora rellena el Diario espiritual. El pasaje para memorizar de esta semana es el Padrenuestro. Apunta un comentario en tu diario sobre tu estudio de hoy. Recuerda, la oración tiene como propósito conocer a Dios. Habla con Él y escúchale.

Lección 6: La oración equilibrada

Día 2:
La vida de oración de Jesús

La oración llenó la vida de nuestro Señor aquí en la tierra. Heb. 5:7 dice: *"y Cristo, en los días de su carne, ofreciendo ruegos y súplicas con gran clamor y lágrimas al que le podía librar de la muerte fue oído a causa de su temor reverente"*. En la lección anterior el estudio modelo (temático) se trató este tema. Míralo en las páginas 96 y 97, y contesta las siguientes preguntas.

1. Marcos 1:32-35 ¿Cuándo y dónde oró Jesús en esta circunstancia? _____
2. Lucas 3:21,22 ¿Cuál fue la ocasión de esta oración? _____
3. Lucas 6:12-16 En este pasaje ¿qué motivó la oración de Jesús? ¿Por cuánto tiempo oró?
_____
4. Mateo 14:19 ¿En qué circunstancia oró Jesús en este versículo?_____
5. Mateo 14:23 ¿Cuál fue el acontecimiento que precedió la oración de Jesús? ¿Dónde y cuándo oró? _____
6. Lucas 5:15-16 ¿Por qué oró Jesús en esta ocasión? _____
7. Lucas 11:1 ¿Cuál era el efecto que tenían las oraciones de Jesús respecto a sus discípulos? ___
8. Juan 17 ¿Por quién oró Jesús? _____
9. Lucas 22:31,32 ¿Por quién oró Jesús? ¿Para qué? _____
10. Hebreos 7:22-25 y Romanos 8:34 ¿Por quién intercede Jesús? _____
11. Mateo 26:36–46 y Lucas 22:39–46 ¿Qué hizo Jesús como preparación para la tentación?____
12. Lucas 23:46 ¿Cuál fue la última cosa que hizo Jesús en la cruz?_____ [76]

Se ve fácilmente de estas citas que la oración impregnaba cada parte de la vida de Jesús. *"El que dice que permanece en él, debe andar como él anduvo"* 1 Jn. 2:6. Si decimos que permanecemos en él, debemos seguir su ejemplo en la oración.

Al ver la vida de oración de Jesucristo, ¿cómo te ha afectado? ¿Debes cambiar algo para que puedas orar como Él oraba?

El Padrenuestro

Los rabinos de aquella época enseñaban a sus discípulos a orar siguiendo una oración como modelo, compuesta de frases breves, cada una introduciendo un tema para orar. El orador recitaba la oración modelo, frase por frase, elaborando cada tema. Era como un esqueleto, por el cual el discípulo podía cumplir su deber de orar.

© 1992: OBSC

Día 2: La vida de oración de Jesús

Cuando los discípulos pidieron al Señor "enséñanos a orar", Jesús les dio el Padrenuestro. Estudiaremos frase por frase el Padrenuestro para comprender los principios que Jesús estaba recalcando en ella.

Padre nuestro

Con estas dos palabras el Señor Jesucristo pone énfasis en la naturaleza del Todopoderoso. No nos acercamos a una deidad fría, sino a un Dios amoroso. Se centra en la relación íntima de un niño con su padre. Desde el principio, Jesús subraya la familia de creyentes. Todo lo que tenemos del Padre es nuestro, no pertenece a uno en exclusiva. ¿Cuál es la imagen que surge en tu mente al pensar en Dios como Padre?

Que estás en los cielos

Reconocemos la soberanía de Dios. Porque Dios está en los cielos, está sobre todo. Nos recuerda Su omnipotencia, omnisciencia y omnipresencia. ¡Cuán grande es nuestro Dios!

Santificado sea tu nombre

Los seres que rodean el trono proclaman sin cesar: "*Santo, santo, santo es el Señor Dios Todopoderoso*" (Apoc. 4:8). Al decir eso reconocemos Su naturaleza: Su inmutabilidad, integridad; podemos confiar en Él. Esta es la adoración. Adoramos a Dios, no por lo que ha hecho sino por lo que es.

Venga tu reino. Hágase tu voluntad como en el cielo así también en la tierra

El reino está tanto en el presente en la vida de los que le obedecen como en el futuro cuando Jesucristo venga a establecer su reino mesiánico. Oramos que el reino sea establecido en el corazón de muchos alrededor del mundo. Cuando sea consumado el reino de Dios en la venida de Cristo, su voluntad será hecha igual en la tierra como lo es ahora en el cielo.

El pan nuestro de cada día, dánoslo hoy

Dios cuida de nuestras necesidades y debemos pedir por ellas. Hemos de pedir por lo terrenal, así como por los asuntos importantes y eternos. "*Vuestro Padre celestial sabe que tenéis necesidad de estas cosas*" (Mat. 6:32). Así que, "Pedid día tras día según lo que necesitéis". Hacerlo es reconocer que dependemos de Él. La autosuficiencia no le agrada.

Y perdónanos nuestras deudas

No deberíamos acercarnos a Dios sin reconocer nuestra necesidad de purificación, (Sal. 66:18; 1 Ped. 3:12; Isa. 59:1, 2). El Padre no acepta una oración de alguien que tiene más interés en pedir que en la piedad. Pero sabemos que Él perdonará a los que se lo pidan (1 Jn. 1:9).

Lección 6: La oración equilibrada

Como también perdonamos a nuestros deudores

Jesús nos enseña que una relación vertical (con Dios) es imposible sin una relación horizontal (con otros). El perdón que recibimos se basa en que nosotros perdonemos a otros. Dios insiste en que mostremos este rasgo de nuestra herencia divina; que perdonamos como Él nos ha perdonado, ya que somos Sus hijos, engendrados por Él.

Lee Mat. 5:23-24 y escríbelo en estas líneas:

_____
_____
_____
_____

La relación correcta con otros procede de la oración. Debemos perdonar. El castigo por violar este principio impide que sean contestadas nuestras oraciones. El que no perdona será atado con las cadenas de su negativa a perdonar. El librar a otros es el camino para librarse a sí mismo. Lee Mat. 18:23-35 (fíjate en el versículo 35).

Y no nos metas en tentación, mas líbranos del mal

Estas frases parecen contradecir Stg. 1:13 y 1 Cor. 10:13. Pero leyendo las dos frases está bien claro el significado: ¡No nos metas, sino sácanos del mal! Es un clamor por madurez. Significa que cuando oras, reconoces que el Padre no es la causa del problema que tienes al asaltarte la tentación, sino que Él es quien te protege. Debemos estar alertas a las trampas del enemigo. Reconocemos que la protección viene de Dios.

Porque tuyo es el reino y el poder y la gloria por todos los siglos. Amen.

La oración debe empezar y terminar con alabanza. La entrega de todo en Sus manos es el acto final de la historia (1 Cor. 15:24). La actitud que necesitamos adoptar es simplemente esto: que el mejor final es afirmar que Su majestad es suprema. Después de que hayas adorado y presentado tu petición, ponla en manos de Dios, déjala allí y confía en Él.

Comentario: Orar en el nombre de Jesús

Orar en el nombre de Jesús es la clave para que todo el poder de Dios se exprese a favor nuestro. Juan 14:13-14 "*y todo lo que pediréis al Padre en mi nombre, lo haré...*" "*Si algo pediréis en mi nombre, yo lo haré*". Juan 15:16, "*...para que todo lo que pediréis al Padre en mi nombre, el os lo de*". Juan 16:23, "*...todo cuanto pediréis al Padre en mi nombre, os lo dará*".

Muchos cristianos tratan el "orar en el nombre de Jesús" como una fórmula mágica o una señal que si la usan fielmente les garantizará la aceptación automática de todas sus oraciones. Pero orar en el nombre de Jesús es mucho más que una expresión. Para la mentalidad hebraica, el nombre es igual a la persona. Orar en el nombre de Jesús es orar en la persona de Jesús. Nuestra unión a él es la garantía de ser oídos por el Padre. (Juan 15:7)

Formación espiritual

En tu diario espiritual, apunta tu petición de oración, o una alabanza. Usa la oración modelo de Jesús para hablar con Él.

- *Oremos ahora*
  dando gracias a nuestro Padre celestial por Su amor y por el privilegio de estar en la gran familia de Dios.

- *Alabémosle ahora*
  por Su grandeza, porque es soberano sobre nuestra vida.

- *Adorémosle ahora*
  por lo que es, porque nuestro Dios es santo. ¡Aleluya!

- *Oremos ahora*
  que la voluntad de Dios sea hecha en la tierra, en Su iglesia y en nuestras vidas. Que Dios sea nuestro Rey verdadero. ¡Ven, Señor Jesús!

- *Pidamos a Dios ahora*
  que supla todas nuestras necesidades.

- *Confesemos ahora a Dios nuestras caídas*
  para que podamos acercarnos más a Él.

- *Perdonemos ahora a los que nos han ofendido o nos ha hecho daño*
  para que nuestros pecados sean perdonados

- *Pidamos a Dios*
  que nos proteja de todo mal y que nos ayude a estar alertas a las astucias del enemigo.

- *Démosle gracias por Su protección y Su cuidado.*

- *Terminemos nuestro tiempo de oración en alabanza a Dios. ¡¡Aleluya!!*

Lección 6: La oración equilibrada

Día 3:
Alabanza y acción de gracias

La oración eficaz es sistemática y específica; así que nuestro tiempo devocional debe estar equilibrado. En la oración debemos bendecir a Dios, orar por otros y por nosotros mismos. Por lo tanto cada oración debe estar constituida de los siguientes pares de elementos básicos: 1) la alabanza y la acción de gracias, 2) la confesión y la intercesión, 3) la súplica y la petición.

En las próximas páginas estudiaremos las partes que componen la oración equilibrada. Podemos dividirlo de la manera que figura en el gráfico del centro.

Alabanza

La alabanza es *adorar a Dios por lo que Él es*. Es alabarle por Sus atributos, reconociendo que Dios es el Todopoderoso Creador y que Él es digno de toda la gloria y la honra. Es ver a Dios tan ensalzado y alto que "los cielos de los cielos" no pueden contenerle (1 Reyes 8.27). Es verle y clamar ¡Santo, santo, santo es el Señor Dios Todopoderoso! También en la alabanza amamos a Dios por su bondad y amor. Debemos amarle con todo nuestro ser (Mat. 22.37) y expresamos este amor en la alabanza.

Alabanza es adorar a Dios por sus atributos o sus características. Subraya los atributos mencionados en el párrafo anterior.

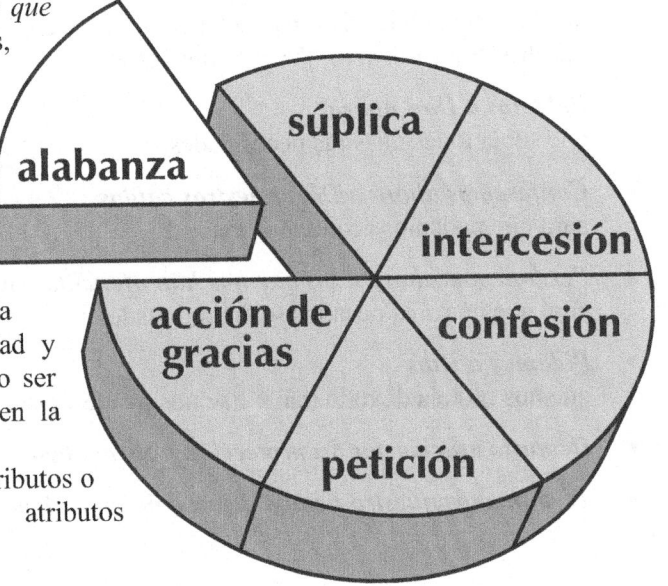

¿Has encontrado estos? "Todopoderoso, Creador, santo, amor, bondad". ¿Puedes pensar en más atributos divinos (es decir, características de Dios)?

[77]

Los ejemplos bíblicos de la alabanza son numerosos pero vamos a citar sólo cuatro. Lee los pasajes que siguen a continuación y escribe los atributos (las características) de Dios por los cuales lo alaban estos personajes bíblicos.[78]

© 1992: OBSC

Día 3: Alabanza y acción de gracias

Pablo (1 Tim. 1.17) _____

Judas (Judas 24,25) _____

Ezequías (2 Reyes 19.15) _____

(Fíjate en el contexto. Cuando Senaquerib, rey de Asiria, fue para destruir Judá, Ezequías clamó a Dios. Pero antes de pedir ayuda dio culto y adoración a Dios, reconociendo que su Dios era soberano sobre todas las naciones).

Josafat (2 Crón. 20:6) _____

(Mira el contexto. Cuando Josafat estuvo en circunstancias semejantes a las de Ezequías, el también alabó a su Dios omnipotente).

Los Salmos están *llenos* de alabanza y adoración a Dios. Lee los siguientes versículos que te mostrarán cómo el salmista adoraba a Dios. Salmo 8:1; 29:2; 34:1; 100:4; 95:2.

¿Tienes otra alabanza del salmista que te gusta? Cítalo aquí

_____

La Biblia nos manda a ofrecer a Dios "sacrificio de alabanza". Lee estos versículos, resumiendo su contenido a continuación.

Sal. 50:14 _____

50:23 _____

116:17 _____

Heb. 13:15 _____

1 Pedro 2:5 dice que somos un *"sacerdocio santo, para ofrecer sacrificios espirituales aceptables a Dios por medio de Jesucristo"*. Como sacerdocio santo, nuestro sacrificio es de alabanza. Esto tiene su correlación con el altar del incienso en el Antiguo Testamento donde ofrecían el incienso ante Dios como representación de la adoración del pueblo de Israel (lee también Ex. 30:1-10 y Apoc. 8:4). Ahora, cada creyente tiene este ministerio sacerdotal hacia Dios. Siempre debemos ofrecerle sacrificios de alabanza.

¿Por qué ofrecemos sacrificios de alabanza, según 1 Pedro 2:5?

_____

En el Salmo 95:2 vemos que hay algo que va mano a mano con la alabanza. ¿Qué es?

_____

Vez tras vez el escritor de los Salmos nos exhorta a alabar a Dios con cánticos. Lee los ejemplos siguientes y escribe el versículo en el espacio provisto.

Salmo 47:6 _____

Lección 6: La oración equilibrada

Salmo 100:1 _____

Salmo 98:4 _____

Salmo 96:1 _____

Pablo habló dos veces de alabar y cantar al Señor en nuestros corazones con "cánticos espirituales" (Ef. 5:19; Col. 3:16). Un cántico espiritual es aquel que viene de lo profundo del corazón.

Añadir melodía a nuestras oraciones, o cantar la Escritura puede tener un enorme significado en nuestra alabanza. Es tan precioso alabar a Dios cantando los Salmos u otra porción de la escritura. Podemos hacerlo cuando nos reunimos con nuestros hermanos, o a solas en los devocionales privados. ¡Alábale!

Acción de gracias

La acción de gracias también es una clave para entrar en la presencia de Dios (mira el Sal. 100:4). *Es adorar a Dios por lo que ha hecho.* Vemos en Juan 11:41 y Marcos 14:23 que la costumbre de Cristo era de dar gracias. Léelos y apunta qué había sucedido antes que Jesús diera gracias.

Juan 11:41 _____ Marcos 14:23 _____ [81]

Lee Apoc. 7:9-12. ¿Quiénes al orar, dan gracias en el versículo 12? _____ [82]

La acción de gracias no está limitada a una sola porción de nuestro tiempo de oración. Fil. 4:6 dice: *"Por nada estéis afanosos sino sean conocidas vuestras peticiones delante de Dios en **toda** oración y ruego con **acción de gracias**"*. Es decir, cuando presentamos nuestras peticiones al Señor, debemos presentárselas dando gracias por lo que ya ha hecho y por lo que va a hacer. Lee también Col. 3:17; 4:2; 2:7.

"Dad gracias en todo, porque esta es la voluntad de Dios para con vosotros en Cristo Jesús" 1 Tes. 5:18. ¿Significa este versículo que todo lo que ocurre es la voluntad de Dios? ¿Significa que debemos dar gracias por el dolor, el mal y las tragedias? *No* dice que todo lo que ocurre es la voluntad de Dios, sino, "Dad gracias *en* todo" porque tener un espíritu de acción de gracias sí es la voluntad de Dios. No damos gracias por el dolor, ni por el mal, ni por las tragedias que cruzan nuestro camino, pero no debemos permitir que las circunstancias roben nuestro gozo y paz en el Señor. No damos gracias *por* todo, sino *en* todo. Aquí (y en Ef. 5:20 que dice que damos gracias a Dios por todo), la palabra griega *"huper"* significa "por encima de", o sea, de tal forma que la acción de gracias está por encima de todas las cosas y circunstancias que nos turban.

© 1992: OBSC

Día 3: Alabanza y acción de gracias

Estar agradecidos a Dios por todas Sus bendiciones es la marca de madurez espiritual.

Ahora, haz una lista de diez cosas por las cuales puedes dar gracias a Dios. Deben ser acontecimientos recientes. Sé específico.

1. _____
2. _____
3. _____
4. _____
5. _____
6. _____
7. _____
8. _____
9. _____
10. _____

Da gracias a Dios por ello.

Formación espiritual

Rellena tu Diario espiritual. Alaba a Dios por lo que Él es, y dale gracias por todo lo que ha hecho por ti.

Lección 6: La oración equilibrada

Día 4:
Confesión e intercesión

Ayer estudiamos la función de la alabanza y la acción de gracias en nuestra oración. ¿Cómo se diferencian?

[83]

_____

Confesión

Después de alabar y adorar a Dios y verle en Su santidad, alto y sublime, debemos responder como respondió Isaías y decir," *¡Ay de mí! que soy muerto; porque siendo hombre inmundo de labios, y habitando en medio de pueblo que tiene labios inmundos, han visto mis ojos al Rey, Jehová de los ejércitos.*"(Isa. 6:5).

El canal hacia Dios siempre debe estar libre de pecado no confesado. Por eso un tiempo de confesión debe ser una parte importante de nuestro tiempo de oración. Hay algunos que no creen que sea necesario confesar pecados una vez que hayan aceptado a Cristo como Salvador. Sin embargo, la Escritura lo dice claramente: tener pecado en el corazón ciertamente impide la oración eficaz. Santiago 5:16 dice: *"La oración eficaz del justo puede mucho"*. *La confesión sirve para quitar todo impedimento entre el adorador y su Dios*. Lee los versículos a continuación y contesta las preguntas. [84]

1. Isaías 59:1, 2 ¿Qué produce la división entre nosotros y Dios? ¿Por qué causa Dios no nos oye?

_____

2. Salmo 66:18 ¿Qué sucede si tenemos iniquidad en nuestros corazones?_____

3. 1 Pedro 3:12 ¿Los oídos del Señor están atentos a las oraciones de quién?_____

La confesión libra el camino de todo estorbo para que nuestra petición pueda ser oída en el cielo. Esta puede ser una razón por la cual nuestras oraciones no sean contestadas. Entonces, ¿qué hacemos? Encontramos la solución en 1 Jn. 1:9. Escríbelo aquí:

_____

_____

© 1992: OBSC

Día 4: Confesión e intercesión

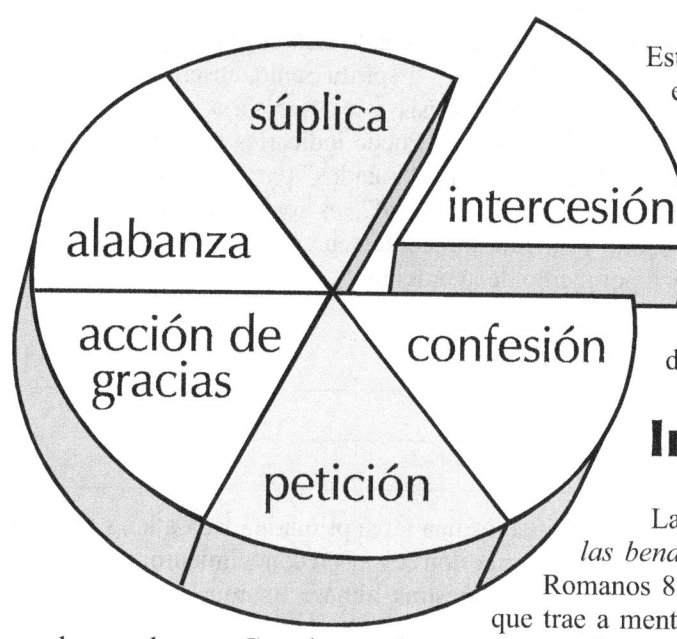

Este versículo, escrito a cristianos, nos explica cómo podemos estar limpios de pecado y equipados para una vida de oración eficaz. Tanto Daniel (9:4ss) como Nehemías (1:6) confesaban los pecados de su pueblo antes de interceder a su favor. El gran llamado a la oración (2 Crónicas 7:14) incluye la confesión con el fin de restaurarnos con Dios.

Intercesión

La oración de intercesión es la que *invoca las bendiciones de Dios en beneficio de otros*. Romanos 8:26-27 enseña que es el Espíritu Santo que trae a mente las personas o circunstancias por las que hemos de orar. Cuando no sabemos cómo pedir en situaciones complejas o fuera de nuestra comprensión, el Espíritu Santo intercede por nosotros.

Examinemos algunos ejemplos bíblicos de la intercesión. Lee las Escrituras a continuación y escribe quien oró, por quien oró y con qué resultado. [85]

Escritura	¿Quién oró?	¿Por quién oró?	¿Con qué resultado?
Gén. 18:16-33			
Ex. 32:31-35			
Jn. 17:15-18			
Luc. 22:31,32			
Hch. 7:54-60			

El espíritu de intercesión resiste todo lo que se opone a los buenos designios de Dios para la humanidad. Así como los gemidos de parto preceden el nacimiento, las intercesiones engendradas por el Espíritu Santo producen nuevas posibilidades para aquellos que se encuentran atrapados por el enemigo.

¿Cuál es la diferencia entre la oración S.O.S. y la intercesión?

[86]

La inspiración para interceder puede venir en cualquier momento y a cualquier persona (aunque parezca accidental o casual). Es un aspecto vital de las actividades de Dios para rescatar al mundo de las garras del diablo. Cuando te viene la idea de preocuparte por una persona o cosa,

Lección 6: La oración equilibrada

el hecho de preocupación es razón suficiente para interceder. Cuando sientes el deseo de orar pero no sabes exactamente por qué o por quién orar, puedes decir: "Espíritu Santo, enséñame a orar."

Muchas veces un individuo o un grupo pasa una crisis y es necesaria mucha oración. Entonces el Espíritu Santo inspira a los santos fieles a orar. Puede indicarles el motivo o puede simplemente guiarlos hacia la oración. Cuando nos sentimos "guiados" para orar por algo o por alguien que se presenta en nuestra mente de modo "accidental", es realmente Dios quien ha ordenado este encuentro en que Su mente y la nuestra coinciden, su meta está fijada con seguridad y el propósito de Dios se realiza por medio de la oración.

¿Has tenido esta experiencia? ¿Qué pasó?

_____

_____

_____

La Biblia enseña que esta clase de lucha espiritual es una tarea primaria, dada a la iglesia por el Señor (ve 1 Tim. 2:1-2). La clave de la intercesión es el reconocimiento de nuestra responsabilidad para batallar contra el enemigo de nuestras almas. Es mucho más que un sinónimo de la oración. Tiene que ver con invasión, contraataque y victoria en el nombre de Cristo.

Estudio temático

A continuación encontrarás el comienzo de un estudio temático sobre la intercesión y la súplica en la vida de Pablo. Ya he hecho los primeros tres pasos. Continúa tú con el resumen y la aplicación. Este estudio me ha ayudado a interceder con más eficacia por mis hermanos. Espero que tú, también seas bendecido al terminarlo.

Estudio Bíblico
Método temático
Tema: La intercesión en la vida de Pablo

Rom 1:7-9 .... Pablo oraba constantemente por los hermanos romanos. Iniciaba su oración con acción de gracias por la fe de los romanos.

Rom. 8:23-27, y 34. El Espíritu Santo nos ayuda a orar de acuerdo con la voluntad de Dios. El mismo intercede por nosotros. También Jesucristo intercede por nosotros.

Rom. 10:1 .... Pablo intercede por la salvación de la nación de Israel.

Rom. 15:5,13 .... Pablo ora por la unidad de la iglesia y que el Dios de esperanza les llene de gozo y paz, y que ellos abunden en esperanza por el poder del Espíritu Santo.

Rom. 15:30 .... Pablo pide que los romanos le ayuden orando por él.

1 Cor. 1:8 .... Después de dar gracias por los dones que el Espíritu había dado a la iglesia, Pablo intercede por su santificación y perseverancia en la fe.

2 Cor. 9:13 .... Los hermanos de Jerusalén oraban por los hermanos de Corinto.

2 Cor. 13:7,9 .... Pablo oraba por el crecimiento espiritual de los hermanos de Corinto.

Ef. 1:16-23 .... Empezando con acción de gracias, Pablo ora por los efesios que Dios les dé sabiduría espiritual para poder comprender las riquezas de su herencia en Cristo.

Día 4: Confesión e intercesión

Ef. 3:14-19..............Pablo ora por los efesios que Cristo habite en ellos, a fin de ser capaces de comprender el amor de Cristo, y de ser llenos de toda la plenitud de Dios.
Ef. 6:18...................Vestidos de la armadura de Dios, los efesios deben orar *"en todo tiempo con toda oración y súplica en el Espíritu...por todos los santos."*
Fil. 1:4,9.................Pablo intercede con gozo por los filipenses, que su *"amor abunde aun más..."*
Fil. 1:19..................Los filipenses interceden por la libertad de Pablo.
Col. 1:3,9-14...........Pablo ora siempre por los colosenses, que sean llenos del conocimiento de la voluntad de Dios, y que anden *"como es digno del Señor"*, fuertes, gozosos, agradecidos.
Col. 1:29-2:3...........La intercesión de Pablo por los colosenses y los de Laodicea (que nunca había visto): que sean unidos en amor, consolados sus corazones, hasta conocer las riquezas de los tesoros de la sabiduría y conocimiento de Dios.
Col. 4:2-12..............Pablo les pide oración para que el Señor abra puerta para la enseñanza de la Palabra. La intercesión de Epafras por ellos: que estén firmes, perfectos y completos en todo lo que Dios quiere.
1 Tes. 3:10-13.........La oración de Pablo por los tesalonicenses: que abunde el amor entre ellos, que sean afirmados sus corazones, que sean irreprensibles en la santidad.
1 Tes. 5:17, 23 ....*"Orad sin cesar"*. Pablo ora por su santificación.
2 Tes. 1:11 ....Pablo ora siempre por ellos, que Dios les tenga por dignos de su llamamiento, y cumpla todo propósito de bondad y toda obra de fe por su poder, para la gloria de Dios.
2 Tes. 2:16-17.........Pablo ora que Dios conforte sus corazones y les confirme en toda buena palabra y obra.
2 Tes. 3:1-3.............Pablo pide las oraciones de los tesalonicenses, para que la palabra del Señor corra y sea glorificada, y que Dios libre a Pablo de los hombres malos.

Resumen

El Discipulado 1

Lección 6: La oración equilibrada

Aplicación

Formación espiritual

¿Tienes el ministerio de intercesión? ¿Puede Dios confiar en ti para orar por cualquier cosa en cualquier momento? ¿Estás dispuesto a escuchar la voz del Espíritu Santo y dejar que El obre mediante tus intercesiones? Meditando en lo que hemos estudiado, rellena tu Diario y ora por tus hermanos en la fe.

Día 5: La súplica y la petición

Día 5:
La súplica y la petición

Ya hemos estudiado los primeros tipos de oración: la alabanza y la acción de gracias; la confesión y la intercesión. Hoy terminaremos con el último par: La súplica y la petición.

La súplica

La súplica incluye la idea de urgencia. Es una oración fervorosa, sincera y continua, sin desmayar. Santiago 5:16 dice que la oración eficaz del justo puede mucho. La súplica clama ante Dios *por el restablecimiento de Su reino en todos los asuntos que le presentamos*. La súplica es una oración continua, el requerimiento de que un asunto dado sea resuelto según la voluntad de Dios. Exige perseverancia.

Lee Mateo 16:19 y escríbelo aquí:

_____

_____

_____

Las palabras "atar" (*deo*) y súplica (*deesis*) son parecidas en griego. El "atar" en la tierra y en el cielo habla de un principio espiritual. Dios obra con palabras. Cuando habla, crea. Cuando decreta, establece. Cuando promete, hay certeza de cumplimiento. Y esta es la esencia de la súplica. La oración es clamar por lo que Él ha dispuesto. Es la oración que vence y que continúa de modo incesante, creyendo en todo momento que la espera no es inútil sino que es el período en que Dios clarifica las cosas para poner en vigor lo que se ha pedido.

La palabra "*deesis*" (súplica) aparece 19 veces en el Nuevo Testamento. Tiene 3 significados:

1. Un ruego por algo corriente que está dentro del orden de la vida, pero que aparentemente es estorbado por algo (mira Luc. 1:13).
2. Una firme continuidad en lo regular e incesante de las oraciones, indicando una insistencia sin cansancio (mira Fil. 1:19).
3. Una intensa lucha espiritual en marcha cuyo resultado tendrá grandes consecuencias para toda la obra del reino de Dios (mira Ef. 6:18).

Cuando piensas en "atar" ¿qué te imaginas?

_____

El Discipulado 1

Lección 6: La oración equilibrada

El atar no significa que actuemos como un torbellino, persiguiendo demonios detrás de cada cacto. El atar es entrar en pacto con Dios. La autoridad no se basa en el conocimiento, ni en la audacia, ni en el comportamiento, ni en el tono de la voz. Depende de nuestra relación con Cristo el Señor; Él tiene toda autoridad. Algunas oraciones no serán contestadas de inmediato. Por eso, hay que perseguir en oración. La súplica es la forma de oración intensa que vence, que ata sobre la tierra todo lo que impide el cumplimiento del propósito de Dios en nuestras vidas.

Petición

¿Qué es petición? *Es pedir a Dios que supla las necesidades personales*. Es el reconocimiento de nuestra dependencia total en Dios.

La petición no es complicada. Lo importante no son las palabras que empleamos, sino la actitud del corazón. No es una fórmula mágica; más bien es el corazón lleno de gratitud y dependencia en el Señor que nos permite decir *"El Señor es mi pastor, nada me faltará."*

¿Qué quiere decir tener perseverancia en oración? ¿Por qué piensas que es importante?

_____

_____

Tenemos que aprender a tener una clase de atrevimiento que no tiene miedo de pedir sin importar cuál sea la necesidad o la circunstancia. La lección de Mateo 7:7-8 gira en torno a una idea: la audacia sin miedo, es decir, la franqueza directa de una persona que, agobiada por la necesidad, descarta el protocolo establecido. La continuidad que Jesucristo quiere es que no cesemos de hacer peticiones. Nos enseñó a orar: *"El pan de cada día dánoslo hoy"*.

¿Puedes pensar en algo por lo que has estado orando y que todavía no has recibido? ¿Qué debes hacer?

_____

Hay que ser honestos en la petición. Es imprescindible compartir con Dios exactamente lo que piensas. La fe que produce resultados no es una emoción, sino el estar dispuestos a confesar nuestra confianza en Dios, sea cual sea el estado mental o emocional en que nos encontremos. Como el padre del relato de Mar. 9.14-27 decimos "Señor, si puedes hacer algo... creo, ayuda mi incredulidad."

La petición no debe ser la única forma de oración. Aunque la petición es importante, dedicar la mayoría del tiempo a ella tiende a fomentar un espíritu de egoísmo. Pidamos en oración por las cosas que necesitamos, pero jamás dejemos que esta sea nuestra única forma de oración.

¿Qué es la petición? _____ [87]

© 1992: OBSC

Día 5: La súplica y la petición

¿Cómo sabemos que el Padre oye nuestras peticiones? (Lee Mat. 6:8; 7:7-11; 18:19; 21:22; Jn. 14:13; 15:7, 16; 16:23,26; 1 Jn. 3:22; 5:14; Stg. 1:5)

_____

_____

Es significativo que cada vez que el Nuevo Testamento habla de las peticiones que se dirigen al Padre, hace énfasis en el hecho de que las oraciones se oyen. La base de la enseñanza sobre la petición se encuentra en

Mat. 6:8 .... *"...vuestro Padre sabe de qué cosas tenéis necesidad, antes que vosotros le pidáis."*

7:7-9 .... *"Pedid, y se os dará; buscad, y hallaréis; llamad, y se os abrirá. Porque todo aquel que pide, recibe; y el que busca, halla; y al que llama, se le abrirá. ¿Qué hombre hay de vosotros, que si su hijo le pide pan, le dará una piedra?"*

Jn. 15:16 .... *"...para que todo lo que pidiereis al Padre en mi nombre, él os lo dé."*

16:23 .... *"...todo cuanto pidiereis al Padre en mi nombre, os lo dará."*

16:26 ...... *"...En aquel día pediréis en mi nombre; y no os digo que yo rogaré al Padre por vosotros."*

Promesa: .... *"Pedid y se os dará"* .... Mat. 7:7
Principio: .... *"Todo aquel que pide, recibe"* .... Mat. 7:8

Pero el Nuevo Testamento vuelve a repetir vez tras vez que la oración que oye el Padre, ha de ser una oración correcta, o sea, la que tiene su enfoque en Dios mismo. No nos olvidemos a quien estamos orando: al Dios viviente, al Todopoderoso, para quien no hay nada imposible. La clave de la oración efectiva es conocer a Dios y confiar en Él.

¿Qué aseguran Mar. 11:24 y 1 Jn. 5:15? _____

_____ 88

Nuestra unión íntima con Jesús y su Palabra hace válido que pidamos de acuerdo con Su voluntad. 1 Juan 3:22 habla de la ética de pedir: nuestra petición viene de una actitud correcta hacia Dios.

Según Juan 14:13; 15:16; 16:24, 26 ¿cómo debemos pedir? _____ 89

Al pedir en el nombre de Jesús obtendremos como resultado gozo y certeza (pues tenemos lo que pedimos). Pero, ¡cuidado! Como hemos dicho antes, la oración no es una fórmula mágica. Tiene que surgir de una vida pura y transparente delante del Señor.

Lección 6: La oración equilibrada

Resumen

Hay seis clases de oración: alabanza, acción de gracias, confesión, intercesión, súplica y petición, pero toda oración tiene el enfoque en Dios mismo. No debemos olvidar a quién estamos orando; al Dios viviente, al Todopoderoso, al Santo de Israel. La clave de la oración efectiva es conocer a Dios y confiar plenamente en Él. Escribe "Dios" en el círculo del gráfico. Él es el centro de toda oración.

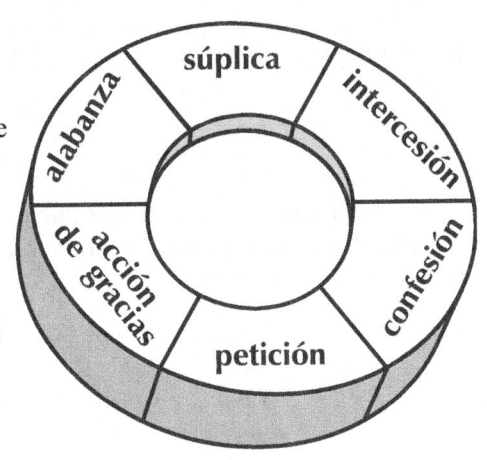

Escuchar

La oración es una comunicación de dos vías. Que seamos como Samuel y decir: "*Habla, Señor, que tu siervo escucha.*" (Tantas veces lo hacemos al revés: "Oye Señor, que tu siervo habla.")

Una tribu de indios norteamericanos tiene un proverbio que dice," escucha, o tu lengua te mantendrá sordo". En un mundo tan atareado como el nuestro, es necesario que practiquemos el silencio. A veces empezamos a orar con mucha prisa y seguimos descargando nuestros problemas a Dios con apenas un momento para disfrutar de Su presencia. El escuchar nos ayuda a vencer este problema; nos libera de las presiones del día. El Salmo 46:10 dice: "E*stad quietos, y conoced que yo soy Dios*".

La ausencia de palabras no significa ausencia de comunicación. La comunión del corazón es el nivel más alto de la comunicación. En ello, el espíritu del hombre comunica en silencio con el Espíritu de Dios. Dios tiene cosas maravillosas que quiere decirnos. Tiene respuestas para nuestras preguntas, secretos que quiere compartir con nosotros. Lee Jer. 33:3. Escríbelo aquí:

_____

_____

En el silencio es cuando nuestra comunicación empieza a ser de doble vía. Al leer la Palabra de Dios en una actitud de oración, Él nos habla.

Formación espiritual

En esta semana hemos estudiado la oración. ¿Qué te está diciendo el Señor? Toma tiempo para conocerle en oración.

Lección 7:
La lucha espiritual y la oración

En el momento que rendiste tu vida al Señor, llegaste a ser un soldado en el ejército de Dios. Esa es la figura que usa Pablo en Efesios 6:10-20 para describir la lucha espiritual que forma parte de la realidad de la vida cristiana. La Biblia identifica tres enemigos de nuestra fe: la carne, el mundo y el diablo. ¿Cómo los vencemos? Esto es el tema de esta lección.

Acerca de esta lección

Consideraremos en primer lugar la armadura que llevamos para hacer batalla contra el enemigo. También hablaremos de cómo ser bautizados en el Espíritu y el significado de "orar en el Espíritu." Una parte importante en la lucha espiritual es el ayuno. Terminaremos la lección con consejos prácticos sobre este tema.

Objetivos

Cuando termines esta lección deberás poder:
1. Explicar la figura de la armadura de Dios en Efesios 6.
2. Definir "orar en el Espíritu"
3. Definir y explicar las tres clases de ayuno identificadas en esta lección.
4. Explicar los fines y bendiciones del ayuno
6. Tener el deseo de ser bautizado en el Espíritu

El plan de estudio de esta lección

Día 1: La lucha espiritual 134
Día 2: El bautismo en el Espíritu Santo..139
Día 3: El ayuno y la oración..142
Día 4: El ayuno general 146
Día 5: Repaso 149

El Discipulado 1

Lección 7: La lucha espiritual y la oración

Día 1:
La lucha espiritual

En la vida cristiana no todo es color de rosa, como ya lo sabes. Tenemos que luchar contra tres enemigos de nuestra fe: el diablo, la carne (o sea, la naturaleza vieja) y el mundo. Hoy consideraremos cómo vivir una vida de victoria.

La armadura de Dios

En Efesios 6:10-17 Pablo nos da la clave para vencer sobre todos los ataques de Satanás. Subraya en la cita a continuación las partes de la armadura y llena los espacios a continuación:

> "Por lo demás, hermanos míos, fortaleceos en el Señor, y en el poder de su fuerza. Vestíos de toda la armadura de Dios, para que podáis estar firmes contra las asechanzas del diablo. Porque no tenemos lucha contra sangre y carne, sino contra principados, contra potestades, contra los gobernadores de las tinieblas de este siglo, contra huestes espirituales de maldad en las regiones celestes. Por tanto, tomad toda la armadura de Dios, para que podáis resistir en el día malo, y habiendo acabado todo, estar firmes. Estad, pues, firmes, ceñidos vuestros lomos con la verdad, y vestidos con la coraza de justicia, y calzados los pies con el apresto del evangelio de la paz. Sobre todo, tomad el escudo de la fe, con que podáis apagar todos los dardos de fuego del maligno. Y tomad el yelmo de la salvación, y la espada del Espíritu, que es la palabra de Dios.

La armadura que suple el Señor es completa. Hemos de estar firmes en Su poder, el mismo poder que levantó a Cristo de la muerte (Ef. 1:20) y nos dio vida cuando estuvimos muertos en "delitos y pecados." (2:1) Una frase clave del primer párrafo es "estar firmes", un término militar que significa mantenerse en posición, o sea, no dejar terreno a un enemigo determinado, astuto y hostil. Pero la armadura de Dios es más que suficiente. Veámosla.

El cinto de _____. Es la verdad de la Palabra de Dios. Es nuestra protección contra el engaño de Satanás. Recordarás que fue la mentira que el diablo usó en el huerto de Edén para echar duda sobre la Palabra de Dios. Nuestra primera línea de defensa contra Satanás es conocer bien la Palabra. Jesús usó la Palabra para derrotar a Satanás en el desierto. (Lucas 4)

La coraza de _____. Cuando Pablo habla del fruto de justicia, se refiere a la conducta del creyente. En este pasaje, se recalca el hecho de que la vida recta delante de Dios, la integridad del creyente, es la mejor defensa contra el ataque del enemigo. Si vivimos de acuerdo con los mandamientos de nuestro Señor, el diablo no tiene base para derrotarnos.

El calzado de _____. Los soldados romanos llevaban un calzado que tenía clavos en la suela para darles buen equilibrio al luchar. El evangelio de paz nos da una base firme para luchar contra el enemigo, para no perder terreno cuando nos ataca.

El escudo de _____. Como dicen algunos, la fidelidad. Es la fe en acción, la capacidad para confiar en el Señor, pase lo que pase. A lo mejor no podemos entender el porqué del ataque, ni los resultados de nuestro paso de fe, sin embargo, confiando en el Señor, seguimos adelante, protegidos de los misiles ardientes del enemigo.

El yelmo de _____. ¿Tienes la seguridad de que eres salvo? El diablo quiere poner en tu mente dudas en cuanto a tu salvación. El yelmo es el símbolo de nuestra confianza en lo que dice 1 Juan 5:11-13. Eres hijo/a de Dios, pero el diablo quiere convencerte de lo opuesto.

La espada del _____. Fue el arma (como vimos antes) que Jesús usó para derrotar a Satanás en la tentación en el desierto. Guiado por el Espíritu usamos la Palabra de Dios para vencer las tentaciones y ataques de Satanás.

Al final de la lista Pablo dice (versículo 18) "orando en todo tiempo con toda oración y súplica en el Espíritu, y velando en ello con toda perseverancia y súplica por todos los santos."

La lucha contra el diablo

En cualquier tipo de guerra, el ejército que sabe la estrategia del enemigo tiene la ventaja. Vale la pena que nosotros tengamos una idea de la estrategia de Satanás. ¿Quién es el diablo? ¿Un personaje de la fantasía? ¿Un remanente del pasado? ¿O es un enemigo real con una estrategia para derrotar al ejército de Dios? Veamos que dice la Biblia.

Sus nombres y naturaleza

El Nuevo Testamento le describe con varios nombres: en Mateo 13:19 "el malo" y 12:24 "Beelzebú"; Lucas 10:18 "Satanás"; Juan 12:31 "el príncipe de este mundo"; en 2 Corintios 4:4 "el dios de este siglo" y 6:15 "Belial"; Efesios 2:2 "el príncipe de la potestad del aire"; 1 Pedro 5:8 "el diablo"; y en Apocalipsis 9:11 "ángel del abismo…Abadón…Apolión.", 12:9 "el gran dragón" y 20:2 "la serpiente".

Según la Biblia, es un ser creado, finito pero poderoso. Dios le creó como un ser angélico, hermoso y magnífico. Satanás se volvió orgulloso y quería recibir la gloria y adoración que pertenecen a Dios (Isa. 14:13). Se levantó contra Dios. Muchos ángeles le siguieron. Así que, Satanás, o Lucifer (Lucero) fue echado del cielo. Lucifer, que significa ángel de luz, se convirtió en Satanás, o sea, adversario de Dios. Es mentiroso (Juan 8:44), asesino, engañador (Apoc. 12:9,

Lección 7: La lucha espiritual y la oración

20:3) astuto (Gén. 3:1), acusador (Apoc. 12:10), devorador (1 Ped. 5:8), pecador (1 Jn. 3:8). Este engañador se disfraza como ángel de luz (2 Corintios 11:14). Es un ser espiritual (es decir, no tiene cuerpo) pero no es omnipresente (o sea, no está en todos lugares). ¿Cómo difiere el cuadro bíblico del diablo de lo que piensa la gente en la calle?

_____

_____

_____
90

(Si quieres hacer un estudio bíblico de este tema he aquí unas referencias bíblicas de importancia: Ez. 28:11-19; Isa. 14:12-20; Gén. 3:14-15, Juan 12:31, y Apocalipsis 12:13, 20:2, 10 más las citas del párrafo anterior).

Su derrota y destino

Están los que piensan que el diablo es el rival supremo de Dios, como si fueran dos fuerzas espirituales casi iguales en poder e influencia. Pero la Biblia nos dice que el diablo es no más que un ser creado que lleva a cabo sus engaños, hasta que se cumpla el propósito de Dios en el mundo. Satanás ya fue derrotado por completo en la cruz. Ya ha sido juzgado y condenado. Lo único que falta es ejecutar la sentencia, lo que sucederá cuando Satanás y sus demonios sean echados al lago de fuego (Apoc. 20:10).

Su estrategia

Mientras estemos en la tierra, tendremos un enemigo determinado y agresivo. Los demonios, que posiblemente sean los ángeles que cayeron a la misma vez que el diablo, son los ministros de Satanás, organizados para hacer guerra contra los propósitos de Dios en la tierra. Podemos deducir su estrategia de su naturaleza: miente, acusa, destruye, mata, etc.

Nuestra victoria sobre Satanás

Llevando toda la armadura de Dios y orando en el Espíritu, tenemos asegurada la victoria sobre las obras de Satanás. Santiago 4:7 nos dice *"resistid al diablo, y huirá de vosotros."* ¿Cómo? Pablo continúa: *"orando en todo tiempo con toda oración y súplica en el Espíritu, y velando en ello con todo perseverancia y súplica por todos los santos."* (Ef. 6:18) No está en el tono de la voz, ni en el furor que demostramos sino en el hecho de que ya ha sido derrotado.

Orando en el Espíritu

Quizá haya algunos que piensan que "orando en el Espíritu" significa orar en lenguas y es verdad, pero significa algo más. En 1 Cor. 2:16 y Ef. 3:17 encontramos dos requisitos previos para orar en el Espíritu. ¿Cuáles son?

_____

_____

_____
91

Día 1: La lucha espiritual

En la lección anterior, hablamos de las peticiones y la importancia de nuestra relación con Cristo. En cuanto a nuestra petición, ¿cuál es la palabra clave de Juan 15:7?

_____

92

En este versículo, permanecer quiere decir aceptar conscientemente la autoridad de su Palabra y estar constantemente en contacto con Él por medio de la oración.

Al decir en Juan 14:13, *"podéis pedir cualquier cosa en mi nombre, y yo la haré"*, Jesús nos enseña que la oración debe estar de acuerdo con **su carácter** y se debe presentar en el mismo espíritu de obediencia y sumisión que Él tenía durante su ministerio en la tierra.

Escribe en las líneas a continuación Romanos 8:26-27:

_____
_____
_____
_____
_____
_____

"Orar con gemidos que no se pueden expresar con palabras" (Rom. 8:26-27) es la acción del Espíritu intercediendo por nosotros.

Como creyentes se nos exhorta a orar en toda ocasión en el Espíritu (Ef. 6:18). Debemos orar constantemente en preparación para la batalla, permitiendo que el Espíritu nos guíe en nuestras oraciones.

Orar en el Espíritu significa orar en la voluntad de Dios. Podemos saber Su voluntad por medio de las Escrituras y al escuchar su voz apacible que nos habla en oración.

¿Qué significa para ti "orar en el Espíritu"?

_____
_____

La victoria sobre la carne

Hemos dicho que tenemos tres enemigos: el diablo, la carne y el mundo. Cuando nacimos de nuevo, ingresamos a la familia de Dios (Juan 1:12) y comenzamos una vida nueva (1 Cor. 5:17). Ahora estamos en Cristo. Pero la lucha contra la carne (la naturaleza vieja) continúa. No somos apacibles, gozosos, pacientes, mansos, etc. por naturaleza. Estas virtudes, o sea, fruto del Espíritu, es el resultado de la victoria día tras día sobre las tentaciones de la carne. Pero no podemos ganar la batalla sobre el mal genio (para dar un ejemplo). Es la obra del Espíritu Santo en nosotros que nos hace fuertes para resistir las tentaciones y vencerlas.

¿Qué pasa cuando fracasamos, o pecamos? Una reacción natural es de pensar que Dios deja de amarnos, pues hemos pecado contra Él. La culpa nos hunde y tratamos de quitarnos la culpa en una o más de las siguientes maneras:

- no hacerle caso .... ¿Cuál pecado?

El Discipulado 1

Lección 7: La lucha espiritual y la oración

- racionalizar .... No pasa nada.
- hacer excusas .... Todo el mundo lo hace.
- compensar .... Por lo menos, yo diezmo de todo mi salario.
- autocastigarse .... Soy una persona horrible.
- echar la culpa a otro .... El me obligó a hacerlo.
- deprimirse .... ¡Ay, pobre de mí!

Pero ninguno de estos métodos nos satisface y sigue la batalla. ¿Qué hay de hacer? 1 Juan 1:9 nos da la respuesta: "*Si confesamos nuestros pecados, él es fiel y justo para perdonar nuestros pecados, y limpiarnos de toda maldad.*" Y prosigue en 2:1: "*Hijitos míos, estas cosas os escribo para que no pequéis; **si alguno hubiere pecado, abogado tenemos para con el Padre, a Jesucristo el justo**.*" El primer paso es confesar a Dios, es decir, estar de acuerdo con Dios en cuanto al pecado. A continuación hay que pedirle ayuda para que no volver a caer en aquel pecado. Paso por paso con la ayuda del Espíritu Santo uno como hijo de Dios puedes ir venciendo más y más a la carne y el fruto del Espíritu va creciendo en su vida.

Vencer al mundo

Puede ser que las tentaciones de la vida antigua te atraigan, o sea, "*la corriente de este mundo*" (Ef. 2:2), y tengas dificultad para vencerlas. Juan escribe claramente: "*No améis al mundo, ni las cosas que están en el mundo. Si alguno ama al mundo, el amor del Padre no está en él. Porque todo lo que hay en el mundo, los deseos de la carne, los deseos de los ojos, y la vanagloria de la vida, no proviene del Padre, sino del mundo. Y el mundo pasa, y sus deseos; pero el que hace la voluntad de Dios permanece para siempre.*" (2:15-17) Pero ¿cómo se vence? La respuesta la encontramos en 1 Corintios 10:13. Búscala en tu Biblia y escríbela en las líneas a continuación.

_____

_____

_____

_____

Nuestra meta es poder decir con Pablo "*el mundo me es crucificado a mí, y yo al mundo.*" Gál. 6:14

Formación espiritual

En tu tiempo de devocional de hoy, reflexiona sobre la victoria que tenemos en Cristo sobre las obras del diablo, de la carne y del mundo. ¿Estás bien ceñido de toda la armadura de Dios? Si tienes una batalla en una de estas áreas, ríndela al Señor. Recuerda, ¡somos victoriosos en Él!

Día 2:
El bautismo en el Espíritu Santo

En la próxima asignatura (*El Discipulado 2*) estudiaremos las doctrinas básicas de nuestra fe, una de las cuales es la persona y obra del Espíritu Santo. Pero hoy queremos ver un aspecto de su obra que nos ayuda en nuestra vida de oración.

El bautismo en el Espíritu Santo

El bautismo en el Espíritu Santo es una experiencia posterior a la conversión en la cual el creyente recibe el revestimiento de poder para el servicio a Dios. El propósito del bautismo del Espíritu Santo es (Hch 1:8)

> "recibiréis _____,
> cuando haya venido sobre vosotros el Espíritu Santo,
> y me seréis _____
> en Jerusalén, en toda Judea, en Samaria,
> y hasta lo último de la tierra."

Un factor muy importante en el revestimiento de poder es el rendimiento total a Dios. Ser llenos del Espíritu Santo no significa que tenemos más del Espíritu sino que ¡Él tiene más de nosotros! Cristo compara el ser lleno del Espíritu con una fuente que brota dentro de nuestro ser, llenándonos totalmente y que termina por desbordarse como ríos de agua viva (Juan 7:38,39). El agua del Espíritu invade todo espacio de nuestro ser, limpiándolo de impurezas. La única cosa que puede impedir el fluir del Espíritu es la roca de nuestra voluntad. Quitar la roca significa rendirse sin reservas al Espíritu Santo.

Cómo ser bautizado en el Espíritu Santo

Para experimentar el bautismo en el Espíritu Santo, uno tiene que...
1. Haber nacido de nuevo.
2. Confesar a Dios toda falta consciente que contriste al Espíritu Santo.
3. Desear la plenitud del Espíritu.
4. Rendirse sin reservas a Dios.
5. Tomar por fe la bendición de Su bautismo.

Si no has tenido esta maravillosa experiencia, puedes tenerla hoy. Pide en oración al Señor por el bautismo con su poder, ríndete por completo a Él. La verdadera fe resultará en la

Lección 7: La lucha espiritual y la oración

experiencia inconfundible de Su venida con poder. Cuando haya venido nadie tendrá que decírtelo.

¿Cuál es la evidencia inicial del revestimiento de poder del Espíritu Santo? Hch. 2:4; 8:17-18; 10:44-46 y 19:6

93
_____

La evidencia a largo plazo será el crecimiento espiritual hacia la madurez en Cristo, es decir, llevar una vida santa y recta delante de Dios. Una cosa tener una experiencia en algún momento; otra cosa es vivir en la plenitud del Espíritu. Efesios 5:18 nos dice, en efecto, seguid siendo llenos del Espíritu Santo, que sea una condición habitual. La experiencia del bautismo en el Espíritu Santo tiene poco valor si no resulta en una vida llena de forma continua.

¿Cuál es la evidencia a largo plazo que se muestra en la vida de una persona llena del Espíritu Santo? ¿Qué piensas?

94
_____

Las lenguas y el bautismo en el Espíritu Santo

La promesa del revestimiento del poder, o sea, el bautismo en el Espíritu Santo, es para todo creyente. Una parte importante de esta experiencia es hablar en lenguas no conocidas. Como creyentes, no buscamos las lenguas en sí, sino la llenura del Espíritu, una manifestación de la cual es hablar en lenguas. Cualquier creyente puede disfrutar del beneficio de un lenguaje espiritual en la oración.

¿Por qué orar en lenguas?

Se nos brinda el orar en lenguas para ampliar la comunicación en la oración. Es oración "supra intelectual", o sea, va más allá del intelecto. Esto no quiere decir que es una lengua incoherente. La incoherencia indica que la persona no sabe lo que hace o dice, pero el creyente que habla en otras lenguas, ejerce el privilegio por su propio consentimiento. No está en trance. Lo que dice son palabras motivadas por el Espíritu Santo, dirigidas al Padre y aprobadas por el Señor Jesucristo. Orar en lenguas no va en contra del intelecto; es una práctica sana que no es más emotiva de lo que es el temperamento de quien ejerce el don. No desarticula la mente. Pero sí es reconocer que el entendimiento humano es finito. Cuando surge un asunto y no se sabe cómo orar, el Espíritu Santo nos ayuda a orar de acuerdo con los propósitos soberanos y eternos de Dios. Así se hace la intercesión efectiva y la súplica poderosa. Vuelve a leer Rom. 8:21-27.

Se puede dar acción de gracias a Dios en lenguaje espiritual. Fíjate en la enseñanza de 1 Cor. 14:15-16. Es correcto alabar a Dios en lenguas. Pablo tuvo que aconsejar a la iglesia en cuanto al lugar donde se ejerce el don. Lo importante para nuestro estudio es saber que podemos alabar a Dios con un lenguaje espiritual.

Cuando oramos en lenguas podemos orar con una mayor gama de posibilidades, con mayor precisión en lo que pedimos y eficacia como intercesores y suplicantes. Sin embargo, el orar en el idioma que entendemos no es menos espiritual que orar en lenguas. Ninguna forma de orar es superior a otra. Las dos tienen sus usos particulares. Por eso 1 Cor. 14:15 nos aconseja que oremos en lenguas, pero también en nuestro idioma conocido.

¿Cómo recibimos el lenguaje espiritual?

Todo aquel que pide el lenguaje espiritual lo recibirá. El camino a este privilegio es la adoración humilde y la alabanza ante Jesucristo. No todos tienen el don de lenguas (1 Cor. 12) pero todos pueden orar en lenguas. De igual manera, no todos tienen el don de fe, pero todos tenemos fe. (Más sobre este tema en la próxima asignatura.) *"Orando en el Espíritu"* (Ef. 6:18) sea en un lenguaje conocido o desconocido debe ser parte normal en la vida cristiana de cada creyente.

Si no tienes un lenguaje espiritual, ora de esta manera: "Señor Jesús, acudo a ti, sin presunción, para pedirte una capacidad mayor en la oración. Puesto que me has hecho digno, por tu sangre, no temeré pedir en abundancia. Confío, Señor, que nunca me darás un don perjudicial. Haz que rebosen mis labios con nuevas expresiones de alabanza al Padre en tu nombre; todo por el poder del Espíritu Santo. Amen".

Orar en lenguas y el don de lenguas

En 1 Cor. 14:18 Pablo dice que el orar en lenguas era para él una práctica continua. Pero en la iglesia de Corinto había surgido un problema: la gente no hacía distinción entre el ejercicio del lenguaje espiritual (se refiere a la oración personal) y el ejercicio público del don de lenguas (que había de ser siempre interpretado para poder beneficiar a los demás presentes). Esto explica la aparente contradicción entre 1 Cor. 12:30, *"¿Acaso hablan todos en lenguas?"* (En este caso Pablo espera un "no"; porque no todos hablan en lenguas) y 1 Cor. 14:5, *"Querría que todos hablaseis en lenguas"*. El primer pasaje se refiere a las lenguas en el culto público (el don de lenguas) y el segundo a las lenguas en la oración personal.

Formación espiritual

¿Has sido revestido con el poder del Espíritu Santo? ¿Oras en tus devocionales en una lengua espiritual? ¿Experimentas el poder del Espíritu en tu vida para poder vencer al diablo, la carne, y el mundo? ¿Estás viviendo continuamente lleno del Espíritu? Búscale hoy en oración. El Espíritu Santo quiere llenarte de todo Su poder.

Lección 7: La lucha espiritual y la oración

Día 3:
El ayuno y la oración

El ayuno es un arma espiritual que no se usa mucho hoy en día; de hecho hay cristianos que nunca han ayunado. Pero si lo practicamos, añadimos poder y crecimiento espiritual a nuestras vidas personales. Hay muchos beneficios en el ayuno.

Los beneficios del ayuno

El ayuno nos ayuda a recobrar el dominio propio sobre el cuerpo. En vez de estar a merced del cuerpo en el ayuno alimentamos el espíritu. El ayuno nos da poder para ganar la victoria sobre las tentaciones porque nuestra atención se fija en las cosas espirituales. Nos provee sabiduría para las decisiones importantes. El ayuno prepara al soldado de oración para un liderazgo efectivo puesto que el cristiano sólo puede conquistar al enemigo después de que se haya conquistado a sí mismo.

En el párrafo anterior, ¿cuáles son los beneficios del ayuno que hemos mencionado?

___

___

La enseñanza de Jesucristo sobre el ayuno

¿Qué es lo que Jesús enseñó a sus discípulos acerca del ayuno? Encontramos su enseñanza en Mateo 6:16-18. *"Cuando ayunes, unge tu cabeza y lava tu rostro, para no mostrar a los hombres que ayunas, sino a tu Padre que está en secreto; y tu Padre que ve en lo secreto te recompensará en público"* (v.17-18). Nota que Jesús no dijo "si ayunas", sino "cuando ayunes". No dejó lugar a duda de que daba por sentado que se ejercitarían en obediencia a la dirección del Espíritu.

En Mateo 9:14-17 encontramos la segunda declaración de Jesús con respecto al ayuno. Los discípulos de Juan el Bautista preguntaron a Jesús: *"¿Por qué nosotros y los fariseos ayunamos muchas veces y tus discípulos no ayunan?"*. La respuesta que dio Cristo responde maravillosamente a la pregunta de si los cristianos hoy en día deben ayunar. Jesús les dijo: *"¿Acaso pueden los que están de bodas tener luto entre tanto que el esposo está con ellos? Pero vendrán días cuando el esposo les será quitado, y entonces ayunarán"*. Quizá esta es la declaración más crucial en el Nuevo Testamento sobre el ayuno. Por supuesto, nos vemos obligados a referir a los días de su ausencia como el período de esta era, desde que ascendió al Padre hasta que vuelva otra vez del cielo. También es evidente que así lo comprendieron sus apóstoles porque no fue sino hasta después de su ascensión al Padre que leemos que ayunaron (Hechos 13:2, 3.) Igual que la iglesia primitiva, tenemos la obligación de ayunar.

¿Cuáles son los dos pasajes donde Jesús habló sobre el ayuno? _____

[95]

Día 3: El ayuno y la oración

Tres clases de ayuno

Ayuno significa abstinencia de comida. En la Biblia hay tres clases de ayuno: natural, parcial y total.[a]

El ayuno natural

El ayuno natural es la abstinencia de toda forma de comida, pero no de líquidos, como el agua. Lee Lucas 4:1-2. ¿Qué clase de ayuno hizo Jesús en esta ocasión?

_____
96

Lucas 4:2 dice que Jesús ayunó cuarenta días y después tuvo hambre. Aunque el pasaje no nos da todos los detalles, podemos suponer que se abstuvo de toda clase de comida, pero no de agua, porque dice que "no comió nada", pero no se refiere a que no bebiera. Aunque los dolores provocados por la sed son más intensos que los producidos por la necesidad de comer, Satanás no lo tentó para que bebiera sino para que comiera. Es posible que el ayuno de Jesús fuera de comida, pero no de líquidos. De todos modos, la clase de ayuno más común es la de la abstinencia de comida pero no de líquidos.

El ayuno total

El ayuno total es la abstinencia tanto de comida como de bebida. Normalmente este tipo de ayuno no duraba más de tres días, quizá porque de hacerlo por más tiempo, podía resultar perjudicial para el organismo. Vamos a ver tres ejemplos de "ayuno total" en la Biblia.

Esdras 10:6-8: Esdras *"no comió pan ni bebió agua porque se entristeció a causa del pecado de los del cautiverio"* (Esdras 10:6). Esdras estaba abrumado por el pesar del vergonzoso pecado del pueblo y tanta era la preocupación que lo agobiaba, que no comió ni bebió.

Ester 4:16: La reina Ester le dio instrucciones a Mardoqueo: *"Ayunad por mí, y no comáis ni bebáis en tres días, noche y día: yo también con mis doncellas ayunaré igualmente"*. Como era una crisis grave en extremo que amenazaba con exterminar a toda la raza judía, ni la misma Ester podía esperar salvarse de la muerte. Entonces ella ordenó este ayuno total a causa de la crítica situación por la que atravesaba su pueblo. Después del ayuno, la reina arriesgó su propia vida yendo al rey con la petición de salvar al pueblo judío.

Deuteronomio 9:9, 18 y Éxodo 34:28: Las Escrituras hacen referencia a ayunos totales que sin duda fueron sobrenaturales en carácter, a causa de su duración. En dos ocasiones, y por espacio de cuarenta días y cuarenta noches, Moisés estuvo en la presencia de Dios y no comió ni bebió. La primera vez fue cuando Dios le dio los diez mandamientos y la segunda fue inmediatamente después, cuando se encontró con que el pueblo estaba adorando el becerro de oro. Estos dos ayunos sucedieron virtualmente sin intervalo y si se les une, constituyen lo que es, sin lugar a dudas, el ayuno más largo de toda la Biblia. ¿Por cuánto tiempo ayunó Moisés? Lee Deut. 9:9,18

_____
97

[a]Adaptado de *God's Chosen Fast* por Arthur Wallis, (Christian Literature Crusade, Fort Washington, PA 1968.

El Discipulado 1   *145*

Lección 7: La lucha espiritual y la oración

Al final de estos ejemplos podemos decir que el ayuno total es una medida extraordinaria para una situación fuera de lo común. Por lo general es algo reservado para emergencias de orden espiritual. Así que la persona debe estar muy segura de que Dios lo guía a practicar esa clase de ayuno por un período de tiempo mayor de tres días.

¿Qué es el ayuno total?_____ 98

¿En qué clase de situación debe ser ejercitado? _____ 99

El ayuno parcial

El ayuno parcial es más la restricción en la dieta que una abstinencia total de comida. Daniel y sus compañeros nos dan un ejemplo del ayuno parcial (Dan. 1:8-16). Estos jóvenes no quisieron contaminarse con la deliciosa ración del rey ni con el vino que este bebía; además la comida era ofrecida a los dioses babilónicos. En lugar de los deliciosos manjares, pidieron legumbres para comer y agua para beber. Al final de esta prueba, la Biblia dice: *"pareció el rostro de ellos mejor y más robusto que el de los otros muchachos que comían de la porción de la comida del rey"* (Dan. 1:15).

Aunque no podemos afirmar que se trataba de una intervención sobrenatural, los dietistas aceptan comúnmente que una alimentación sencilla y saludable es mucho más beneficiosa para el organismo que una comida muy elaborada.

Sin embargo el valor del ayuno parcial no está limitado a lo físico. En el libro de Daniel vemos más adelante que el hizo otro ayuno parcial en el capítulo 10. No sabemos porque Daniel no hizo un ayuno normal. Quizá asuntos de estado u otras circunstancias se lo impidieron, o posiblemente fue porque Dios le había guiado a hacerlo así. Pero no hay duda de que existe un valor espiritual positivo en un tiempo especial de buscar el rostro de Dios con un régimen alimenticio limitado.

El ayuno parcial es de gran valor especialmente cuando las circunstancias imposibilitan un ayuno natural. Por supuesto requiere autodisciplina como los demás. También este ayuno es muy bueno para aquellos que nunca han ayunado porque pueden considerar este tipo de ayuno como un puente para luego seguir con otras clases de ayunos.

¿Qué es el ayuno parcial?_____ 100

Dos otros ejemplos bíblicos del ayuno parcial se encuentran en 1 Reyes 17 y en Mateo 3:4. ¿Quién hizo el ayuno parcial en aquellas ocasiones?

_____   _____

¿Por qué ayunamos?

Zacarías 7:1-7: *"¿Cuándo ayunasteis...? ¿Habéis ayunado para mí?"*. Una gran parte de nuestro modo de pensar está condicionado por principios egocéntricos. Aun en nuestras aspiraciones y deseos espirituales el "yo" puede estar entronizado. La cruz debe obrar en nosotros si es que nuestra vida va a estar centrada en Dios. Nuestra motivación espiritual debe ser radicalmente alterada y volverse cristo-céntrica en vez de girar en torno a nosotros mismos.

Día 3: El ayuno y la oración

A menudo se le da mucho énfasis al ayuno para beneficio personal, para recibir poder, para los dones espirituales, para sanidad física y se olvida el otro aspecto del ayuno. No hay nada malo en buscar estas cosas, pero nuestro motivo principal debe ser buscar la gloria de Dios. Es sumamente significativo que en la primera declaración sobre el ayuno que tenemos en el Nuevo Testamento, Jesús trató con los motivos, Mateo 6:16-18.

El ayuno debe ser hecho para Dios en secreto Aunque evitemos la presunción del fariseo y su deseo de recibir las alabanzas del hombre, podemos actuar por motivos egoístas, para la gratificación de nuestros deseos sin que la motivación básica sea la gloria de Dios.

Lee Isaías 58:1-12. Escribe el versículo 6 aquí:

_____

_____

En Isaías 58 (la clásica escritura sobre el ayuno) Dios recuerda al pueblo que el ayuno aceptable es aquel que Él ha escogido. El ayuno tanto como la oración debe tener su principio en Dios y ser ordenado por Él si va a ser eficaz.

Cómo comenzar el ayuno

Si nunca has ayunado, comienza con un ayuno parcial. Ayuna un día hasta la hora de la merienda. La próxima vez extiende el ayuno hasta la noche. Cuando estés en condiciones de ayunar por un día sin sentirte débil o hambriento, estarás en condiciones de ayunar más tiempo. Cuanto más prolongado sea el ayuno que tienes planeado, más necesitas estar seguro de que es Dios quien te está llamando a hacerlo. Ten cuidado de no estar meramente imitando a otros. Wallis sugiere lo siguiente:[a]

- ¿Tengo la certeza de que este deseo de ayunar proviene de Dios?
- ¿Son correctos mis motivos?
- ¿Cuáles son los objetivos espirituales que persigo en este ayuno?
    - a. ¿Santificación personal o consagración?
    - b. ¿Intercesión? ¿Hay algunas cargas especiales?
    - c. ¿Intervención divina? ¿Dirección o bendición?
    - d. ¿Para librar a los cautivos?
- ¿Está mi deseo de bendición personal equilibrado por una sincera preocupación por otros?
- Sobre todo, ¿tengo la determinación de ministrar al Señor mediante este ayuno?

Este tiempo de ayuno, será para ti, como lo fue para el Señor, un tiempo de lucha contra los poderes de las tinieblas. Con frecuencia Satanás tratará de desalentarte. Mantén un espíritu de alabanza. Ni Cristo ni sus discípulos establecieron reglas para el ayuno. Esto es algo personal entre tú, el discípulo, y tu Maestro a la luz de las necesidades y circunstancias. ¡Escucha la voz del Señor para ver si quiere que ayunes!

---

[a] Ibid. p. 108-109.

Lección 7: La lucha espiritual y la oración

Formación espiritual

¿Crees que debes ayunar por algún motivo espiritual? Busca el rostro de Dios y ¡adelante! A lo mejor quieres apuntar algunas experiencias o pensamientos sobre el ayuno en tu diario espiritual para compartir con tu compañero de crecimiento espiritual en la reunión próxima.

Día 4:
El ayuno general

Ayer hablamos de tres clases de ayuno:

_____   _____   _____ 101

El enfoque de ayer fue en el ayuno individual. Pero hay veces cuando es apropiado el ayuno general de un grupo del pueblo de Dios por un motivo determinado que afecta a todos. En tal ocasión, cada miembro de la iglesia practica la clase de ayuno (natural, total, parcial) de acuerdo con sus circunstancias y su compromiso con el Señor. Tal tipo de ayuno de todo el pueblo de Dios tiene sus raíces en el Antiguo Testamento.

El ayuno general

En el día de expiación, los judíos practican (hasta hoy día) el único ayuno general que ordena la ley de Moisés (Luc. 23:27; Isa. 58:5). Hechos 27:9 indica que los judíos aún seguían observando este ayuno en la época del Nuevo Testamento. ("*Por haber pasado ya el ayuno*" se refiere al día de expiación y el ayuno obligatorio de aquel día.) En la época de Cristo los fariseos habían desarrollado esta práctica del ayuno general y la habían convertido en una esclavitud legal. En el segundo y tercer siglo después de Cristo, los cristianos designaron los miércoles y los viernes como días de ayuno. Siempre está el peligro de que cualquier ejercicio espiritual que se hace por costumbre se convierta en una forma vacía, en un ritual carente de significado espiritual. Pero no debemos rechazar la práctica del ayuno general por causa de este peligro.

Un ayuno general, una vez a la semana, puede tener mucho significado para la extensión del reino de Dios si utilizamos la hora de comer para orar e interceder.

¿Qué ayuno general era el único que ordenaba la ley de Moisés? _____ 102

Lee Joel 2:12-15 y escribe el versículo 12 aquí:

_____
_____
_____
_____

¿Cómo se practica el ayuno general hoy en día?

_____
_____
_____

El Discipulado 1

Lección 7: La lucha espiritual y la oración

_____
_____
_____

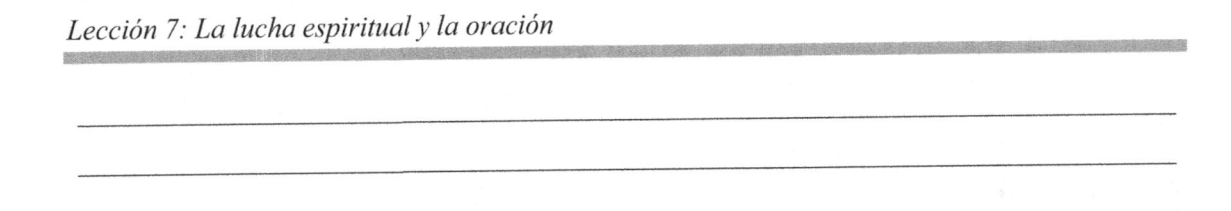

Propósitos para el ayuno general

Un propósito del ayuno es la consagración a Dios. El mejor ejemplo que tenemos son los cuarenta días de ayuno cumplidos por el Señor antes de dar comienzo a su ministerio público, (Mateo 4:1-11). Mediante aquellas seis semanas de ayuno había reafirmado su determinación de hacer la voluntad del Padre hasta el fin. Vemos otro ejemplo en la dedicación de Bernabé y de Pablo para su ministerio apostólico. *"Entonces, habiendo ayunado y orado, les impusieron las manos y los despidieron"*, Hch. 13:3. El ministerio de los primeros misioneros empezó con un ayuno de consagración. Más adelante vemos que esos hombres nombran ancianos en cada iglesia, haciéndolo en oración y ayuno (Hch. 14:23). Así eran consagrados a su santo oficio los dirigentes locales.

Otro propósito del ayuno es llevar hombres a la libertad. Hay mucha gente atada, no con cadenas de acero, sino con grilletes invisibles del maligno. Nosotros luchamos contra una opresión que no es carnal sino espiritual, contra los poderes del mundo de tinieblas y las fuerzas espirituales del maligno (Efesios 6:12). Cristo comisionó a sus discípulos no solamente para predicar las buenas nuevas, sino a sanar a los enfermos y echar fuera demonios, (Luc. 9:1, 2). Seguramente hay muchas personas que necesitan liberación en el nombre de Jesucristo. El ayuno es un arma auxiliar muy poderosa que debemos usar contra los principados, las potestades y los gobernadores de las tinieblas.

Así que, el ayuno general de una congregación puede ser declarado:

- Antes del nombramiento de líderes de la iglesia
- Antes de comenzar una campaña evangelística
- Para la consagración de la congregación al ministerio mutuo.
- Para pedir la dirección de Dios para la iglesia.
- Para orar por los cautivos y oprimidos por el maligno.

Día 4: El ayuno general

Estudio temático

Si quieres hacer un estudio temático sobre este tema, los versículos a continuación te ayudarán:

Antiguo Testamento	Nuevo Testamento
Gén. 24:33	Mateo 4:2, 6:16-18
Ex. 34:28	9:14-17, 11:18
Lev. 23:14	15:32, 17:21
Núm. 6:3,4	Marcos 2:18-20
Deut. 9:9	8:3, 9:29
Jue. 20:26	Lucas 2:37, 4:2
1 Sam. 1;7,8	5:33-35, 7:33, 18:12
2 Sam. 12:17-23	Hechos 9:9, 13:2,3
2 Crón. 20:3	14:23, 19:22
Esdras 8:23	23:12-21, 27:9
Neh. 9:1	Romanos 14:21
Ester 4:3, 16	1 Cor. 8:13
Salmos 35:13, 69:10	2 Cor. 6:5, 11:27
102:4, 109:24	1 Tim. 4:3
107:17,18	
Is. 58	
Jer. 14:12	
Dan. 1:12-18, 6:18	
9:3, 10:2,3	
Joel 1:14, 2:12,13	
Jonás 3:7,9	
Zac. 7:5, 8:19	

Formación espiritual

La próxima vez que tu iglesia proclame un ayuno general por una necesidad o proyecto especial, te animo a tomar parte. El pueblo de Dios que ayuna y ora junto será fuerte y lleno del poder de lo alto.

El Discipulado 1

Lección 7: La lucha espiritual y la oración

Día 5:
Repaso

La necesidad de fe

Antes del comienzo de los Juegos Olímpicos siempre hay una antorcha que se lleva desde Grecia hasta el país donde van a celebrarse los juegos. La antorcha es el precursor de lo que va a ocurrir. En cuanto a la oración, la fe es la antorcha que debe ir delante de cada petición, "*porque sin fe es imposible agradar a Dios* (y acercarse a Él)", Heb. 11:6.

Corrie Ten Boom, famosa autora y oradora cristiana de Holanda, dijo que la fe "es una aventura maravillosa de confiar en Dios". Igual que los discípulos, podemos pedir al Señor: "*Auméntanos la fe*" (Luc. 11:1; 17:5). ¿Cómo?

Escribe Rom. 10:17 aquí:

_____

_____

Repaso

Hagamos un breve repaso de lo que hemos estudiado esta semana.

La armadura de Dios

¿Dónde se encuentra la figura de la armadura de Dios? [103]

☐ Romanos 4 ☐ Gálatas 5 ☐ Efesios 6

Explica brevemente el significado de la armadura de Dios.

La cintura de la verdad.
¿Qué verdad? ¿Por qué es tan importante hoy en día?

_____

_____

La coraza de justicia.
¿Es importante la manera en que vivimos? ¿Por qué?

_____

_____

Día 5: Repaso

El calzado del evangelio de la paz.
¿Qué evangelio? ¿Cómo podemos mantenernos en pie frente al ataque de los enemigos del evangelio?

_____
_____

El escudo de la fe.
¿En quién tienes puesta tu fe? ¿Frente a los dardos del enemigo puedes decir *"yo sé a quién he creído, y estoy seguro que es poderoso para guardar mi depósito para aquel día"*? (2 Tim. 1:12)

_____
_____

El yelmo de la salvación.
¿Cómo sabes que eres salvo?

_____
_____

La espada de la palabra.
Un buen punto de partida para aprender a usar tu espada es la memorización de versículos bíblicos. ¿Cómo te va para memorizar los versículos con las tarjetas que te hemos provisto?

La lucha espiritual

Consideramos esta semana el hecho de que tenemos un enemigo real, el diablo. Pero la armadura que el Señor nos ha provisto es más que suficiente para asegurarnos la victoria en nuestro andar cristiano. ¿Qué fue lo que más te llamó la atención de nuestro estudio de este tema? ¿Tienes algunas preguntas?

_____
_____
_____

Tenemos que tener en cuenta que hay dos otras fuentes de posible derrota espiritual: nuestra propia naturaleza y las tentaciones del mundo. ¿Espera Dios que seamos "supermanes"? No, de ninguna manera. El secreto de la victoria en Cristo es rendirnos totalmente a Él, y dejar que el Espíritu Santo forme la imagen de Cristo en nosotros.

El bautismo en el Espíritu Santo

Si has experimentado el bautismo en el Espíritu Santo explica qué pasó. Si todavía no has tenido la experiencia, escribe en las líneas a continuación tu esperanza, o deseos, o quizás tus dudas o temores en cuanto a este tema. Si quieres, compártelo con tu líder de grupo.

El Discipulado 1

Lección 7: La lucha espiritual y la oración

_____
_____
_____
_____
_____

El deseo profundo de todo nuestro corazón es que seamos llenos del Espíritu, que crezcamos hacia la madurez en Cristo Jesús. Recuerda, la experiencia de ser bautizado en el Espíritu Santo es sólo el punto de partida: tenemos que seguir siendo llenos del Espíritu.

¿Han surgido algunas preguntas sobre el bautismo en el Espíritu Santo o del hablar en lenguas durante esta semana? Apúntalas en las líneas a continuación para poder hablar de ellas en la reunión de tu grupo.

_____
_____
_____
_____

Ayuno y la oración

¿Cuáles son las tres clases de ayuno que mencionamos en esta lección?

[104]

_____   _____   _____

¿Has tenido una experiencia en que has ayunado y orado y el Señor te ha contestado tu oración?

_____
_____
_____

Formación espiritual

En esta lección hemos considerado temas de mucha importancia en el crecimiento espiritual, tales como la lucha espiritual, el bautismo en el Espíritu Santo, y el ayuno. A lo mejor el Señor está hablando contigo sobre algo relacionado con la lección de esta semana. Apúntalo en tu diario espiritual y habla con Él sobre estas cosas.

Notas

Lección 8:
Orando en el Espíritu

Seguimos en esta semana nuestro estudio sobre la oración. En la primera lección de esta unidad, descubrimos cómo mantener un equilibrio en nuestra vida de oración. Hablamos de alabanza, acción de gracias, confesión, intercesión, súplica y petición. En la semana pasada consideramos la lucha espiritual y cómo vestirnos de toda la armadura de Dios, lo que es más que suficiente para poder vencer al enemigo de nuestra fe. Hablamos del bautismo en el Espíritu Santo que será lo que más cambiará tu vida de oración. La lección de esta semana trata de un problema molesto: ¿Qué pasa cuando Dios parece que no contesta nuestras oraciones? Descubriremos que la clave está en orar de acuerdo con Su voluntad, que es el orar de acuerdo con el Espíritu.

Acerca de esta lección

1 Juan 5:14,15 *"Y esta es la confianza que tenemos en él, que si pedimos alguna cosa conforme a su voluntad, él nos oye. Y si sabemos que él nos oye en cualquier cosa que pidamos, sabemos que tenemos las peticiones que le hayamos hecho."* ¿Cómo sabemos que nuestra petición está de acuerdo con Su voluntad? Descubriendo su voluntad para poder orar con mayor eficacia es el tema de esta lección.

Objetivos

Cuando termines esta lección deberás poder:
1. Definir oraciones "siempre eficaces" y "pendientes"
2. Desarrollar un plan de oración personal que sea sistemático.
3. Participar responsablemente en grupos de oración.
4. Saber cómo descubrir la voluntad de Dios en tu vida y seguirla.
5. Demostrar un deseo creciente de orar por las necesidades de tu iglesia y de la obra de Dios alrededor del mundo.

El plan de estudio de esta lección

Día 1: Orando en la voluntad de Dios 154
Día 2: Descubriendo la voluntad de Dios 158
Día 3: Utilizando una lista de oración 161
Día 4: Grupos de oración 163
Día 5: Repaso de la unidad 167

Día 1:
Orando en la voluntad de Dios

Hay oraciones que siempre están de acuerdo con la voluntad de Dios, las que vamos a denominar "las oraciones siempre eficaces", y otras que pueden estar dentro o fuera de su voluntad que llamaremos "las oraciones pendientes." Mañana consideraremos cómo descubrir la voluntad de Dios cuando necesitamos dirección divina sobre un asunto determinado. Ahora, consideremos las oraciones que *siempre* son eficaces.

Las oraciones siempre eficaces

Hay algunas oraciones que siempre están en la voluntad de Dios. Por ejemplo, siempre podemos orar "que sea hecha tu voluntad" aun cuando no sabemos cómo orar por una situación en particular. Otras oraciones "siempre" (o sea, las que siempre están en la voluntad de Dios) son las siguientes:

1. "Bendice..."

Podemos orar por la bendición de nuestros hermanos, por la iglesia, por personas en particular, ministerios, etc. Sabemos que es la voluntad de Dios de bendecir a su pueblo, fuera cual fuera su necesidad. A lo mejor el Señor te dará una carga por una nación en particular. Se puede bendecirla en el nombre del Señor. Ora por la bendición de Dios sobre aquel país, que el evangelio sea predicado y que la iglesia sea establecida. Los grandes avivamientos del Espíritu en las naciones alrededor del mundo son el resultado de las oraciones de los santos por ellas.

2 "Venga Tu reino..."

Podemos orar con certeza y eficacia por la extensión del reino de Dios. Oramos por la fundación de iglesias donde no las hay, por el crecimiento tanto numérico como espiritual de las iglesias ya en existencia, por la bendición de Dios sobre los ministerios de grupos especiales (la juventud, los presos, los ancianos, las familias, etc.) por la unidad de la iglesia, por la evangelización de una zona en particular, por los recursos para poder ministrar, por un espíritu de oración y de testimonio entre los creyentes, por la enseñanza de la sana doctrina.

Lección 8: Orando en el Espíritu

3. "Envía obreros..."

El mandato del Señor es que oremos por obreros (Mateo 9:35). Mientras oras, escucha al Señor, porque Él tiene un lugar para ti en Su mies. La segunda parte de esta oración es *"Heme aquí, envíame a mí"* (Isa. 6:8) Quizá te enviará a tu vecino, o tu compañero de trabajo, o a otro lugar para ser testimonio de su gracia.

4. "Señor, oro por la salvación de..."

Siempre oramos en la voluntad de Dios al orar por la salvación de un individuo. (2 Timoteo 2:4) Ora que sea convencido de pecado, por el alumbramiento de su mente por el Espíritu Santo para que pueda entender el evangelio. Reprende toda atadura del enemigo sobre su vida y ora que se rinda totalmente al Señor.

5. "Reprendo la obra de Satanás en el nombre de Cristo Jesús..."

"No tenemos lucha contra sangre y carne sino contra principados, contra potestades, contra los gobernadores de las tinieblas de este siglo, contra huestes espirituales de maldad en las regiones celestes." (Ef. 6:12) Nota que Pablo usa la palabra "contra" cinco veces. Siempre debemos orar para que los planes de Satanás sean derrotados, que las cadenas de pecado y de esclavitud espiritual sean quebrantadas, que las puertas cerradas sean abiertas al evangelio, que la luz del evangelio conquiste las tinieblas y que sean puestos en libertad los esclavos del enemigo.

Esta lista es solamente representativa de las oraciones que siempre están en la voluntad de Dios. ¿Puedes pensar en otro ejemplo? Apúntalo y compártelo en la próxima reunión de tu grupo.

_____

_____

Las oraciones "pendientes"

Otras oraciones dependen de la voluntad de Dios en una situación determinada. En estas ocasiones es correcto orar "si es tu voluntad". Como hijo de Dios, tienes derecho de pedir y seguir pidiendo hasta que recibas la respuesta. El Señor siempre contesta las oraciones de sus hijos, pero Su respuesta puede ser diferente de lo que esperamos. A veces dice sí, y nos ponemos contentos, y otras veces contesta no, y confiamos en Su voluntad. Pero de vez en cuando el Señor dice "espera," lo que para algunos es más difícil de aceptar que un simple sí o no. Su "no" puede venir en forma de un sentir interior que no debes seguir orando por aquel asunto, o por perder interés o deseo en recibir lo que has pedido. Si sientes que su respuesta es "espera", tu actitud debe ser de paz y de confianza en el Señor.

Veamos unos ejemplos de esta clase de oración.

Día 1: Orando en la voluntad de Dios

1. La petición por bendiciones materiales.

El Señor se deleita en proveer para sus hijos. El Padrenuestro nos enseña a orar *"el pan nuestro de cada día dánoslo hoy."* (Mat. 6:11) Un capítulo más tarde en Mateo leemos: *"Pues si vosotros, siendo malos, sabéis dar buenas dádivas a vuestros hijos, ¿cuánto más vuestro Padre que está en los cielos dará buenas cosas a los que le pidan?"*(Mat. 7:11). Entonces, ¿por qué no siempre recibimos lo que pedimos? Consideremos dos razones:

Si pedimos con motivos egoístas, no lo recibiremos, porque el Señor nos ama tanto que no nos dará algo que nos hará independientes o autosuficientes de su cuidado. El escritor de Proverbios lo pone sabiamente en el siguiente pasaje. Búscalo en tu Biblia y escríbelo en las siguientes líneas:

Proverbios 30: 8,9 _____

_____

_____

_____

_____

¿Qué dice Santiago 4:3 sobre oraciones no contestadas?

_____

_____

Puede ser que no recibimos la respuesta porque no es el tiempo correcto para recibir la bendición material que queremos. El Señor demuestra su amor hacia nosotros por no contestar la oración en la manera en la que pedimos si en Su infinita sabiduría sabe que nos perjudicaría. Pablo tenía la actitud correcta: *"Sé vivir humildemente, y sé tener abundancia; en todo y por todo estoy enseñado, así para estar saciado como para tener hambre, así para tener abundancia como para padecer necesidad. Todo lo puedo en Cristo que me fortalece."* (Filipenses. 4:12,13) Busca en el mismo capítulo el v. 19 y escríbelo en estas líneas:

_____

_____

2. Una petición para que el Señor nos quite una prueba o un problema.

Los problemas son molestos. A veces el Señor resuelve una prueba, pero otras veces no. ¿Por qué? Miremos a Santiago 1:2-4. Búscalo en tu Biblia y rellena los espacios a continuación:

"Hermanos míos, tened por sumo gozo cuando os halléis en diversas pruebas, sabiendo que la prueba produce _____. Mas tenga la paciencia su obra completa, para que seáis _____ y _____ sin que os falte cosa alguna."

Otra versión dice, maduros y completos. Igual que el ejercicio nos hace fuertes físicamente, las pruebas y problemas fortalecen nuestros músculos espirituales. Si el problema no desaparece pide al Señor que por su gracia puedas crecer espiritualmente en medio de la tribulación.

El Discipulado 1

Lección 8: Orando en el Espíritu

3. Una oración por sanidad.

Tenemos el inmenso privilegio de orar por los enfermos. Santiago 5:16 "*...orad unos por otros, para que seáis sanados.*" Debemos orar con gran atrevimiento y persistencia, por nosotros mismos y por otros. Pero si la persona no recibe sanidad, ¿qué pasa? Algunos sugieren que si no se sana, es por falta de fe, pero lo importante no es la cantidad de fe que tengamos, sino en quién está puesta nuestra fe.

Muchos eruditos bíblicos creen que el aguijón en la carne de Pablo era una enfermedad. (2 Corintios 12). Pablo pidió al Señor que le quitara el aguijón, pero el Señor le contestó: "*Bástate mi gracia; porque mi poder se perfecciona en la debilidad.*" (12:8) Si no recibimos la sanidad inmediata, debemos dejar que la enfermedad o la situación sea una ocasión para crecer en las virtudes espirituales. Y mientras esperamos, seguimos confiando en su gran poder, amor, y en el cuidado de nuestro Padre celestial.

¿Te ha sanado el Señor por medio de la oración? Escribe un breve testimonio de cómo el Señor te sanó para compartir con los miembros de tu grupo.

_____
_____
_____
_____

Formación espiritual

Empieza a memorizar el versículo de esta semana. Revisa las oraciones "siempre eficaces" y ora poniendo en práctica los principios que hemos presentado hoy.

Día 2:
Descubriendo la voluntad de Dios

Como vimos ayer en la cita de 1 Juan 5:14, ¿cuándo es posible orar y estar seguro que Dios nos contestará?

_____
105

El asunto gira en torno a lo que quiere Dios en una situación determinada. ¿Cómo podemos conocer la voluntad de Dios?

Tres pautas importantes
1. La Palabra de Dios revela Su voluntad.

Hay algunas cosas que son más claras que el agua. Por ejemplo, los diez mandamientos establecieron de modo explícito las normas de conducta que Dios espera de su pueblo. Ex. 20:14 dice: *"No cometerás adulterio"*, así que sabemos que la voluntad de Dios es que no cometamos adulterio. En otros casos, el Espíritu Santo nos guía, llevándonos a la mente un versículo o pasaje que nos ayuda a confirmar una decisión.
Si Dios revela Su voluntad a través de Su palabra, ¿qué debemos hacer?

_____
_____
106

Un día un joven entró en mi oficina en la escuela bíblica donde trabajaba como decana. "Ojalá el Señor me mandara una carta del cielo para decirme cuál es Su voluntad para el resto de mi vida," me dijo. Le di el consejo del salmista: *"Lámpara es a mis pies tu palabra, y lumbrera a mi camino."* (Salmos 119:105) El Señor nos da luz suficiente para tomar el próximo paso, pero no nos enseña el camino entero. Nuestra tarea es de tomar el paso que nos enseña y confiar que Él nos seguirá guiando.

2. Dios habla mediante las circunstancias.

A menudo, Dios nos guía por circunstancias o situaciones especiales. Generalmente ocurren en respuesta a una oración determinada. Por ejemplo, un joven quiere saber si es la voluntad de Dios que él trabaje en un lugar y milagrosamente le ofrecen un trabajo; puede ser una indicación de la voluntad de Dios en dicha ocasión.
¿Has sido guiado alguna vez de esta manera? Explica lo que pasó en las líneas siguientes.

_____
_____

Lección 8: Orando en el Espíritu

3. La voz del Espíritu Santo nos guía.

Jesús dijo que el Espíritu Santo moraría en nosotros para guiarnos (Juan 14:26; 16:13). ¿A qué nos guía?_____ [107]

Es la voz que tenemos dentro. Debemos aprender a obedecer esa voz *"apacible y delicada"*. Algunas veces no podemos explicarla, pero no dudamos que el Espíritu nos ha hablado.

¿Cuáles son las tres cosas que nos ayudan a conocer la voluntad de Dios?

_____   _____   _____ [108]

La Palabra, las circunstancias y la voz del Espíritu Santo, han de estar en armonía para determinar la voluntad de Dios. Hay tres fuentes de "dirección interior"; la de Dios, la de la carne y la de Satanás. Es posible que una voz interior sea la del enemigo o la carne, tratando de dictar una acción contraria a la de Dios. Los deseos de la carne pueden convencernos de que necesitamos algo que no debemos tener realmente. El Dr. Robert Mumford declara: "Una manera de distinguir entre la voz de Dios y lo falso, es un sentir de paz. La voz que habla con paz es de Dios y la voz que habla con urgencia es de Satanás o de nuestra carne. Recuerda que Dios *guía* pero Satanás *empuja*".

¿Qué debemos hacer? Hay que resistir a Satanás del mismo modo que hizo Jesús en el desierto. Santiago 4:7-8 es el plan bíblico para combatir al diablo. Escríbelo aquí:

_____

_____

_____

- **"Someteos, pues a Dios."** Esta es la clave de toda dirección espiritual. Tenemos que someternos voluntariamente a lo que quiere Dios.

- **"Resistid al diablo y huirá de vosotros"**. Vencemos al diablo con la Palabra de Dios y la oración.

- **"Acercaos a Dios"**. Esto es posible solamente cuando nos hemos sometido a Dios. La sumisión no es fácil, pero es posible aprenderla.

Siete pasos para descubrir la voluntad de Dios en nuestras vidas

1. Orar
Ora cada día, acerca de un asunto en cuestión hasta que recibas la dirección del Señor.

2. Escuchar
Durante el tiempo de oración, queda atento para poder escuchar la voz del Espíritu Santo, o sentir Su dirección.

Día 2: Descubriendo la voluntad de Dios

3. Leer
Estudia la Palabra de Dios con referencia a la situación. Usa una concordancia para hacer un estudio temático. O estudia la vida de un personaje bíblico que enfrentaba una situación parecida a la tuya.

4. Buscar
Busca el consejo de hermanos maduros cuyas vidas demuestran que han aprendido a escuchar a Dios.

5. Evaluar
Evalúa todas las fuentes de dirección espiritual, (o sea, los puntos 1-4). Sobre esto, toma una decisión razonada por medio de la oración.

6. Actuar
Pon en acción tu decisión. Hazla realidad.

7. Persistir
No mires atrás. Has tomado una decisión basada en tu sincero deseo de seguir al Señor. Cree que Él te ha guiado, aun si enfrentas circunstancias difíciles.

¿Has experimentado la dirección de Dios sobre una decisión que tuviste que tomar? ¿Qué pasó? O si no lo has experimentado todavía, ¿has orado por algo pero no sabes si es la voluntad de Dios? Escribe una reacción breve a todo lo que hemos estudiado hasta ahora sobre la voluntad de Dios. Compártelo con tu compañero de crecimiento espiritual o con los miembros de tu grupo.

_____
_____
_____
_____

Formación espiritual

Vete ahora al diario espiritual. Ora, no solamente por las necesidades personales, sino también por la obra de Dios en tu familia, en tu iglesia, en la comunidad, la nación y el mundo.

Lección 8: Orando en el Espíritu

Día 3:
Utilizando una lista de oración

"Orad sin cesar" 1 Tes. 5:17

El orar sin cesar es una manera de vivir. Es estar en comunión constante con el Señor, estar consciente de Su presencia. Entonces, es fácil usar los sucesos cotidianos para impulsarte a orar. Por ejemplo, digamos que en tu camino al trabajo pasas por una iglesia. Al verla oras "Señor, bendice esa iglesia." O ves a un joven drogadicto y oras: "Señor, sálvalo." Al oír de una tragedia, oras: "Señor, ayúdalos." Al escuchar a un siervo del Señor ministrar la Palabra de Dios oras: "Señor, úngele." O pasando una casa de adivinación, oras: "Reprendo la obra del diablo en el nombre de Jesucristo." Estas oraciones "telegrama" se hacen normalmente en silencio, pero el Señor te escucha y contesta.

Cómo usar una lista de oración

En el diario espiritual que has usado durante este estudio, has notado una columna a la izquierda titulada "Lista de oración." ¿Cómo usarla? Cada persona tendrá una lista diferente de oración, sin embargo, déjame sugerir algunas cosas por las cuales debemos orar:

- **Tu iglesia**: ora por los líderes, por varios grupos (por ejemplo, tu grupo de INSTE, los grupos de oración, los jóvenes), por los proyectos de evangelización y enseñanza, por la unidad de la iglesia, etc.
- **Otras iglesias y ministerios**. Somos parte de la misma familia de Dios; debemos orar por la bendición de las iglesias a nuestro alrededor. Si oramos los unos por los otros, la unidad entre las iglesias aumentará.
- **El gobierno**: la Biblia nos manda orar por los líderes del gobierno (1 Tim. 2:1-4). Ora por las decisiones del gobierno y si conoces de un cristiano en el gobierno, ora para que el Señor le guíe. Las oraciones del pueblo de Dios por la nación pueden ser poderosas.
- **Las misiones**: La gran comisión es la responsabilidad de todos. En tu oración por las misiones, debes incluir lo siguiente:
  1. **Misioneros**. Es bueno elegir uno en particular y orar específicamente por su ministerio. Trata de aprender todo lo que puedas de sus necesidades y ora por ellas.
  2. **Naciones**. Pide a Dios una carga por una nación en particular y ora por la evangelización de ella. (¿Te acuerdas de las oraciones "siempre eficaces"?)
  3. **Líderes espirituales de aquella nación.** Ora que el Señor levante pastores y líderes espirituales. Si sabes el nombre de un líder nacional, ora por él (ella).
- **Tus seres queridos**. Tanto los que ya conocen a Cristo como los que todavía no le conocen deben ser blanco de tus oraciones. Si amas a una persona, invierte tus oraciones en ella. En oración puedes envolverles en amor, aún a los que te rechazan. Si tienes hijos, puedes invertir

tus oraciones en sus vidas, y en las vidas de tus nietos. La oración sincera y desinteresada por una persona es la verdadera expresión del amor.
- **Las "siempre" oraciones**. ¿Te acuerdas de las oraciones que siempre están de acuerdo con la voluntad de Dios? Apunta en tu lista las que el Señor ponga en tu corazón.

Cómo usar la lista

A continuación encontrarás una parte de mi diario espiritual. Observa que he escrito unas peticiones en la lista. En el comentario sobre "Oración" he apuntado una respuesta a una oración. La manera en que utilizas el diario espiritual y tu lista depende de ti. Puesto que hay siete días en tu diario cada semana, una manera de usarlo sería orar por peticiones diferentes cada día. O quizás quieras apuntar en la lista de oración de toda la semana tus motivos de oración y oras por todos utilizando toda la hoja cada día. Lo importante es orar. Al usar el diario te ayudará a orar con más equilibrio, pues estarás orando no solamente por la necesidad tuyas sino también por la obra de Dios en el mundo.

Diario Espiritual Lección 1

Día 1	Escritura _____ Comentario: _____ _____ _____ Oración: _¡Gloria a Dios por José María y Rosa que se_ _convirtieron este domingo!_ _____	Lista de oración –*Pastor Fulano y mi iglesia* –*el grupo de INSTE* –*mi hermano* –*España* –*mi familia* –*obreros*

Formación espiritual

Analiza tus oraciones durante los últimos dos meses. ¿Hay algo que puedes añadir a tu lista de oración? ¿Ha contestado el Señor una oración durante este tiempo? Vete a tu diario y úsalo para guiarte a orar por las personas, ministerios, lugares, situaciones, etc. por los cuales el Señor pone carga en tu corazón.

Lección 8: Orando en el Espíritu

Día 4:
Grupos de oración

Nuestro enfoque en estas tres lecciones sobre la oración ha sido el tiempo de oración personal. Pero los principios que hemos presentado se aplican también a la oración unida. Este es nuestro tema de hoy.

La eficacia de la oración unida

Los soldados romanos solían luchar hombro a hombro con sus escudos entrelazados haciendo de ellos una muralla impenetrable al enemigo. En nuestra oración unida luchamos juntos, formando una muralla de oración que el diablo no puede penetrar. *"Vestíos de toda la armadura de Dios..."* ¿Para qué? *"Para que podáis* (plural) *estar firmes contra las asechanzas del diablo."* (Ef. 6:11) Pero no como soldados aislados, cada uno luchando a solas, sino como un ejército poderoso y bien equipado todos luchando unidos por la misma fe y el mismo Señor. ¿Qué hace este ejército de Dios? ¡Orar los unos por los otros!

Busca en tu Biblia Mateo 18:19 y 20 y escríbelos a continuación.

___

___

___

___

___

___

Hechos 1:14 Los 120 perseveraban unánimes en oración y ruego durante diez días después de la ascensión de Jesús. Entonces, ¿qué pasó? Hechos 2:4

___

En Hechos 12:12 encontramos la iglesia otra vez reunida en oración. ¿Para qué estaban orando? ¿Qué sucedió?

___

___

En el capítulo siguiente (13) los líderes de la iglesia de Antioquía estaban reunidos en oración y ayuno. Así empezó la expansión misionera de la iglesia.

Día 4: Grupos de oración

Grupos de oración

Hay muchas ocasiones en las cuales podemos orar juntos. Miremos las siguientes: Devocionales familiares, grupos de oración de la iglesia, compañeros de oración, y cadenas de oración.

Devocionales familiares

Si tu familia es creyente, ¡tienes un tesoro sin precio! ¿Oran juntos? ¿Leen la Palabra de Dios como familia? Una de las más grandes bendiciones que puede tener una familia cristiana es poder pasar un tiempo junto todos los días orando y compartiendo la Palabra. La manera en que desarrollas los devocionales familiares dependerá de la edad de tus hijos y el tiempo disponible. Pide que tu líder de grupo de INSTE te ayude con ideas de cómo comenzar o mejorar tu tiempo de oración con tu cónyuge e hijos. He aquí una lista de posibilidades:

- La familia ora junta en la comida. Todos comparten sus peticiones de oración y participan en la oración. La familia participa en la lectura de la Biblia.
- Los padres oran con los hijos cuando se van a la cama.
- Por la mañana la familia ora antes de irse a la escuela y al trabajo.
- La familia tiene un tiempo que aparta después de la cena para leer una historia bíblica, hablar de ella y de Dios en la vida de la familia, y orar.

Al tener devocionales familiares los hijos aprenden que el Señor contesta oraciones y que podemos orar por nuestras necesidades. Al ver la importancia de Dios en la vida de sus padres, los hijos llegan a creer en Él, y confiar en el Señor.

Si tienes algún comentario o pregunta sobre los devocionales familiares, apúntalo a continuación para hablar de ello en la próxima reunión.

_____

_____

_____

_____

Grupos de oración en la iglesia

Un grupo de oración empieza con una lista de motivos de oración. Al comenzar, se puede usar el círculo de oración equilibrado (alabanza, acción de gracias, etc.) para enfocar la atención del grupo en el objeto de nuestra oración, el Dios Todopoderoso. El grupo empieza a interceder por las peticiones de la lista de oración, uno por uno. Mientras que un miembro ora, los demás le apoyan en oración. Cuando él termine, quizás otro, dirigido por el Espíritu, sigue intercediendo por el asunto. Así va la reunión, acordando, apoyando, intercediendo, etc.

Hay grupos de oración donde se canta y habla de las necesidades, más que orar. Cuando nos reunimos para orar, debemos dedicar todo el tiempo menos lo necesario para compartir las necesidades, a la oración.

Lección 8: Orando en el Espíritu

¿Qué pasa cuando una iglesia o un grupo de creyentes oran juntos? Aumenta la unidad y amor entre creyentes. La historia de la iglesia demuestra que el avivamiento viene cuando el pueblo de Dios deja a un lado sus diferencias y se une en oración.

Describe una reunión de oración que has asistido. ¿Cómo intercedió junto el pueblo de Dios por las necesidades expresadas?

_____
_____
_____
_____

Compañero de crecimiento espiritual

El propósito de formar parejas o triadas de oración dentro de tu grupo de INSTE es para darte la oportunidad de orar el uno por el otro. ¿Han experimentado el mover del Espíritu en el tiempo de oración semanal? ¿Cómo evaluarías el tiempo que pasan juntos cada semana? ¿Cómo te ha ayudado a crecer espiritualmente tu compañero de oración (crecimiento espiritual)?

_____
_____
_____
_____

La cadena de oración

No hay una cadena en el mundo más fuerte que la cadena de oración. Por medio de las oraciones de los santos, las fuerzas del enemigo han sido derrotadas vez tras vez.

Hay muchas maneras de comenzar una cadena de oración. Por ejemplo, se puede formar una cadena de oración de una semana, dividiendo los días en 48 partes de media hora cada una. Los que quieren participar se comprometen a orar durante una media hora determinada, y escriben sus nombres en el cuadro que corresponde al tiempo que se comprometen. Los que apunten sus nombres deben saber que esto es algo serio; es un compromiso con el Señor y con sus hermanos. Utilizando la cadena de oración, sabemos que durante el tiempo señalado, hay alguien de la iglesia que está orando por las peticiones que han motivado al pueblo de Dios a orar.

Otro tipo de cadena es la de oración por teléfono. En este método, hay un grupo de personas dispuestas a orar en cualquier momento del día. Esto funciona así: Una persona que tiene una necesidad puede llamar a una de las personas de la cadena y después, ésta llama a todas las demás. Entonces, en pocos minutos hay muchas personas intercediendo por una sola necesidad.

Día 4: Grupos de oración

Formación espiritual

Si tienes teléfono, por qué no llamas a tu compañero de oración y compartes algo que has aprendido esta semana y oran juntos, o por teléfono, o en persona.

Lección 8: Orando en el Espíritu

___

Día 5:
Repaso de la unidad

La oración equilibrada.

¿Cuáles son las seis partes de la oración? Escríbelas en el gráfico y define brevemente cada parte en las líneas a continuación. [109]

1. _____
2. _____
3. _____
4. _____
5. _____
6. _____

Escribe de memoria el Padrenuestro.

_____
_____
_____
_____
_____
_____
_____

¿Cuáles son los tres enemigos de nuestra fe?

[110]

_____   _____   _____

¿Dónde en la Biblia se encuentra la armadura que necesitamos para luchar contra el diablo?

[111]

_____

Si alguien fracasa en su andar con Cristo, ¿qué hay que hacer? Marca la respuesta.
- θ No hacerlo caso; puesto que ha nacido de nuevo y el pecado no afecta su comunión con el Señor.
- θ Culparse a sí mismo y hacer penitencia.
- θ Pedir el perdón de Dios y suplicar Su ayuda para no volver a caer en aquel pecado.

¿Cómo sabes que eres salvo?

[112]

_____

170 © *1992: OBSC*

Día 5: Repaso de la unidad

¿Cuál es tu mejor defensa contra las tentaciones del mundo? (Recuerda, 1 Corintios 10:13)
_____ 113

¿Has sido bautizado en el Espíritu Santo? ¿Cómo lo sabes? _____

¿Cuáles son los tres tipos de ayuno que estudiamos?
_____ _____ _____ 114

¿Qué tienen en común las oraciones "S.O.S." y las oraciones "telegrama"? _____
_____ 115

¿Cómo ha cambiado tu vida de oración en luz de la estas lecciones?
_____
_____
_____

Un chequeo a mitad de la asignatura

Puesto que estamos a mitad del camino en esta asignatura sobre el discipulado, sería bueno hacer un chequeo personal sobre los temas que hemos estudiado y las tareas que has hecho.

Sí No Tema o tarea
- ☐ ☐ ¿Estudias todos los días la parte indicada de la lección?
- ☐ ☐ ¿Estás memorizando fielmente los versículos asignados?
- ☐ ☐ ¿Asistes fielmente tanto a las reuniones de tu iglesia como a las de tu grupo de INSTE?
- ☐ ☐ ¿Mantienes tu tiempo devocional todos los días utilizando tu diario espiritual para apuntar tus pensamientos y motivos de oración y las respuestas de tus oraciones?
- ☐ ☐ ¿Estás diezmando de tu sueldo a tu iglesia?
- ☐ ☐ ¿Te sometes a la autoridad de Cristo expresado en el liderazgo de tu iglesia?
- ☐ ☐ ¿Estás perfeccionando tu destreza de estudio bíblico utilizando uno de los métodos de estudio bíblico que presentamos?
- ☐ ☐ ¿Oras por lo menos 15 minutos todos los días?
- ☐ ☐ ¿Está equilibrado tu tiempo de oración? (Recuerda las seis partes de oración que estudiamos.)
- ☐ ☐ ¿Has sido bautizado en el Espíritu Santo, o estás pidiendo al Espíritu Santo que te llene de Su poder?

Lección 8: Orando en el Espíritu

☐ ☐ ¿Estás creciendo en tu capacidad de luchar contra el diablo, el mundo y la carne?

☐ ☐ ¿Has utilizado el arma de ayuno para crecer espiritualmente?

☐ ☐ ¿Utilizas la lista de oración de tu diario espiritual?

Ahora, vuelve a la página 36 y haz otra "inspección de fruto". ¿Notas un cambio? Pensando en todo lo que ha ocurrido en tu vida en estas últimas siete semanas, ¿cómo ha cambiado tu vida? ¿Cómo te ha ayudado este curso a crecer espiritualmente?

_____
_____
_____
_____

Formación espiritual

Lo que cambiará tu vida de oración más que ninguna otra cosa es experimentar la llenura del Espíritu Santo. Si todavía no has sido bautizado en el Espíritu, te animo a seguir buscando la plenitud del Espíritu. Si ya has experimentado el bautismo, ¿cuáles son las señales o evidencias perdurables de la plenitud del Espíritu en tu vida? Recuerda, el secreto de andar en el Espíritu es el rendimiento total al señorío de Cristo en tu vida.

Notas

Lección 9:
"Me seréis testigos..." 1ª parte

La Gran Comisión (*id, y haced discípulos*) es el plan maestro de Dios que incluye a todo discípulo en la tarea de alcanzar a todo el mundo con las buenas nuevas. Para realizarlo, podemos contar con Su poder: *"Pero recibiréis poder cuando haya venido sobre vosotros el Espíritu Santo..."* Ese fue el enfoque de las tres lecciones anteriores sobre la oración. El versículo continúa: *"Y me seréis testigos..."*; y este es el tema que trataremos en esta lección y la próxima, o sea, cómo ser testigos eficaces de Cristo. El propósito fundamental es equiparte para la obra de evangelización.

Acerca de esta lección

La Gran Comisión puede ser leída así: "Vayan donde vayan en el curso de sus vidas, *hagan discípulos*..." En otras palabras, cada discípulo tiene la responsabilidad de ser testigo en el mundo.

Nuestro punto de partida en esta lección será un análisis de la gente que componen el "mundo personal" de cada discípulo. Continuamos mirando cómo usar el testimonio personal para hablar con alguien acerca de lo que el Señor ha hecho, cómo explicar el plan de salvación y la importancia del crecimiento espiritual en la evangelización personal.

Objetivos

Cuando termines esta lección deberás poder:
1. Dar tu testimonio personal con claridad y precisión.
2. Identificar los inconversos en tu esfera de influencia (mundo personal).
3. Manifestar mayor interés por la salvación de las personas de tu "mundo personal", orando por ellas y buscando oportunidades de darles testimonio de lo que ha hecho el Señor en tu vida.
4. Explicar con claridad el plan de salvación.
5. Estar más consciente del efecto de tu testimonio "vivido", sobre todo frente a familiares, amigos y compañeros de trabajo o colegio.

Día 1: Tu mundo personal

El plan de estudio para esta lección

Día 1: Tu mundo personal 172
Día 2: El crecimiento espiritual y la evangelización 176
Día 3: Cómo usar tu testimonio personal 180
Día 4: Cómo explicar el plan de salvación 185
Día 5: Repaso de la lección 189

Día 1:
Tu mundo personal

La Gran Comisión es un mandato, y no solamente una sugerencia o una opción. Está dirigido a todos los discípulos, no solamente a un grupo élite de profesionales, o de súper santos. Tú, un discípulo de Cristo, también juegas un papel importante en el cumplimiento de la misión evangelística de la iglesia.

Vayas donde vayas en el curso de tus actividades diarias, el Señor te ha enviado para *hacer discípulos.* No tienes que ir a otro punto del mundo para cumplir Su mandato; lo puedes hacer ahí donde estás. El plan es divino; al igual que el poder para llevarlo a cabo. Cristo prometió que recibiríamos *poder* del Espíritu Santo para ser sus testigos. Además, como discípulos de Cristo no actuamos en aislamiento; somos parte del Cuerpo de Cristo, la iglesia, y trabajamos juntos para el cumplimiento de la misión que el Señor nos dejó.

Tu mundo personal

El Señor no te ha hecho responsable por alcanzar a todo el mundo; pero sí hay una parte que es únicamente responsabilidad tuya. Es tu "esfera de influencia", y está compuesta por *las personas con las cuales tienes una relación directa, cara a cara, por lo menos durante una hora a la semana.* A estas personas vamos a denominar tu "mundo personal". Aunque conocemos a mucha gente, las personas significativas en nuestra vida son las que forman esta agrupación de familia y/o amigos. ¿Cuántos de ellos no son creyentes? Este es el "mundo personal" para evangelizar. Para ayudarte a visualizar el "mundo personal" usemos el gráfico a la derecha. Piensa en las personas a tu alrededor. Se pueden agrupar en categorías como

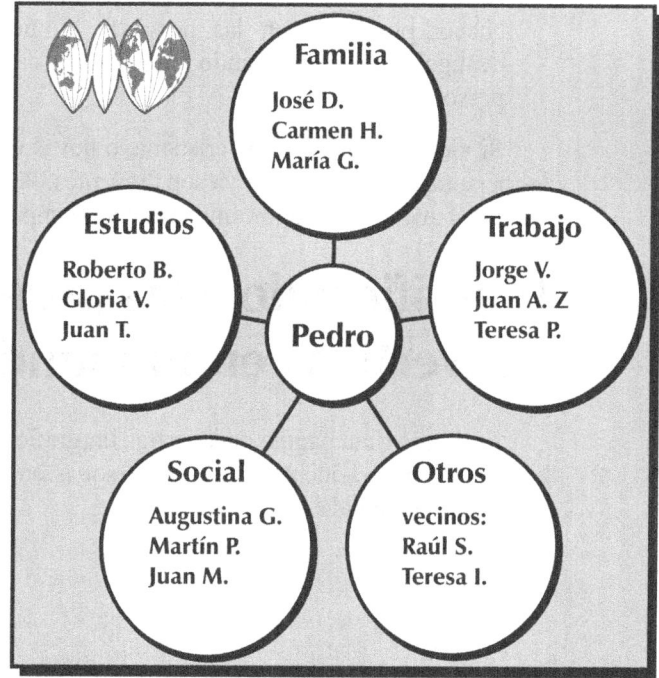

El Discipulado 1

175

Lección 9: "Me seréis testigos..." 1ª Parte

"familia", "compañeros de trabajo o de colegio", "contactos sociales", "vecinos", etc. Pensando en ellos, ¿cuáles no son creyentes? En el ejemplo, el discípulo llamado Pedro ha identificado a unas veinte personas no creyentes en su mundo personal. Es probable que las categorías de las personas significativas de tu mundo personal sean diferentes. Tal vez terminaste de estudiar, por lo tanto no tendrías contactos en esa agrupación.

Los principios que sacamos de todo esto son los siguientes:

1. La mezcla de personas en tu mundo personal es única. Quizá un condiscípulo tenga relación con muchas de las mismas personas, pero no será idéntica a las relaciones que mantienes tú con ellas.
2. La evangelización que resulta en hacer discípulos, depende directamente de nuestra capacidad de establecer y cultivar relaciones significativas con las personas no convertidas. El evangelio siempre sigue los trazados de las relaciones humanas.

   Podemos ilustrar este principio haciendo una pregunta sencilla. ¿Quién presentó Pedro a Jesús? Juan 1:40,41 ¿Quién testificó de Jesús a Natanael? Juan 1:44,45

   _____   _____

   Ahora, ¿quién te presentó Jesús a ti?

   _____

   La gran mayoría de las personas que son miembros de tu iglesia y otras iglesias evangélicas señalan que fue un familiar, o un amigo que les presentó el evangelio.

3. Dos grandes impedimentos para la evangelización es el carácter impersonal el mundo moderno, sobre todo en las grandes ciudades, y la vida agitada que esto conlleva que milita contra el desarrollo de relaciones personales. Como discípulos, tenemos que esforzarnos para "hacer puentes" con las personas a nuestro alrededor, para conocerles e introducir el evangelio a nuestro mundo personal en "carne y hueso", o sea, a través de nuestro testimonio personal.

   Si vienes de una familia cristiana, o llevas un tiempo en la iglesia, puede ser que la mayoría de las personas de tu alrededor ya son creyentes. Pero si eres un nuevo creyente, tienes muchos puentes naturales que te darán oportunidades para compartir lo que el Señor ha hecho en tu vida.

Identificando a las personas no convertidas en tu mundo personal

En la próxima página encontrarás un gráfico similar al de la página anterior. Sigue los pasos a continuación para identificar a las personas en tu mundo personal que necesitan ver el evangelio encarnado en tu vida.

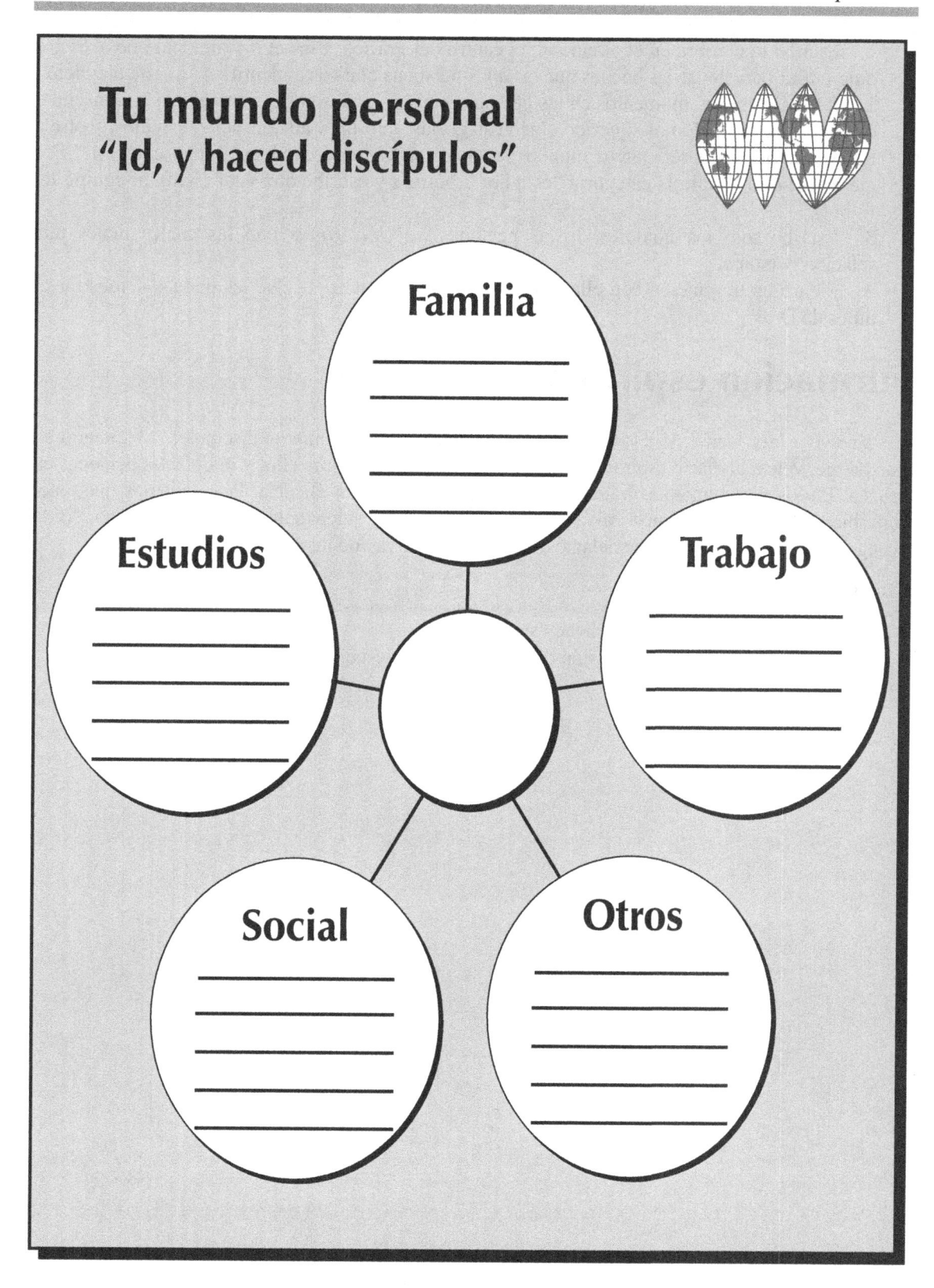

Día 1: Tu mundo personal

Tu mundo personal
"Id, y haced discípulos"

- **Familia**
- **Estudios**
- **Trabajo**
- **Social**
- **Otros**

El Discipulado 1

1. Escribe tu nombre en el círculo en el centro del gráfico. Eres el instrumento que el Señor quiere usar para llevar las buenas nuevas a las personas que vas a identificar en este ejercicio.
2. Reflexiona unos momentos en las personas con las cuales tienes contacto en el transcurso de tu vida normal. Hemos sugerido cinco categorías: familia, trabajo, social, estudios, y otros. Puede ser que para reflejar tu mundo personal tendrás que cambiar alguna categoría. Por ejemplo, si no te vale la categoría "estudios", bórrala y escribe otra (por ejemplo: equipo de fútbol).
3. Escribe sólo los nombres de las personas *no convertidas* con las cuales tienes una relación personal.
4. Piensa en tu relación con ellas. ¿Cuáles son las maneras en que les puedes demostrar el amor de Dios?

Formación espiritual

Vuelve a leer Juan 1:35-51. Fíjate en la relación entre los primeros discípulos. Meditando en este pasaje, vete a tu diario espiritual y apunta un pensamiento sobre ello, y ora por las personas en tu lista. En los días siguientes trataremos cómo testificarles con eficacia. Pero tenemos que tener algo bien claro: no podemos salvar a nadie. Es Cristo quien salva. El primer paso en la evangelización es orar. Intercede delante de Dios por la salvación de las personas en tu lista.

Ora que:

- sus ojos sean abiertos a su necesidad espiritual y
- puedan ver la maravillosa provisión de la salvación en Jesucristo.

Día 2:
El crecimiento espiritual y la evangelización

Recuerdo una canción que solíamos cantar en nuestro grupo de jóvenes:

Lo que eres habla tan fuerte, que el mundo no puede oír lo que dices.
Están mirando tu caminar, no escuchando tu hablar,
Están juzgando tus acciones cada día.
No pienses que los engañarás,
Pretendiendo lo que nunca has conocido,
Creerán lo que ven, y lo que conocen de ti,
Te juzgarán sólo conforme a tu vida.

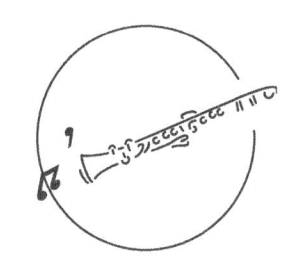

La letra de este corito expresa una verdad importantísima. ¿Cuál es? _____

_____

Cuando recibiste a Cristo como tu Salvador, ¿cuál fue la reacción de tu familia, tus amigos?

_____

Las circunstancias varían para cada uno, pero para muchos la reacción fue algo parecido a lo siguiente: "¿Qué te pasó? Eres diferente." ¡Qué buena oportunidad de compartir de lo que el Señor ha hecho en ti!

La evangelización como estilo de vida

Los encuentros breves con extraños (la evangelización puerta a puerta y métodos similares) normalmente no dan gran resultado puesto que se ha pasado por alto el principio de las relaciones naturales (la red de agrupaciones sociales). Con esto no quiero decir que sean ineficaces los encuentros breves puesto que el Espíritu Santo los puede usar para obrar en la vida de una persona. Pero no debe ser el único, ni el principal, método de evangelizar.

Más bien, el programa de evangelización de una iglesia debe estar estrechamente relacionado con el discipulado. Mientras que tú y tus condiscípulos crecen en Cristo, las personas en los "mundos personales" de cada miembro de tu grupo verán tantos cambios que llegarán a la conclusión de que ¡verdaderamente Dios está entre vosotros!

Dar testimonio a las personas en tu círculo de influencia (tu mundo personal) es, a la vez, el método de evangelización más difícil y el más eficaz. Es difícil porque la gente puede ver tu vida diaria y puede comparar lo que dices con lo que eres. Si ven una discrepancia, ¡te lo señalarán! Pero tu vida, siendo cambiada paso por paso hacia la imagen de Cristo, es la manera más eficaz para demostrar el poder de Cristo. Te van a observar, que aunque pasas por las mismas dificultades que

Lección 9: "Me seréis testigos..." 1ª Parte

---

ellos, tienes paz y gozo. Verán tu integridad, y confiarán en ti. Sobre todo, verán cómo expresas el amor de Dios en tus relaciones con ellos.

> Una vida recta delante de Dios es tu arma más poderosa en la evangelización.
> No sólo des tu testimonio, ¡sé un testimonio!

El carácter del discípulo

La Biblia habla de muchas cualidades que deben caracterizar a un discípulo. En la segunda lección miramos el fruto del Espíritu (Gálatas 5:22,23) que tiene que ver con el carácter del discípulo, más el fruto de justicia (Filipenses 1:11) que habla de su conducta. Hagamos un breve repaso.

El fruto del Espíritu

Amor ¿Cuál es la señal de que eres discípulo de Cristo? (Juan 13:35)

_____

Recuerdo una oración de una hermana: "Señor, yo no puedo amar a Fulano. Tienes que amarlo Tú." Parece que no entendía bien lo que pretende el Señor. Él quiere transformarnos en instrumento de Su amor. La meta es 1 Corintios 13, que es la expresión más bella en todo el Nuevo Testamento de la madurez espiritual.

Gozo ¿Qué es la diferencia entre el gozo y la felicidad? Pablo rebosaba de gozo mientras estaba en la cárcel. La felicidad depende de condiciones externas: por ejemplo, la seguridad financiera. El gozo, por otro lado, es una virtud interior que proviene de la seguridad de que el Dios soberano está en control. Una de las señales de haber sido bautizado en el Espíritu Santo, según algunos pentecostales es el gozo que casi brilla en el rostro del creyente. Es un sentir de bienestar que nada ni nadie puede quitar. Lee Juan 16:22 ¿Cómo expresas el gozo de tu salvación?

Paz Es uno de los más grandes regalos de Dios. Busca Juan 14:27 en tu Biblia y escríbelo aquí:

_____
_____
_____
_____

Día 2: El crecimiento espiritual y la evangelización

Paciencia	Paciencia es la capacidad para comprender que Dios está obrando en un asunto y ser obediente a Su plan y no tratar de resolver los problemas nosotros mismos. Otra palabra para paciencia es perseverancia. ¿Demuestras paciencia en tus relaciones con la gente?
Benignidad	Una persona benigna sabe escuchar a otros. Resulta muchas veces en poder hablarles de Cristo. Al escucharle, envías un mensaje al otro: "Eres significante."
Bondad	¿Eres transparente? ¿Ven otros en tu manera de vivir el evangelio "encarnado" en ti? Dios es bueno; como hijos suyos tenemos que demostrar esta misma calidad. Es más que hacer lo bueno; es hacerlo bien, es decir, conforme al criterio de nuestro Padre.
Fe	La fidelidad a Cristo que resulta en constancia en nuestra vida espiritual. Es una actitud que proviene de permanecer en Él.
Mansedumbre	El mundo es egocéntrico, siempre reclamando los derechos personales. Cristo es "manso y humilde de corazón." Es la capacidad de ministrar a las necesidades de otros, sabiendo que Dios nos cuidará. ¿Expresas la mansedumbre en tus relaciones con otros? ¿Cómo?
Dominio propio	Esta virtud tiene que ver con el control del Espíritu Santo sobre tus apetitos físicos, por ejemplo en el área del sexo. ¿Ven los de tu mundo personal que tú sí ejerces dominio propio? Esto te dará oportunidad de hablar de Cristo.

El fruto de justicia

Tres cualidades caracterizan la conducta del discípulo: su testimonio, su servicio, y su alabanza al Señor. El testimonio abarca tanto lo que dice como lo que es; el servicio es una reflexión del carácter del Maestro, *"Porque el Hijo del Hombre no vino para ser servido, sino para servir..."* (Marcos 10:45.) La alabanza demuestra nuestra dependencia total en Dios.

El señorío de Cristo en la vida del discípulo

El Señor está mucho más interesado en lo que eres, que en lo que haces, porque si Él es verdaderamente el Señor de tu vida, tu conducta reflejará Su control. Si estamos viviendo bajo Su señorío, le *obedecemos.*

¿Cómo demuestras tu obediencia al Señor en las siguientes áreas?

El Discipulado 1

Lección 9: "Me seréis testigos..." 1ª Parte

Tu cuerpo...
1 Corintios 6:18-20

_____

_____

Tu lengua...
Santiago 3:2-12

_____

_____

Tu mente...
Filipenses 4:8

_____

_____

Formación espiritual

¿Hay un área de tu conducta cristiana que estorba tu testimonio ante el mundo? Reflexiona sobre el tema de hoy y ponlo todo delante del Señor en oración.

Día 3:
Cómo usar tu testimonio personal

Lucas 8:39 dice: *"Vuélvete a tu casa, y cuenta cuán grandes cosas ha hecho Dios contigo."* Nota que Jesús envió al gadareno a su "mundo personal" para dar testimonio. Y vemos su obediencia en la segunda parte del versículo: *"Y él se fue, publicando por toda la ciudad cuán grandes cosas había hecho Jesús con él".* Esto es el poder del testimonio personal. El Señor te ha transformado; tu testimonio puede tener impacto tremendo sobre todo en las personas que te conocen. Hoy enfocaremos nuestra atención en cómo usar el testimonio personal con la gente en nuestro mundo personal.

Cómo Pablo usó su testimonio personal

Pablo da su testimonio tres veces en el libro de Hechos (9:1-19, 22:6-21, 26:4-18). Veamos su último testimonio ante Agripa. A diferencia del testimonio del gadareno y de la mujer samaritana (Juan 4) el testimonio de Pablo se da frente a una persona desconocida (Agripa). Un análisis de su testimonio nos ayudará a entender cómo hablar tanto con extraños como con conocidos de lo que ha hecho el Señor en nuestra vida.

Abre tu Biblia a Hechos 26. Al leer el testimonio de Pablo notamos que se puede dividir en tres partes:

1. Lo que era antes de conocer a Cristo. Lee Hch. 26:4-11 Resume esta parte de su testimonio:

_____
_____
_____
_____
_____
_____
_____
_____
_____

Lección 9: "Me seréis testigos..." 1ª Parte

2. Su conversión. Lee Hch. 26:12-18 y descríbelo a continuación

_____
_____
_____
_____
_____
_____
_____
_____

3. Cómo cambió su vida. Lee Hch. 26:22, 24-29 (Nota: Pablo estaba defendiendo el cristianismo frente a un rey judío, Agripa. Su énfasis, por lo tanto, cae sobre el hecho de que Cristo es el cumplimiento de toda la ley de Moisés. En los primeros dos capítulos de Gálatas Pablo habla de su conversión y ministerio y termina con Gál. 2:20 *"ya no vivo yo, sino Cristo vive en mí; y lo que ahora vivo en la carne, lo vivo en la fe del Hijo de Dios, el cual me amó y se entregó a sí mismo por mí."* ¿Qué señal de cambio de vida ves en el testimonio de Pablo en Hechos? (Fíjate en los vs. 22 y 29)

_____
_____
_____
_____

Tu testimonio personal

¿Cuáles son las grandes cosas que ha hecho Cristo en ti? ¿Puedes explicarlas con claridad y precisión? He aquí unas pautas:

1. Explica cómo fue tu vida antes de conocer a Cristo.

Trata de identificarte con la persona con la cual estás hablando. Si, por ejemplo, antes fuiste miembro del mismo grupo religioso que ella, cuéntale de cómo buscabas felicidad y paz en ello. O si la persona lleva una vida bastante moral, enfoca el hecho de que tratabas de encontrar la aprobación de Dios haciendo buenas obras, pero que al leer la Biblia te diste cuenta que en los ojos de Dios nuestras obras son como trapos sucios. Una palabra de precaución: en tu esfuerzo de identificarse con la persona, no caigas en exageraciones o medias verdades. Para los que te conocen bien, basta recordarles en unas frases cortas de tu vida antes de conocer a Cristo. Sé preciso y honesto. Esta parte de tu testimonio debe de ser la más corta, y enfocada en tu identificación con tu oyente.

2. Cuenta cómo recibiste a Cristo como Señor y Salvador de tu vida.

Evita el "lenguaje religioso" que para nosotros es tan significativo pero para una persona inconversa carece de sentido o tiene otro significado. Por ejemplo, la palabra **cristiano** para nosotros quiere decir alguien que se ha arrepentido y ha puesto su fe en Cristo, pero para mucha gente significa todos que no son musulmanes, hindúes, etc. Explica cómo Cristo entró en tu vida a través del arrepentimiento y fe en Él. Explícalo con claridad y convicción.

3. Muestra cómo cambió tu vida después de llegar a ser creyente.

La persona de tu mundo personal habrá visto el cambio de tu comportamiento. Puedes reforzarlo explicándole por qué ha cambiado tu manera de hablar (si antes solías usar palabrotas, y ahora no). Dile de la paz que tienes con Dios, o el hecho de que ahora no tienes miedo de la muerte. Sé concreto. Por ejemplo, si tu matrimonio estaba a punto de fracasar, pero a través de Cristo tu hogar ahora está lleno de amor, para alguien que está en la misma situación tu testimonio tendrá que impactarle. Para una persona consumida de culpa por lo que ha hecho, tu testimonio del perdón le dará la esperanza que Dios puede hacer lo mismo en su vida. Piensa en todas las bendiciones de Dios en tu vida. ¿Qué dirías?

- Tengo paz para con Dios.
- Dios ha restaurado mi matrimonio.
- No tengo miedo de la muerte.
- Dios me ha perdonado de todo mi pasado.
- Tengo por qué vivir.
- Dios me ha hecho parte de una gran familia de creyentes que me aceptan y me aman.
- _____
- _____
- _____
- _____
- _____

Escribe tu testimonio

Ahora, escribe en las líneas a continuación tu testimonio personal. Sé preciso, concreto y directo. Escríbelo como si estuvieras dándolo a una persona en tu "mundo personal." En la próxima reunión de tu grupo, tendrás la oportunidad de dar tu testimonio a un miembro de tu grupo.

Tu vida antes de aceptar a Cristo

Lección 9: "Me seréis testigos..." 1ª Parte

Tu conversión

Día 3: Cómo usar tu testimonio personal

Cómo ha cambiado tu vida

_____
_____
_____
_____
_____
_____
_____
_____
_____
_____
_____

> Sino santificad a Dios el Señor en vuestros corazones, y estad siempre preparados para presentar defensa con mansedumbre y reverencia ante todo el que os demande razón de la esperanza que hay en vosotros.
>
> 1 Pedro 3:15

Formación espiritual

No te olvides del versículo para memorizar de esta semana. Estudia el versículo en el cuadro de arriba. ¿Puedes dar razón por la esperanza que hay en ti?

Lección 9: "Me seréis testigos..." 1ª Parte

Día 4:
Cómo explicar el plan de salvación

Si alguien te pregunta ¿cómo puedo ser salvo? ¿Qué dirías? Como discípulos de nuestro Maestro tenemos que estar preparados para compartir el evangelio con limitación o con amplitud, según las circunstancias que se presentan.

¿Cuáles son los elementos básicos del plan de salvación? Estudia los siete principios:

1. Dios ama a todo el mundo y quiere tener una relación personal con cada individuo.

2. Pero el hombre está separado de Dios por causa del pecado y no puede hacer nada para restaurar su relación con Dios.

3. Aunque Dios ama al hombre, es un Dios santo y justo. Ha condenado al pecador a la muerte, la separación de Dios en el infierno.

4. Dios envió a su Hijo, Jesucristo, a esta tierra para pagar la pena de pecado, muriendo en la cruz en nuestro lugar. Resucitó de la muerte y ascendió al cielo. Es el único camino a Dios.

5. El que pone su fe en Cristo recibe perdón de sus pecados y la vida eterna y es reconciliado con Dios a través de Jesucristo.

6. Seguir a Cristo significa volver la espalda al pecado (arrepentirse) y rendir su vida a Él como Señor y Salvador.

7. Cuando uno recibe a Cristo, el Espíritu de Dios viene a vivir en él, haciendo de él una nueva creación. Puesto que Cristo vive en él, puede vivir una vida agradable a Dios.

Estos siete puntos forman el esqueleto del mensaje del evangelio. Pongámosle carne, ¿de acuerdo? A continuación mencionaremos unos versículos claves que apoyan cada principio. Encontrarás en la página 315 una hoja que contiene todos estos versículos. La hoja está preparada para que puedas cortarla en tarjetas de memoria y usarlos del mismo modo que estás utilizando las tarjetas de memoria para esta asignatura. La única diferencia es que todos estos versículos tienen que ver con la evangelización. El memorizarlos es opcional; sin embargo, te animo hacerlo.

Día 4: Cómo explicar el plan de salvación

1. Dios ama a cada persona...

¿Cuál versículo aprendiste durante este curso que apoya este principio? _____ [118]

Escríbelo de memoria aquí:

_____
_____
_____
_____
_____

Veamos dos versículos más: 1 Corintios 8:3 y 1 Juan 4:19. ¡Qué grande es el amor de Dios!

2. Pero todo el mundo está separado de Dios por causa del pecado...

Este principio explica el dilema del hombre. Fue creado a la imagen de Dios (y por eso, tiene tremenda dignidad y valor) pero se rebeló contra su Creador, eligiendo seguir su propia voluntad en vez de obedecer a Dios. De ahí viene toda la maldad, angustia, dolor y pecado en el mundo.

Lee los versículos claves que apoyan este principio: Proverbios 14:12, Isaías 53:6, Romanos 3:23, 3:10 y 6:23, Santiago 2:10.

3. Dios es santo y justo

Aunque Dios ama al hombre, es santo y justo y ha condenado al pecador a la muerte, la eterna separación de Dios en el infierno. El hombre no puede hacer nada para salvarse a sí mismo.

Más versículos claves: Isaías 64:5,6, Hebreos 9:27, Apocalipsis 20:12-15.

4. Jesucristo vino para morir en nuestro lugar

¡Estas son las buenas nuevas! Quizá el versículo más conocido del Nuevo Testamento es Juan 3:16. *"Porque de tal manera Dios amó al mundo..."*

_____
_____
_____
_____
_____

Tan serio es el pecado que Cristo, el Dios eterno, vino al mundo y tomando la forma de hombre, vivió sin pecar, y dio su vida en la cruz para que pudiéramos ser reconciliados con Dios.

Los versículos claves: Tito 3:5, Efesios 2:8,9, Romanos 5:7-10, 8:11

El Discipulado 1

Lección 9: "Me seréis testigos..." 1ª Parte

5. El que pone su fe en Cristo...

¿Cómo pone una persona su fe en Cristo? Lee Romanos 10:9,10 y escríbelo aquí:

_____
_____
_____
_____
_____
_____
_____
_____
_____

Tenemos vida en Él, la vida abundante en el presente (Juan 10:10), y la vida eterna. (Juan 3:16, 36). Poner fe en Cristo significa creer que vivió, murió en nuestro lugar y resucitó para darnos vida. También significa invitarle que sea tu Salvador y Señor de tu vida. Otros versículos claves: Juan 1:12, 3:1-8, Efesios 1:7, 2:8,9.

6. Seguir a Cristo es aceptarle como Señor y Salvador

Es dar la espalda al pecado que es desobediencia a la ley de Dios y en arrepentimiento, quitar el "yo" del trono de tu vida y aceptar a Cristo como el Soberano de tu vida. El arrepentimiento incluye:

1. darte cuenta que eres pecador,
2. y que el pecado te ha separado de Dios,
3. confesar tus pecados a Dios, y pedirle perdón,
4. desear dejar el pecado y cambiar tu manera de vivir, y que Cristo tome control de tu vida.

Seguir a Cristo es obedecerle en todo momento, reconociendo Su control de tu vida. Gálatas 2:20 expresa este principio. Escríbelo a continuación:

_____
_____
_____
_____
_____
_____
_____
_____

© 1992: OBSC

Día 4: Cómo explicar el plan de salvación

7. El Espíritu de Dios vive en el creyente

El poder necesario para vivir en Cristo viene de Dios. Es el principio de una nueva vida.

Escribe 2 Corintios 5:17

_____
_____
_____
_____
_____

¡Aleluya! Todos los versículos que hemos leído culminan en este punto. Una nueva vida, paz con Dios, el perdón de pecados. Estas son las buenas nuevas.

Ahora, estudia los siete principios y los versículos correspondientes hasta que puedas explicar el plan de salvación con fluidez y convicción. No tienes que usar las mismas palabras de este estudio; pero los conceptos, sí. En la reunión de esta semana, tendrás la oportunidad de practicarlo.

Formación espiritual

Ora que el Señor te dé la oportunidad en estos próximos días de explicar el plan de salvación a alguien en tu mundo personal.

Día 5:
Repaso de la lección

Jesús dijo *"Recibiréis poder cuando haya venido sobre vosotros el Espíritu Santo y me seréis testigos..."* Hechos 1:8. La verdadera evangelización es posible solamente cuando estamos llenos de Su poder. Sin Él, a lo mejor convenceremos a algunos de nuestro mensaje pero nuestra actividad no resultará en convertidos a Cristo.

Hemos tratado cuatro temas importantes en esta semana. Repasémoslos.

Tu mundo personal

Hemos basado la identificación de las personas en tu mundo personal en dos verdades:

1. La Gran Comisión:
"Id..." (vayas donde vayas en el curso de tu vida). La Gran Comisión nos da el plan maestro de Dios. Si cada discípulo evangeliza las personas en su círculo de influencia, se puede alcanzar a todo el mundo.

2. La esfera de influencia.
Cada persona tiene un grupo reducido de gente con las cuales tiene contacto frecuente. Lo hemos definido así: son las personas con las cuales tienes contacto cara a cara por lo menos durante una hora por semana. Este es tu mundo personal. Personalizada, la Gran Comisión diría: Vete a tu mundo personal donde la gente te conoce y haz discípulos.

Unas reflexiones

Si vienes de una familia cristiana, o si llevas un tiempo en la iglesia, puede ser que la mayoría de las personas en tu esfera de influencia ya sean cristianas. Esto es normal. Sin embargo, si quieres compartir tu fe con otros, hay dos cosas que hacer:

1. Orar.
Pide al Señor que traiga personas no cristianas a tu mundo personal. Te aseguro que el Señor te contestará. Mantén tus ojos espirituales bien abiertos para reconocerlos cuando vengan.

2. Esfuérzate por hacer amistades con personas inconversas.
Hazte miembro de un club de deportes (si te gustan los deportes), vete al parque durante una hora determinada, ofrece tus servicios como voluntario en alguna organización en tu comunidad, etc. Usa tu imaginación santificada.

Un impedimento a la evangelización de este tipo podría ser la tendencia de algunas iglesias a ocupar todo el tiempo de sus miembros en actividades religiosas. Si hay cultos todos los días, ¿cuándo tendrá tiempo un discípulo de desarrollar una relación con un inconverso? Sí, es verdad

Día 5: Repaso de la lección

que el discípulo puede invitar a su compañero o familiar a la iglesia y si viene tiene mucho mérito, pues ahí el inconverso siente el amor de los creyentes, y quizá oirá la presentación del evangelio. Pero para tener impacto, el inconverso tiene que ver el evangelio encarnado en ti y en mí en el curso de las actividades diarias de la vida.

Tu crecimiento espiritual

Te acuerdas que dijimos en la segunda lección que, en el mundo, somos discípulos, pero cuando nos reunimos como pueblo de Dios, somos hermanos. La actividad mayor de la congregación reunida es fomentar el crecimiento espiritual que resultará en mayor efectividad evangelística de los discípulos en sus vidas cotidianas.

Tu vida habla volúmenes en cuanto a tu relación con el Maestro. En contraste con los métodos de evangelización de extraños (puerta a puerta, etc.) a través de las actividades evangelísticas de tu mundo personal el inconverso podrá juzgar la veracidad de tus palabras con lo que observa en tu vida, y los dos ¡deben enviar el mismo mensaje! Tu preparación más importante para poder hacer discípulos es tu crecimiento espiritual.

¿Cómo sabe la gente en tu mundo personal que eres cristiano?

Nuestros testimonios personales

Durante muchos años yo pensaba que no tenía un testimonio, nada digno que decir, porque mi testimonio no es "dramático". ¡Que equivocada estaba! Lo que el Señor ha hecho en mi vida (y en la tuya) es lo que el mundo busca: paz, amor, un propósito para vivir, contentamiento, un sentido de bienestar, etc. He aquí mi testimonio. Habla Lena:

Toda mi vida ha sido relacionada con la iglesia. Me crié en un ambiente muy sano y moral; sin embargo, el pecado estaba dentro de mí, como en todo ser humano. Yo pecaba con mi egoísmo, poniéndome a mí misma en el trono de mi vida. Yo no tenía que aprender a pecar, lo hice por naturaleza, por ejemplo, mintiendo para proteger el yo, con explosiones de mal genio, etc. Una noche, cuando tenía nueve años, en la iglesia de mis padres, me di cuenta de que ser hija de pastor no era suficiente para agradar a Dios. Yo estaba separada de Dios por causa de mis pecados y necesitaba el Salvador. Esa noche rendí mi vida al Señor. Ahora, 37 años más tarde, siento que soy la persona más rica del mundo. Lo más valioso para mí en este mundo es mi relación con Dios, porque cada día me ama y me cuida. Aun cuando las cosas se ponen difíciles, sé que está conmigo. Su paz en mi vida vale más que todo el oro del mundo. Me da una razón para vivir y gran contentamiento. El Señor me ha dado un marido que ama a Dios y me ama a mí. Pertenecemos a la gran familia de Dios, la iglesia, donde experimentamos aceptación y apoyo. No necesito más. Tengo a Dios en mi vida, eso es suficiente.

El testimonio personal de cada persona será tan diferente como lo somos nosotros. ¡Hay gran variedad en la familia de Dios! A continuación, el testimonio de Nicolás:

Me crié en la Ciudad de Nueva York, hijo de padre italiano y de madre puertorriqueña. Recibí una buena educación en escuelas católico romanas. Como católico, me consideraba un buen cristiano. Me fui a España donde dirigía una orquesta de salsa. Un día un amigo mío se convirtió a Cristo y me dijo que hablaba con Dios. Me parecía extraño, y mientras más me hablaba más molesto me ponía. Citaba la Biblia, y yo discutía con él. "¿Has leído la Biblia?" me preguntó. "No", le dije, "pero voy a conseguir una y leerla, entonces ¡hablaremos!" Estaba convencido que yo podía refutar sus argumentos. Durante los siguientes años, mi amigo y yo discutíamos a menudo sobre la Biblia, pero lo que más me impresionó fue su vida. Me invitaba a

El Discipulado 1

Lección 9: "Me seréis testigos..." 1ª Parte

asistir a su iglesia en Madrid, pero siempre yo tenía una excusa. Un día le dije sí, y me llevó a un culto. Algo ahí me atraía y continuaba asistiendo. Un mes más tarde, rendí mi vida al Señor. Aunque había leído la Biblia durante ocho años, ahora la vi con nuevos ojos y la devoraba. El gozo inundaba mi ser; a veces me despertaba con tanto gozo que pensaba que estaba volviéndome loco de tanta alegría. Mi vida cambió. Antes la orquesta era mi dios; hacerme rico y famoso, la pasión de mi vida. Mis valores cambiaron y Dios tomó control de mi vida. Ahora mi pasión es llevar a otros a Cristo y verlos crecer en Su gracia. Nunca en mi vida he sido tan feliz y libre. Antes mi felicidad venía de cosas materiales, y de fumar y "festejar". Ahora tengo el gozo permanente de Dios en mi vida.

El plan de salvación

En las siguientes líneas escribe los siete puntos que presentamos; da por lo menos un versículo para cada principio. Trata de hacerlo de memoria:

1. _____
2. _____
3. _____
4. _____
5. _____
6. _____
7. _____

Compara tu bosquejo con el mío de la página 185.

Recuerda, en la reunión de tu grupo esta semana tienes que dar tu testimonio. Tu líder y los miembros de tu grupo lo evaluarán utilizando estos criterios:

1. Tiene tres partes: Lo que eras antes de aceptar a Cristo, tu conversión, lo que el Señor ha hecho en tu vida.
2. Está libre de "lenguaje religioso" que puede ser malinterpretado.
3. Es positivo, conciso y claro.
4. Lo tienes bien aprendido y puedes presentarlo de una forma natural.
5. Es corto, no más de 10 minutos.

También en el examen, tendrás que escribir los siete principios y el versículo de memoria de esta semana.

Formación espiritual

Practica tu testimonio y el plan de salvación. Son herramientas muy valiosas. En la semana que viene continuaremos con el tema de cómo llevar una persona a Cristo. No te olvides de orar por las personas en tu mundo personal.

Lección 10:

"Me seréis testigos" 2ª parte

La Gran Comisión (Mat. 28:19,20) está estrechamente relacionada con Hechos 1:8. Necesitamos Su poder para realizar Su plan. Volvemos a Hechos 1:8 para encontrar la estrategia del Maestro para alcanzar a todas las naciones: "y me seréis testigos en Jerusalén (donde me rechazaron y condenaron) en toda Judea (donde fui crucificado) en Samaria (donde no me querían), y hasta lo último de la tierra (donde no me conocen)." En los últimos años del siglo XX, tenemos que alcanzar a nuestra Jerusalén, Judea, Samaria, e ir a todo el mundo.

Tanto Mateo 28:19,20 como Marcos 16:15 nos enseñan que tenemos suficientes recursos para evangelizar. Tenemos la autoridad de Cristo mismo (Toda potestad me es dada...por lo tanto, id). No hay falta de mensajeros (vosotros), ni escasez de territorio para evangelizar (a todo el mundo). También hay trabajo en abundancia (predicad) y un mensaje suficiente para satisfacer la más profunda necesidad del ser humano (el evangelio) con un público amplio (a toda criatura), y toda la seguridad que nos hace falta (yo estoy con vosotros todos los días hasta el fin del mundo.)

Acerca de esta lección

En esta lección, consideraremos cómo orar con una persona que quiere aceptar a Cristo. Veremos cómo ayudarle a tomar los primeros pasos como un nuevo creyente. Trataremos las preguntas más comunes que enfrentamos en la evangelización y cómo contestarlas. Pero primero, examinaremos cómo usar la Biblia en la evangelización.

Objetivos

Cuando termines esta lección deberás poder:
1. Usar las pautas sobre el uso de las Escrituras en la evangelización.
2. Llevar una persona a una decisión para Cristo.
3. Ayudar a una persona en sus primeros pasos de creyente.
4. Contestar las preguntas más comunes de los inconversos
5. Poner en práctica los principios presentados en esta unidad sobre la evangelización.

El Discipulado 1

Día 1: Cómo usar las Escrituras en la evangelización

El plan de estudio de esta lección

Día 1: Cómo usar las Escrituras en la evangelización 194
Día 2: Tomar la decisión 199
Día 3: El seguimiento 202
Día 4: Cómo contestar las objeciones 206
Día 5: Evangelizando en el mundo moderno..210

Día 1:
Cómo usar las Escrituras en la evangelización

La Biblia es la espada del Espíritu, como Pablo nos dice en Efesios 6:17. ¡Cuidado que no la usemos para matar cuando hablamos con alguien de las buenas nuevas! La Palabra de Dios es la espada del Espíritu Santo, no la tuya ni la mía. Nuestra tarea en este estudio de discipulado es aprender a usarla bien. En las próximas páginas te vamos a dar algunas pautas en cómo usar la Escritura en la evangelización.

La evangelización en tu mundo personal

A diferencia de los métodos de evangelizar a los extraños, la evangelización en el ambiente de tu mundo habitual exige que la Palabra de Dios sea visible primero en tu vida. La oportunidad de dar testimonio surgirá de lo que sabe la gente de ti. Si trabajas en una empresa, debes de ser el empleado más consciente y el más fiable. En tu trabajo, *usa sabiduría* en cuanto a dónde y cómo dar tu testimonio. Si estorba tu trabajo o lo de otros empleados puede enojarse el jefe y pensará mal de tu testimonio. Ora que Dios te provea la oportunidad para compartir tu fe y que estés preparado para usarla. ¡Vendrá!

Lección 10: "Me seréis testigos" 2ª parte

1. ¿Debo llevar una Biblia conmigo para poder testificar en cualquier momento?

Por supuesto, llevar una Biblia está bien, pero en estos días muchos pueden acceder a la Biblia en su teléfono inteligente o dispositivo electrónico. La idea de llevar una gran Biblia contigo a todas partes podría haber el mismo efecto que llevar una pistola grande. Recuerde, la Biblia más "leída" por otros en su el mundo personal es tu vida. Por su testimonio, obtendrá el derecho a hablar sobre su fe, porque los incrédulos te preguntarán la razón de la esperanza (1 P. 3:15) que ven en ti.

2. ¿Debo leer de la Biblia cuando testifique o debo citar versículos de memoria?

Depende de la circunstancia y la persona. Si el tiempo es limitado, mejor es citar el versículo, pero si tienes tiempo, muestra el versículo a la persona, para que ella sepa que lo que dices viene de la Palabra de Dios. Si estás en casa de un familiar y surge la oportunidad de hablar de Cristo y sabes que tiene una Biblia, sería bueno usar la de él. Sin embargo, surgirán oportunidades en las cuales no tienes acceso a una Biblia; por eso, es necesario memorizar versículos que se pueden usar para explicar las buenas nuevas.

3. ¿Por qué es necesario memorizar los versículos?

Porque si los sabes de memoria los puedes usar en cualquier momento. Además el Espíritu Santo los usará para fortalecer tu propia fe.

4. ¿Cuál es la manera correcta de usar los versículos en una conversación?

Deja que el Espíritu Santo te dirija a usar la Palabra de una manera eficaz. La unción del Espíritu Santo es imprescindible para poder testificar con eficacia. En el uso de versículos memorizados, las siguientes pautas generales te guiarán:

a. No des las referencias bíblicas cuando citas un versículo. Es bueno que tú sepas donde se encuentran pero normalmente no significa nada a la persona inconversa.

b. Usa solamente la parte del versículo que aplica a la situación. Digamos que estás hablando del efecto del pecado, y dices: "La Biblia dice que la paga del pecado es la muerte."

c. A veces una paráfrasis del versículo es preferible que una cita exacta del mismo. Por ejemplo, si estás conversando con una persona sobre el hecho de que la salvación es un regalo de Dios, Romanos 6:23 puede ser interpretada así: "La Biblia nos dice que el regalo que Dios nos da es la vida eterna."

Dirigido por el Espíritu Santo

La importancia de ser sensibles a la voz del Espíritu Santo en el momento de testificar se ilustra con el siguiente testimonio. Habla Nicolás:

Día 1: Cómo usar las Escrituras en la evangelización

Al entrar en una tienda para comprar un helado, me encontré con una hermana de la iglesia. "Nicolás, ven, por favor; estoy hablando con una amiga mía de Cristo, pero no estoy teniendo éxito. Habla tú con ella." Me acerqué a la mesa donde estaban sentadas. Comenzamos a hablar del evangelio. Me afirmaba que no era pecadora, que nunca había pecado contra Dios. Guiado por el Espíritu Santo, abrí mi Biblia a Gálatas 5:16-24. Al leerlo, la joven se echó a llorar. "Yo no sabía que había cometido pecado contra Dios." La convicción del Espíritu Santo la alcanzó y ahí mismo en la tienda de helados rindió su vida a Cristo.

A practicar

A continuación haz una síntesis del plan de salvación que aprendiste la semana pasada. Escribe con tus propias palabras cómo explicarías estos principios a un inconverso. Siguiendo las pautas anteriores, incluye los versículos apropiados en cada paso.

El amor de Dios

El apuro del hombre

El Discipulado 1

Lección 10: "Me seréis testigos" 2ª parte

El carácter de Dios

La muerte y resurrección de Jesucristo

El arrepentimiento y la fe

Día 1: Cómo usar las Escrituras en la evangelización

La nueva vida

Las tarjetas de memorización

En la última página de esta lección, encontrarás unos versículos relacionados con nuestro tema. Como te dijimos en la lección anterior, no tienes que memorizarlos de golpe; sin embargo te animamos a cortarlos y empezar a aprenderlos cuando tengas tiempo.

Hay cuatro versículos más de los que estás memorizando semana por semana en esta asignatura que tienen que ver con la evangelización. Son los siguientes: 2 Corintios 5:17, Romanos 10:9,10, Efesios 2:8,9, 2 Pedro 3:9. Con estos versículos, más los de la última página de esta lección, tendrás una buena base bíblica para poder explicar "la esperanza que hay en ti."

Formación espiritual

La Palabra de Dios es la espada del Espíritu Santo. Aprende a usarla bien, bajo la unción del Espíritu. Pide del Señor su dirección para que llegues a ser un obrero bien entrenado.

Lección 10: "Me seréis testigos" 2ª parte

Día 2:
Tomar la decisión

La persona con la cual estás hablando del evangelio acaba de escuchar la historia más bella que jamás se haya contado. Ya le has hablado del amor de Dios, la terrible ofensa del pecado, el juicio de Dios contra el pecado y de la muerte de Jesucristo en nuestro lugar. Ya le has dicho de la resurrección de Cristo, y de lo que significa para nuestra salvación. Ya sabe que no es por obras sino por poner su fe en Cristo que puede ser salvo.

El arrepentimiento y la fe

Ni tú ni yo podemos convencer a nadie de su pecado. Es la obra del Espíritu Santo. Lee Juan 16:8 y rellena los siguientes espacios:

> Y cuando él venga, _____ al mundo de _____, de _____, y de _____

Mientras hablas con tu amigo o pariente, el Espíritu Santo obra en su corazón. Dios ha hecho todo para nuestra salvación. Solamente queda una cosa, que la recibamos por fe. La Biblia nos da dos condiciones para la salvación: (Marcos 1:15)

> El tiempo se ha cumplido, y el reino de Dios se ha acercado; _____ y _____ el evangelio.

Te acuerdas de lo que dijimos la semana pasada acerca del significado del *arrepentimiento*.
1. darte cuenta que eres pecador
2. y que el pecado te ha separado de Dios
3. confesar tus pecados y pedirle perdón a Dios
4. desear dar la espalda al pecado y cambiar tu manera de vivir.

Creer en Cristo quiere decir poner tu fe en Él:

1. reconocer que vino a morir por ti y que resucitó para darte vida eterna.
2. invitarle a entrar en tu corazón y vivir en ti y ser el Señor de tu vida.
3. confiar en Su poder, no en ti mismo.

La decisión

Quiero recalcar el hecho de que es el Espíritu Santo quien convence a la persona de su necesidad de salvación. Nuestra tarea es compartir el evangelio bajo la unción de su Espíritu. Otra cosa que debemos tomar en cuenta es que Dios nos ha dado a cada uno el libre albedrío. Esto quiere decir que Dios no nos obliga aceptar el don de salvación. Si la persona con la cual has compartido el evangelio no quiere rendirse a Cristo, no debes insistir indebidamente que tome la decisión en ese momento. Otra vez insisto que *hay que ser sensibles a la voz del Espíritu Santo*.

Digamos que has compartido con tu amigo/familiar el evangelio y ves que lo ha entendido. Se ha dado cuenta de que está separado de Dios por sus pecados, y que la única solución es rendirse totalmente a Dios. Le haces la pregunta: "¿Quieres recibir a Cristo como Señor y Salvador de tu vida?"

Si la persona no quiere aceptar a Cristo

Puede ser que tenga una pregunta o una objeción que todavía no ha sido resuelta. Si esto es el caso, trata de quitar el obstáculo. (En el tercer día de esta semana veremos cómo contestar las preguntas más comunes). A veces, la razón por la cual no quiere tomar una decisión en el momento es que necesita tiempo para pensar. En este caso, sería sabio no forzarle, sino pedir permiso para orar por él. En tu oración, pide al Señor que le bendiga, y dirija. Debe ser una oración corta y positiva. Si no quiere que ores por él, termina la conversación agradeciéndole por su atención y tiempo, dejándole saber que estarás dispuesto a hablar cuando quiera.

Después de la conversación, tu deber es *orar* por esa persona. Recuerda que la oración para la salvación de alguien es eficaz y poderosa. Sigue orando que el Espíritu Santo obre en el corazón de tu amigo. A la misma vez, sigue mostrando en tu vida la verdad del evangelio. Estará comparando tu testimonio vivido con tu testimonio hablado.

Si la persona quiere aceptar a Cristo

Si tu amigo te contesta que sí, que quiere aceptar a Cristo como su Señor y Salvador y si el arrepentimiento es evidente (por ejemplo, está a punto de llorar, como ocurre a veces), no hace falta más explicación. Pero si parece que la persona todavía no ha captado la seriedad que implica la decisión de seguir a Cristo, igual hace falta una elaboración de unos puntos importantes, es decir, el significado del arrepentimiento y de seguir a Cristo como lo hemos explicado en la página anterior.

La oración.

Dile que si es su deseo de arrepentirse y poner su fe en Cristo, que puede hacerlo orando ahora mismo. Explícale que orar es hablar con Dios y que primero vas a orar por él. Ora así:

Señor Jesús, te doy gracias por tu presencia con nosotros. Sé que estás aquí y nos estás escuchando, y quieres hacer de (Fulano) un hijo tuyo. Ayúdale a poner su fe en Ti. Amén.

Entonces, ora con la persona. Dependiendo de las circunstancias, usa las afirmaciones del arrepentimiento y fe que vienen en la página anterior, permitiéndole repetirlo, frase por frase. Por ejemplo:

Lección 10: "Me seréis testigos" 2ª parte

Señor Jesús, [la persona lo repite en voz alta] confieso que he pecado contra ti [lo repite]; me arrepiento y te pido perdón. [...] Límpiame de todo pecado por tu sangre, porque moriste por mí. [...] Ven a mi corazón y toma control de mi vida. [...] Te acepto como mi Señor y Salvador.[...] Gracias, Señor, por la vida eterna que tengo en Ti.[...] Gracias por hacerme tu hijo.[...] Amén.[...]

A continuación, sigue orando tú dando gracias al Espíritu Santo por el regalo de la vida nueva en tu amigo. Pide a Dios que le dé seguridad en su corazón de que es hijo de Dios.

Nota que hay tres etapas de oración con la persona que quiere aceptar a Cristo. ¿Cuáles son?

1. _____
2. _____
3. _____ [119]

La seguridad de su salvación

Después de orar, enséñale en tu Biblia las promesas de Dios, tales como Romanos 10: 8,9 y Juan 6:47, 1:12, etc. Habla con él, deja que te hable. Pasa un rato con él. Esto ha sido el momento más importante de su vida; ayúdale a entender lo que ha pasado.

Formación espiritual

Traer a alguien a Cristo es una de las experiencias más emocionantes que puede tener un discípulo. No es un privilegio reservado para los "súper santos" sino el deber de todos los discípulos. ¿Has tenido el gozo de orar con alguien de tu mundo personal y verle nacer de nuevo? Si no, ora que el Señor te dé ese privilegio. Mantén abiertos tus ojos, pues el Señor te dará la oportunidad de hablar de Él.

Ya has identificado la gente de tu mundo personal, el mundo donde el Señor te ha enviado para hacer discípulos. ¿Cómo saben ellos que eres un discípulo de Cristo? ¿Cuáles son las características de Cristo que son visibles en tu manera de vivir? ¿Eres amable, apacible, lleno de gozo, paciente, manso, bueno? Recuerda que el primer requisito para dar testimonio es serlo.

En estas dos lecciones nuestro propósito es de brindarte las herramientas para poder dar testimonio de tu fe en Cristo. Una cosa es saberlo, otra es hacerlo. Tienes que poner de tu parte. Si te falta la valentía, o lo que sea, pide la ayuda del Espíritu Santo que te equipe de todo lo que necesitas para ser un fiel discípulo de Cristo.

Día 3:
El seguimiento

Una vez vino un alumno a mi oficina con un gran problema. A través de su testimonio, cinco de sus amigos habían aceptado a Cristo como Salvador. "¿Qué hago ahora?" me preguntó. Los discípulos saben que cuando alguien acepta a Cristo es solamente el comienzo. Es nuestra responsabilidad ayudarle en sus primeros pasos como cristiano.

Los elementos necesarios para crecer espiritualmente

Hay que guiar al nuevo creyente en los primeros pasos del crecimiento espiritual. Tiene que saber lo siguiente:

1. Ahora es miembro de la familia de Dios.

Para crecer en su nueva vida necesita tener comunión con una iglesia. Lo ideal sería que vaya contigo a tu iglesia, si las circunstancias lo permiten.

2. Debe de empezar a formar los hábitos sanos de leer la Biblia y orar diariamente.

Si es factible, sería bueno que pasen una hora cada día leyendo la Biblia y orando juntos durante la primera semana. Al observar tu manera de orar y leer la Biblia, le dará una idea de cómo proceder.

3. En tu estudio con él durante las primeras semanas debes dialogar sobre los temas relacionados con el crecimiento espiritual.

Sugiero que uses el cuadro de las próximas páginas para orientar al nuevo creyente. Sácale una fotocopia, y entrégasela. Dile que en las próximas semanas, tratarás los temas con él. Fija una hora semanal en la que puedan estar juntos para estudiar la hoja. Uno o dos temas por semana será lo más normal, pero el ritmo que lleves depende de la persona y del tiempo disponible.

Lección 10: "Me seréis testigos" 2ª parte

Los primeros pasos
Diez temas de estudio para el nuevo creyente

Principios bíblicos	Versículo bíblico	Tus comentarios y preguntas

1. La seguridad de la salvación
   A. Las dos condiciones: arrepentimiento y fe
   B. La promesa de Dios
Estudia: 2 Tim. 1:12, Jn. 5:24, Jn. 10:27-30, Hch. 20:21, Apoc. 3:20
	Juan 3:16
	Porque de tal manera amó Dios al mundo, que ha dado a su Hijo unigénito, para que todo aquel que en él cree, no se pierda, mas tenga vida eterna.
		La salvación no depende de los sentimientos sino de las promesas de Dios en Su Palabra.

2. El señorío de Cristo
   A. Confianza en Él, no en uno mismo
   B. Sumisión a Su voluntad
   C. Mayordomía de tus bienes
Estudia: Luc. 6:46, 9:23, Rom. 12:2, 1 Jn. 2:15-17, Col. 3:17, 1 Crón. 29:14, Mal. 3:10, Mat. 25:23
	Gálatas 2:20
	Con Cristo estoy juntamente crucificado, y ya no vivo yo, mas vive Cristo en mí; y lo que ahora vivo en la carne, lo vivo en la fe del Hijo de Dios, el cual me amó y se entregó a sí mismo por mí.	

3. La victoria sobre el pecado
   A. La diferencia entre el pecado y la tentación
   B. Perdón y restauración
   C. Huir de la tentación
Estudia: 1 Jn. 2:1, Col. 1:13, Heb. 4:15, Stg. 1:12,14 1 Cor. 10:14
	1 Corintios 10:13
	No os ha sobrevenido ninguna tentación que no sea humana: pero fiel es Dios, que no os dejará ser tentados más de lo que podéis resistir, sino que dará también juntamente con la tentación la salida, para que podáis soportar
		El pecado no consiste en ser tentado sino en ceder a la tentación.

4. La obediencia a la Palabra de Dios
   A. Conocer la Palabra
   B. Obedecer la Palabra
Estudia: Sal. 1:2; 112; 119:9-11, 97, Mar. 4:20, Juan 8:31; 14:21
	Juan 14:21
	El que tiene mis mandamientos, y los guarda, ése es el que ama; y el que me ama, será amado por mi Padre, y yo le amaré, y me manifestaré a él.	

5. La oración
   A. Adoración y alabanza
   B. Confesión
   C. Petición
Estudia: Juan 4:23, Mateo 6:9-13, Heb. 13:15, Prov. 28:13, Mat. 5:23,24
	Filipenses 4:6,7
	Por nada estéis afanosos, sino sean conocidas vuestras peticiones delante de Dios en toda oración y ruego, con acción de gracias, y la paz de Dios, que sobrepasa todo entendimiento, guardará vuestros corazones y vuestros pensamientos en Cristo Jesús.	

© 1992: OBSC

Día 3: El seguimiento

Principios bíblicos	Versículo bíblico	Tus comentarios y preguntas

6. La comunión con la iglesia
   A. Somos parte de una familia
   B. El amor entre hermanos
Estudia: Ef. 2:19, Mat. 18:20, Jn. 13:34,35 1 Jn. 3:18, 4:10-11
	Hebreos 10:24,25
	Y considerémonos unos a otros para estimularnos al amor y a las buenas obras; no dejando de congregarnos...	

7. El testimonio personal
   A. de tu vida
   B. de tu palabra
Estudia: Gál. 5:22,23; Mat. 28:7, Mar. 5:19
	1 Pedro 3:15
	Sino santificad a Dios el Señor en vuestros corazones, y estad siempre preparados para presentar defensa con mansedumbre y reverencia ante todo el que os demande razón de la esperanza que hay en vosotros	

8. El bautismo en agua
   A. Para obedecer al Señor
   B. Para dar testimonio
Estudia: Mat. 28:18,19, Rom. 6:3-6, Hch. 8:36
	Romanos 6:4
	Porque somos sepultados juntamente con él para muerte por el bautismo, a fin de que como Cristo resucitó de los muertos por la gloria del Padre, así también nosotros andemos en vida nueva.	

9. El discipulado
   A. Seguidor de Cristo
   B. Ser cambiado a Su imagen
Estudia: Luc. 6:40, 14:25-35, Mar. 3:14,
2 Cor. 3:18
	Lucas 9:23
	Y decía a todos: Si alguno quiere venir en pos de mí, niéguese a sí mismo, tome su cruz cada día, y sígame.	

10. El servicio
   A. Miembro del cuerpo de Cristo
   B. El don espiritual: la capacidad dado por Dios para servir al cuerpo.
Estudia:1 Cor. 12:3-27, Rom. 12:3-13
	1 Pedro 4:10
	Cada uno según el don que ha recibido, minístrelo a los otros, como buenos administradores de la multiforme gracia de Dios.	

El Discipulado 1

Lección 10: "Me seréis testigos" 2ª parte

Consejos prácticos

1. Ten paciencia.

Un bebé recién nacido se tropieza y cae antes de aprender a caminar. Anímale a poner su fe en Cristo.

2. No trates de hacer la obra del Espíritu Santo.

Es Dios, no nosotros, que cambia la persona desde adentro hacia afuera. Enséñale los caminos del Señor a través de tu propio ejemplo. Ora mucho por ella, y por la dirección del Espíritu Santo en tu relación con ella.

3. Demuéstrale tu amor e interés.

El nuevo creyente experimentará el calor del cuerpo de Cristo a través de ti, no porque busquemos números, sino que lo valoramos como individuo.

Formación espiritual

No tenemos que ser perfectos para ser buenos testigos del poder de Dios; pero sí, tenemos que ser transparentes. El nuevo creyente te observará; deja que vea en ti el proceso de cambio que el Espíritu Santo está llevando a cabo en ti.

¿Estás ayudando a un nuevo creyente en sus primeros pasos de fe? No te olvides de orar por él.

Día 4:
Cómo contestar las objeciones

Entre las personas de tu mundo personal habrán algunos con preguntas sinceras y dudas reales. Tu tarea es contestarles con mansedumbre y sinceridad. Siempre mantén una actitud positiva; no se gana nada atacando de frente las objeciones de la gente. Puesto que conoces bien la persona (es parte de tu mundo personal), es probable que quiera hablar de su punto de vista sobre varios temas.

A continuación hay algunas de las objeciones más comunes. Después de una respuesta corta hay unas líneas para añadir tus comentarios e ideas.

1. ¿Qué hay de los que nunca han oído de Cristo? ¿Dios los enviará al infierno?

Esta pregunta normalmente es una táctica para cambiar el tema. Sigue enfocando la atención en la responsabilidad del individuo de tomar una decisión para Cristo. Puedes decir algo así: "Es una buena pregunta y si quieres podemos volver a tomarla en un momento. Dios es justo y misericordioso no solamente para contigo sino también con todo hombre. Su Palabra nos dice que cada persona es responsable delante de Dios, y esto nos incluye tanto a ti como a mí..."

Luego, si sigue la pregunta en su mente, enséñale lo que dice Pablo en Romanos 1 al 3. A través de la creación todo el mundo sabe que hay un Dios (cap. 1); además tienen el testimonio de la conciencia (cap. 2), y la revelación de Dios en Cristo (cap. 3). Dios no enviará a nadie al infierno; están todos condenados por su propio pecado y lo saben por su propia conciencia. (Romanos 2:15,16)

Lección 10: "Me seréis testigos" 2ª parte

2. Si tu Dios es tan bueno ¿por qué existe el mal?

Conocemos a Dios a través de la revelación divina, la Biblia, en la cual nos enseña que Dios es misericordioso y santo. El mal entró en el mundo a través del pecado del hombre. *"Dios amó tanto al mundo que envió a su propio Hijo, para que todo aquel que en él cree, no se pierda, mas tenga vida eterna."* (Jn. 3:16) Dios ha hecho todo para quitar el mal del mundo.

3. No creo en Dios.

David Watson, británico evangélico, dice: "Cuando el ateo me dice no creo en Dios, a menudo replico, explícame que tipo de dios es éste en el que no crees. Normalmente descubro que él tiene una idea distorsionada de Dios y por supuesto le contesto —pues yo no creo en ese dios. De esta manera encontramos algo en común y podemos comunicarnos con más tranquilidad."[a]

---

[a]David Watson, *I Believe in the Church* (Grand Rapids: Wm. B. Eerdmans, 1978), página 314.

4. No creo en la Biblia.

Tal vez ha estudiado la Biblia como literatura, o ha oído críticas de ella. Pregúntale si sabe el mensaje central de la Biblia, o sea, su tesis principal sobre la salvación del hombre. Normalmente te dirá algo de ganar la vida eterna por guardar los diez mandamientos, o la regla de oro. Usa esta oportunidad de explicarle (con "mansedumbre y reverencia") la esperanza que tenemos en Cristo Jesús.

5. El único cielo o infierno está aquí en la tierra.

Yace bajo esta afirmación la presuposición que la vida termina con la muerte. La gente que piensa así normalmente no aceptan la Biblia como la Palabra inspirada de Dios. Pregúntale si ha leído la Biblia y si sabe lo que dice sobre la responsabilidad del hombre ante Dios. Si no te contesta explícale (con mansedumbre) que la Biblia dice que cada persona tendrá que dar cuentas de su vida a Dios. La vida no termina con la muerte. Jesucristo murió y se levantó de la muerte para darnos acceso a la vida eterna. La vida abundante en Cristo que experimentamos en esta tierra es como un adelanto del cielo, pues la vida que Cristo nos ofrece está llena de amor, paz, gozo... en fin, todo lo que anhela el corazón del hombre..

Lección 10: "Me seréis testigos" 2ª parte

En las líneas a continuación escribe una pregunta que has oído al testificarle a alguien (o quizás una pregunta que tenías antes de convertirte). Contesta tu pregunta y compártela con los miembros de tu grupo en la próxima reunión.

_____
_____
_____
_____
_____
_____
_____
_____
_____
_____

Formación espiritual

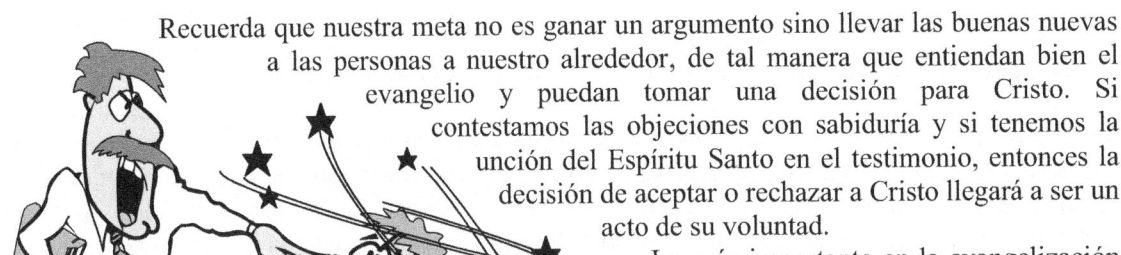

Recuerda que nuestra meta no es ganar un argumento sino llevar las buenas nuevas a las personas a nuestro alrededor, de tal manera que entiendan bien el evangelio y puedan tomar una decisión para Cristo. Si contestamos las objeciones con sabiduría y si tenemos la unción del Espíritu Santo en el testimonio, entonces la decisión de aceptar o rechazar a Cristo llegará a ser un acto de su voluntad.

Lo más importante en la evangelización personal es ser lleno del Espíritu Santo. Ora que el Señor te use para hablar con denuedo con las personas en tu mundo personal.

Lección 10: "Me seréis testigos" 2ª parte

Día 5:
Evangelizando en el mundo moderno

La filosofía de la Nueva Era, que se hizo popular en las décadas de 1970 y 1980, sigue siendo una gran influencia en nuestro mundo de hoy. ¿Conoce a alguien que crea en la reencarnación, la astrología o que la energía espiritual se puede encontrar en objetos inanimados? Estas son algunas de las creencias comunes de aquellos influenciados por la filosofía de la Nueva Era. Además, debido a la migración y la globalización, los hindúes, musulmanes, budistas practicantes, así como aquellos influenciados por el posmodernismo, el humanismo y las religiones orientales, se pueden encontrar en todo el mundo.

En una época de pluralismo, ha surgido la prevalencia del pluralismo religioso como ideología. El pluralismo religioso es la creencia de que múltiples cosmovisiones religiosas o seculares son válidas, y cada una es verdadera cuando se ve dentro de su propia cultura. Como tal, afirma que ninguna fe puede pretender legítimamente proclamar la verdad para todas las personas. Es en este contexto que los cristianos se encuentran evangelizando en el mundo moderno.

Quizás ha intentado compartir el Evangelio con alguien que presenta una filosofía de vida muy diferente a la que se enseña en la Biblia. Es probable que haya habido alguna influencia, consciente o no, de la filosofía de la Nueva Era y el pluralismo religioso en el pensamiento de esa persona. Los siguientes son pensamientos a considerar al testificar en el mundo moderno.

Testificando a la nueva era

Al testificar a una persona hoy, estamos llevando la batalla espiritual al territorio del enemigo. Prepárate para una confrontación espiritual. Tu testimonio tendrá efecto solamente cuando esté ungido por el Espíritu Santo. (Hch. 1:8) Y podemos esperar que el Espíritu Santo obre en maneras sobrenaturales para demostrar la verdad.

En esta lucha espiritual, debemos estar impulsados por una santa indignación frente a las enseñanzas de la nueva era. Igual que Pablo en Atenas (Hch. 17:16) estamos enojados porque el enemigo está engañando a la gente y también porque se están burlando del santo nombre de Dios.

Hay que demostrar una genuina compasión por los perdidos. Testificamos, no para salir con lo nuestro, sino para ver a las personas entrar en el Reino de Dios. La manera en que testificamos es de suma importancia. Tenemos que tratarles como personas con dudas, no como el enemigo o como una filosofía. Son personas, no filosofías, que están en peligro de ir al infierno.

¿Cómo testificar a un adepto de la nueva era?

Hay que prepararse en oración.

1 Jn. 5:14-15. Sabemos que la voluntad de Dios es que todos se salven (2 Ped. 3:9). Cuando oramos que Dios abra los ojos y oídos de alguien, estamos orando conforme a Su voluntad. Hay que orar antes, durante, y después del encuentro con la persona a quien testificamos.
La oración debe ser específica, recordando las promesas del Señor y pidiéndole que abra los ojos y oídos del alma y mente de la persona. 2 Cor. 4:4-5 nos dice que el enemigo ha cegado la mente de los que no creen. Queremos que la luz del evangelio resplandezca y que la verdad penetre las tinieblas espirituales.

Repite y vuelve a explicar.

Cultiva el fruto de la paciencia y aprende a explicar la verdad por lo menos tres veces utilizando diferentes palabras. Con frecuencia, la persona no "oye" lo que dices la primera vez; se necesita la repetición. Si te falta paciencia, recuerda cuánto te costó creer la verdad del evangelio antes de convertirte.

Comunica tu amor.

La mayoría de las personas serán sensibles a tu expresión de amor sincero y a tu preocupación genuina por su bienestar. Comunica tu amor; tu motivo es amar a tu prójimo como a ti mismo (Lev. 19:18). El rechazo del cristiano a los no creyentes resulta en una puerta cerrada al evangelismo. No hay mejor manera de demostrar nuestro amor que compartiendo con quienes nos rodean sobre el Dios que nos ama a cada uno de nosotros.

Busca un punto de interés en común.

Pablo citó a filósofos griegos cuando evangelizó en Atenas (Hechos 17: 16ss). Podemos encontrar áreas de interés común como la realidad de un mundo espiritual, la vida después de la muerte, la necesidad de cambio social, la ecología; pero también como Pablo, necesitamos identificar las diferencias entre el cristianismo y la filosofía de vida que la persona tiene actualmente.

Define los términos.

Defina con tacto términos como Dios, amor, Jesús, pecado, salvación, y cuando la otra persona use estas palabras, pídale que explique lo que quiere decir. Gran parte del vocabulario de varias religiones y personas espirituales es similar al nuestro, pero sus definiciones han cambiado radicalmente. Por ejemplo, la declaración "Creo en Dios" hoy podría significar "Creo en mí mismo".
Familiarícese con la terminología de las sectas y del ocultismo. Utilice términos como se definen en el diccionario, especialmente palabras como Dios, pecado, humanidad.

Pregunta, no enseñes.

No trates de enseñarle, pues el momento en que te pongas a sermonear, el seguidor de la nueva era te dejará de escuchar. Jesucristo empleó el método de preguntas para abrir camino a la evangelización. Un ejemplo de su técnica se encuentra en Juan 4, cuando la Verdad encarnada hizo una serie de preguntas a la samaritana para guiarla al conocimiento de su necesidad espiritual.

Lee la Palabra de Dios.

Cuando sea posible, usa tu Biblia, pidiéndole al que estás testificando que lea un pasaje específico. Walter Martin llama esta técnica "caer sobre la espada". Puesto que la Palabra es la espada del Espíritu, solamente tenemos que emplearla bien y dejar que la verdad penetre la armadura del razonamiento humano. (Heb. 4:2:12) Vuelve constantemente a la autoridad de la Palabra de Dios, sobre todo en cuanto a la conciencia del pecado personal.
No ataques al adepto de la nueva era con tu espada, más bien, deja que el Espíritu use Su arma para liberarlo de todas las mentiras del enemigo.

Evita la crítica.

No ataques a los líderes o fundadores de grupos específicos, pues en la mayoría de casos los defenderá contra una crítica que considerará injusta.

Cuando sea posible, alaba las metas de las organizaciones que trabajan en pro de la justicia, etc.

Muchos de los activistas de la nueva era están sinceramente preocupados por el estado del mundo y trabajan incansablemente para poner fin a la pobreza, la discriminación racial, la destrucción de la tierra. etc. Muchas de sus metas son loables; pero su visión está perjudicada por el pecado. Recuérdales que estas metas han sido las del cristianismo bíblico durante dos milenios.

Define quién es "Jesús".

Pregunta a la persona si puede explicar la diferencia entre el Jesús de la Biblia y el Jesus que ellos conocen. Enséñale 2 Cor. 11:3,4. El nombre "Jesús" no tiene significado fuera del contexto de la revelación de la Biblia. Los que intentan redefinir la historia de Jesús en los evangelios gnósticos tropiezan contra la evidencia. El único Jesús histórico es el del Nuevo Testamento.

Demuestra la inconsistencia del relativismo y la filosofía de la nueva era.

La presuposición subyacente a muchas ideologías es el relativismo, que se puede definir de la siguiente manera: todo puede ser cierto para una persona, pero nada puede ser cierto para todo el mundo. La verdad es personal y subjetiva, según esta forma de pensar. Desde el punto de vista del pluralista religioso, decir que hay una verdad absoluta (Cristo) es presuntuoso y muchas veces ofensivo.

La barrera del relativismo es el gran obstáculo que enfrentamos cuando hablamos a la gente hoy. No importa cuán bueno sea nuestro argumento o cuán poderoso sea nuestro testimonio, es común escuchar: "Esa es tu verdad". En respuesta, explique la diferencia entre las filosofías modernas del relativismo y nuestra fe, es decir, la verdad absoluta de Jesucristo. Por ejemplo, pregunte: Si tanto su verdad como la mía son verdaderas, pero son totalmente opuestas, ¿quién tiene la razón? O puede preguntar: ¿Tenía Hitler derecho (basado en su verdad subjetiva) a matar a millones? El relativista no tiene ninguna base moral para condenarlo. Nadie puede vivir de acuerdo con la filosofía relativista.

Enseña la fiabilidad de la Biblia.

La Biblia es fiable como historia, ética, filosofía y ciencia. Lee libros como *Evidencia que exige un veredicto* de Josh McDowell.

Testificar a un católico romano

¿En qué se diferenciaría testificar ante un católico romano practicante de testificar ante alguien de una secta o de un trasfondo religioso diferente? ¿Qué dirías? Por ejemplo, ¿en qué diferiría él en su visión de Jesús? ¿Qué piensa un católico romano sobre la Biblia y sobre la Trinidad?

_____
_____
_____
_____
_____
_____

Formación espiritual

Recuerda, entre las personas de tu mundo personal habrán algunas con preguntas sinceras y dudas reales sobre la verdad del evangelio. Tu tarea como discípulo de Cristo es contestarles con mansedumbre y sinceridad. Ora por las personas perdidas de tu mundo personal y por la sabiduría y la actitud correcta para poder hablar con ellas.

Lección 10: "Me seréis testigos" 2ª parte

Notas

Lección 11:
¿Quién soy yo en Cristo?

Cuando naciste de nuevo, llegaste a ser miembro de la gran familia de Dios. Todos los que han recibido a Cristo como Salvador pertenecen a tu nueva familia. Somos todos hermanos de sangre, porque hemos nacido de nuevo por la sangre de Jesucristo. Aunque tu decisión de seguir a Cristo fue personal, la vida con Cristo es intensamente relacional. El tema de las próximas tres lecciones es la vida compartida de la familia de Dios. Empezamos esta semana con una lección sobre cómo Dios nos ve, y cómo debemos vernos a nosotros mismos, considerando sobre todo el papel de la iglesia para ayudarnos a crecer hacia la imagen de Cristo. La segunda lección de esta unidad trata el tema del desarrollo de las relaciones dentro del cuerpo de Cristo. Enfocaremos nuestra atención en los pasajes de "unos a otros" que encontramos en las epístolas. La última lección de esta serie recalca la importancia de la unidad del cuerpo y cómo podemos fomentarla.

Acerca de esta lección

Romanos 12:3 nos aconseja: *"No tengáis de vosotros mismos un concepto más alto que se debe tener, sino más bien tened de vosotros mismos un concepto equilibrado."* En otras palabras tenemos que evitar dos extremos, un concepto de sí mismo sumamente elevado y el demasiado bajo. La iglesia, según está diseñada por nuestro Señor, provee un ambiente sano donde se puede hallar amor, apoyo, aceptación y donde uno puede crecer espiritualmente. Este es el tema de esta lección.

Objetivos

Cuando termines esta lección deberás poder:
1. Describir quien eres en Cristo según las citas que presentamos en esta lección.
2. Describir el concepto de sí mismo desde el punto de vista bíblico
3. Demostrar conocimiento de la "ventana de Johari.
3. Poner en práctica la autenticidad en tu relación con otros.
4. Estar consciente de tu papel para influenciar el ambiente del cuerpo de Cristo con amor y aceptación.

Lección 11: ¿Quién soy yo en Cristo?

Plan de estudio para esta lección

Día 1: Cómo Dios nos ve 216
Día 2: El concepto de sí mismo 219
Día 3: La comunión como medio de crecimiento 223
Día 4: Conociéndonos los unos a los otros 226
Día 5: La vida cristiana es relacional 229

Día 1:
Cómo Dios nos ve

¿Qué dice la Biblia de ti? Dice que eres

_____ de Dios .... Juan 1:13

_____ en el Amado .... Efesios 1:6

_____ en el Espíritu Santo .... Tito 3:5

Es importante recordar que Dios nos acepta en Su Hijo (Ef. 1.5-7). Su amor hacia nosotros no está basada en lo que hacemos sino en nuestra posición en Cristo Jesús. Muchos creyentes tienen dificultad para creer que Dios los acepta tal como son, pues toda la vida han tenido que "ganar" el amor por lo que hacen. Creen que Dios les bendecirá si hacen ciertas cosas (claro que Dios quiere que seamos obedientes a su Palabra). No obstante, Dios nos acepta en base a lo que ha hecho Jesús por ti y por mí.

Dios tiene un plan para tu vida. Lee los siguientes versículos y escríbelos a continuación.

Sal. 138:8a _____

_____

Fil. 1:6 _____

_____

Jer. 29:11 _____

_____

Sal. 37:23 _____

_____

El Dios que servimos es fiel, todopoderoso, y nos ama. Y a pesar de saber todo de nosotros, Él nos acepta tal y como somos. No tenemos que "ganar" su amor por "ser buenos". Nos acepta con

Día 1: Cómo Dios nos ve

todos nuestros fallos, y nos da el poder para ser cambiados a la imagen de su Hijo.

Aceptándonos a nosotros mismos

Dios nos ha perdonado pero a veces nos resulta difícil perdonarnos a nosotros mismos y aceptar su perdón y su plan maravilloso para nuestras vidas. El diablo nos recuerda de todo el pasado y pensamos que Dios, también, nos acusa de todos nuestros pecados. Sin embargo ¿cómo nos ve Dios? Lee 1 Juan 1:7.

_____
_____ 120

Por lo tanto, no debemos hacer caso a las acusaciones del diablo. Todo el pasado está bajo la sangre de Cristo Jesús.

Lee el Sal. 103.12. ¿Cuánta distancia hay entre el este y el oeste? Si fuéramos a emprender un viaje al polo norte, al llegar ahí, todos los puntos cardinales de la brújula señalarían hacia el sur, pero si fuéramos a ir al oeste, pudiéramos dar vueltas del mundo sin parar y nunca llegaríamos al punto donde la dirección cambia al este.

¿Cuánta distancia hay entre tú y tus pecados, según el Salmo 103?

_____

Dios no se recuerda de nuestros pecados. Pero la verdadera liberación en Cristo viene cuando aprendemos a aceptarnos como Dios nos ve.

¿Qué piensa Dios de ti? Es muy humano que uno se compare con otros, y pensar que la otra persona es más o menos inteligente, más guapa, más fea, más..... Dejemos las comparaciones de una vez. Dios te hizo conforme a su diseño. La Palabra dice que somos criaturas nuevas. "*Y vio Dios todo lo que había hecho y he aquí **era buena en gran manera**.*" (Gén. 1:31)

Debes sentirte contento contigo mismo, pues eres Su creación. Te ha dado una combinación única de talentos y dones. Otros tienen otros talentos. Debemos complementarnos unos a otros, no competir el uno con el otro. Este es el mensaje de 1 Cor. 12. Recuerda, Dios te hizo una nueva criatura en Cristo (2 Cor. 5:17) y lo ha hecho muy bien. Dependemos totalmente de su gracia.

Acéptate a ti mismo. Reconoce tus habilidades y tus limitaciones. Haz tu parte en el cuerpo de Cristo. No dejes que lo que no puedes hacer te impida hacer lo que sí puedes. Ahora, completa la frase "yo soy" empleando adjetivos que describen como te ves a ti mismo a la luz de la Biblia.

Yo soy...[121] 2 Cor. 5:17 _____
             1 Cor. 12:13-27 _____
             Romanos 8:17 _____
             Filipenses 2:15 _____
             Juan 3:16 _____

El Discipulado 1

Formación espiritual

Según la Palabra de Dios, eres hijo de Dios. Dios, el Creador del universo, es tu Padre celestial. Apunta en tu diario un pensamiento relacionado con lo que hemos estudiado hoy.

Día 2:
El concepto de sí mismo

Ayer recalcamos la importancia de aceptarnos a nosotros mismos tal y como somos porque Dios nos acepta así. También es importante que la percepción que tenemos de nosotros mismos concuerde con la realidad.

Tres componentes del concepto de sí mismo

El concepto de sí mismo es la suma de las percepciones, ideas, e imágenes que uno tiene de sí. Consta de tres componentes: creencias, valores y actitudes. Adquirimos la mayoría de nuestras creencias, valores y actitudes "por contagio" de las personas significativas en nuestra vida.

Creencias

Las creencias abarcan una amplia gama de ideas, desde las preferencias de gusto, hasta las creencias más íntimas de quienes somos. Es la manera que vemos al mundo y a nosotros mismos.
En el diagrama del libro, las creencias a la izquierda, son usualmente las más fáciles de cambiar que las que están a la derecha. ¿Dónde encajan las creencias religiosas? Hay los que afirman su preferencia por alguna religión, por haber sido nacido en un cierto país. Para otros, las ideas religiosas son creencias indirectas, o sea, todo lo que saben de su religión se deriva de lo que han oído de otros. Para ellos, la fe no tiene mucho que ver con su manera de vivir. Otros hablan de sus creencias y se rigen por sus preceptos. Los que viven lo que creen han encarnado sus creencias en su propio ser.

Lección 11: ¿Quién soy yo en Cristo?

De acuerdo al diagrama en la página anterior, califica las creencias a continuación de acuerdo con la siguiente escala (A, B, C, o D): [122]

- A. Preferencias y gustos
- B. Creencias indirectas
- C. Creencias compartidas
- D. Creencias de uno mismo

_____ 1. Un hermano ha oído que la Biblia de las Américas es más fiel a la escritura original que la Reina-Valera y decide comprarla.
_____ 2. Muchos creyentes han perdido sus vidas por negarse a renunciar su fe en Cristo.
_____ 3. Una persona compra una Biblia pequeña porque es más fácil llevarla.
_____ 4. Yo creo que Jesucristo viene pronto.
_____ 5. Una persona asiste a la iglesia y dice que un cristiano debe de ser honesto pero hace trampas en su negocio para no pagar impuestos al gobierno.

¿Qué queremos decir con todo esto? Queremos resaltar el hecho de que tu concepto de ti mismo reflejará la profundidad de tu compromiso con Cristo. Las creencias más importantes serán las que se destacan en tu manera de vivir. ¿Cuáles son tus prioridades?

Valores

Nuestras creencias describen como pensamos de nosotros mismos y del mundo a nuestro alrededor; los valores representan lo que consideramos importante en nuestras vidas. Cuando expresamos algo en términos de "debe ser", estamos expresando un valor. Veamos la relación entre creencias y valores.

Creencia: Una concordancia, un diccionario bíblico y un comentario son herramientas muy valiosas para el estudio bíblico personal.
Creencia: Un tocador de dvd sería útil para poder ver películas para relajarme.
Valor: Es más importante estudiar la Palabra de Dios que ver películas; por lo tanto, debo comprar los libros.

Actitudes

Una actitud es la predisposición para actuar de acuerdo con nuestros valores. Una actitud afecta tanto la mente como el cuerpo. ¿Te acuerdas de la última vez que hiciste un examen? ¿Cuál fue tu actitud? Si estabas bien preparado, me imagino que tu actitud fue positiva, y tu cuerpo más o menos relajado. Pero si no estabas preparado, probablemente tuviste un ataque de nervios.

Una predisposición (actitud) de hacer todo lo que dice la Palabra de Dios (creencia) resulta en el cambio de la persona a imagen de Cristo. Ni tú ni yo podemos cambiar solamente adquiriendo conocimiento; hay que dejar que nuestras actitudes sean moldeadas por estar con Jesús. Una actitud relacionada con nuestro ejemplo de arriba puede ser expresada así:

Actitud: Puesto que no gano suficiente dinero para comprar los libros y el vídeo, guardaré un poco todos los meses hasta que tenga suficiente para los libros y después ahorraré para comprar el vídeo.

¿De dónde vienen las actitudes? Las adquirimos "por contagio" con personas significativas a nuestro alrededor. Los psicólogos nos dicen que cuando una persona está con alguien cuya opinión

Día 2: El concepto de sí mismo

estima, su comportamiento es afectado por lo que ella piensa que es su valoración hacia él. Es la percepción la que afecta el comportamiento.

Un pequeño ejercicio

El propósito de este ejercicio es comparar las creencias que albergas de ti mismo con lo que otros piensan de ti. En la lista que sigue marca el cuadro al lado de las palabras que crees te describen. En la reunión de grupo, tu compañero de crecimiento espiritual te describirá utilizando la misma lista, mientras que tu utilizarás la lista suya para describirle a él. Después de rellenarlo, se comparan las listas para ver como concuerda tu evaluación personal con la descripción de tu hermano.

- ❏ abnegado
- ❏ ambicioso
- ❏ amigable
- ❏ analítico
- ❏ astuto
- ❏ autoprotector
- ❏ autosuficiente
- ❏ bien parecido
- ❏ cálido
- ❏ calmado
- ❏ compasivo
- ❏ confiable
- ❏ conservador
- ❏ crítico
- ❏ débil de carácter
- ❏ decisivo
- ❏ desconsiderado
- ❏ determinado
- ❏ diplomático
- ❏ disciplinado
- ❏ dominante
- ❏ dotado
- ❏ eficiente
- ❏ egoísta
- ❏ emocional
- ❏ entusiasta
- ❏ espectador
- ❏ estético
- ❏ exagerado
- ❏ expresivo
- ❏ honesto
- ❏ idealista
- ❏ impulsivo
- ❏ indeciso
- ❏ independiente
- ❏ indisciplinado
- ❏ inestable
- ❏ inquieto
- ❏ iracundo
- ❏ jocoso
- ❏ leal
- ❏ líder
- ❏ motivado
- ❏ negativo
- ❏ no confiable
- ❏ no motivado
- ❏ no emocional
- ❏ optimista
- ❏ orgulloso
- ❏ perfeccionista
- ❏ poco práctico
- ❏ poco sociable
- ❏ práctico
- ❏ productivo
- ❏ rígido
- ❏ ruidoso
- ❏ sarcástico
- ❏ sensato
- ❏ sensible
- ❏ sin cuidados
- ❏ sociable
- ❏ tacaño
- ❏ taciturno
- ❏ temeroso
- ❏ teórico
- ❏ tranquilo
- ❏ vengativo
- ❏ voluntarioso

El Discipulado 1

Lección 11: ¿Quién soy yo en Cristo?

Formación espiritual

Es cierto que las personas significativas en nuestra vida moldean nuestras actitudes y valores. Lee 2 Corintios 3:18. Si pasamos tiempo con el Señor, ¿qué pasará?

Día 3:
La comunión como medio de crecimiento

La siguiente ilustración nos provee otra manera de vernos a nosotros mismos. Dos psicólogos, Joseph Luft y Harrington Ingham, desarrollaron este gráfico para explicar la relación entre la manera en que nos vemos a nosotros mismos y la que nos ven los demás.[a] Su modelo se llama "la ventana de Johari."

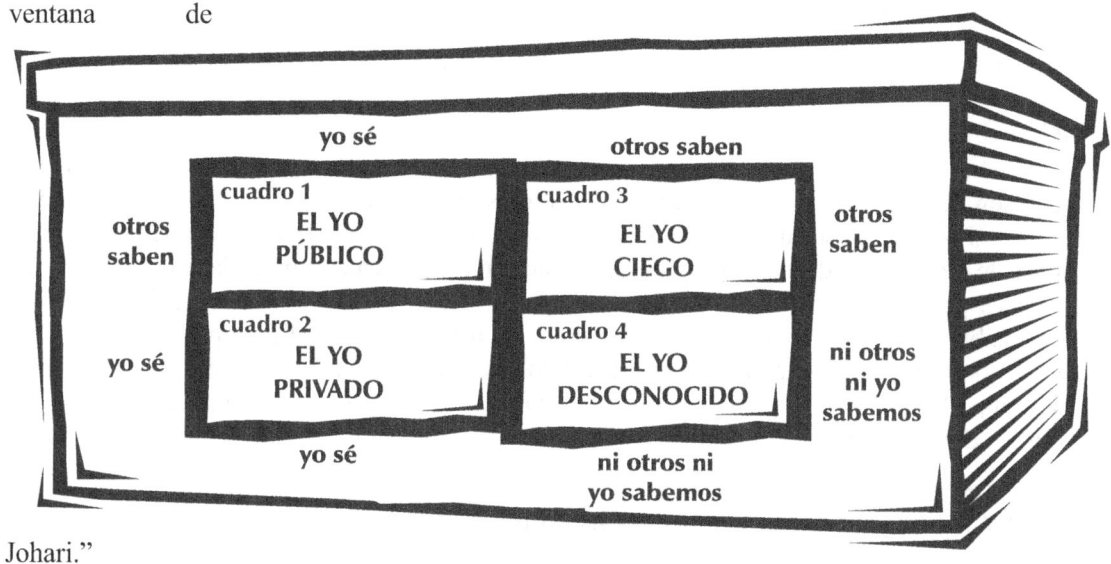

La ventana de Johari

(Diagrama: cuadro 1 EL YO PÚBLICO — yo sé / otros saben; cuadro 2 EL YO PRIVADO — yo sé; cuadro 3 EL YO CIEGO — otros saben; cuadro 4 EL YO DESCONOCIDO — ni otros ni yo sabemos)

Cuadro 1

Este cuadro representa la vida pública, lo que uno y los otros saben de uno mismo. Incluye los papeles que juega, los datos biográficos, el aspecto físico, la historia general, todo lo que se deja ver de uno mismo a otras personas.

Apunta en las líneas a continuación algo de los datos de tu "yo público". Prepárate para compartirlo en la próxima reunión.

_____

_____

[a] J. Luft, *Group Processes: an Introduction to Group Dynamics*, 2 ed. (Palo Alto, CA: Mayfield Publishing Company, 1970), 11-20, citado en Gerald Wilson, Alan Hantz, Michael Hanna, *Interpersonal Growth Through Communication*, 2ª ed. (Dubuque, IA: Wm. C. Brown Publishers, 1989), página 117-118.

Lección 11: ¿Quién soy yo en Cristo?

Cuadro 2

El yo privado es la totalidad de los datos personales, las emociones, y pensamientos que se esconden *conscientemente* de los demás, tales como pecados del pasado, temores, etc. Un ejemplo actual: muchos tienen algo en su pasado o en su familia de lo que se avergüenzan, o algo como una condición médica que intentan ocultar. Mucha gente vive en terror de que se descubran datos del yo privado y como resultado, pierdan su prestigio o imagen pública que han cultivado con tanto esfuerzo. Hay que gastar energía emocional para mantenerse en esta área privada.

Claro que debe ser selectiva la revelación que se hace de información privada. Por ejemplo, dentro de la relación íntima del matrimonio hay más revelación mutua y consecuentemente disminuye el yo privado. Al mismo tiempo no se revela mucho del yo privado a un compañero de trabajo.

La cantidad de información en el cuadro del yo privado variará según la relación que tienes con una persona. En la lista a continuación pon un número "1" para la persona con que te reservas más información privada y el "5" para la que revelas mayor cantidad de datos privados:

__ tus padres   __ el carnicero   __ el jefe   __ tu mejor amigo/a   __ un compañero de INSTE

Cuadro 3

Toda persona tiene un área ciega que contiene los rasgos personales y hábitos que otros ven pero que son desconocidos para ella. Se incluyen allí los hábitos inconscientes, (colocarse las gafas una y otra vez, arreglarse la corbata, una expresión oral o corporal) más las percepciones y opiniones de otros acerca de la persona, las cuales pueden estar basadas o no en la realidad.

¿Puedes pensar en alguien (un pastor o un maestro) que tiene un hábito inconsciente? Por ejemplo, había un pastor que siempre decía "gloria a Dios" en sus predicaciones, ¡casi cada tres palabras! Lo decía tanto que empezó a distraer a congregación. Hasta que un día una mujer en la iglesia le dijo, "Pastor, sabes que dices "Gloria a Dios" *muchas veces* en tus predicaciones?" El ni siquiera se había dado cuenta de ello.

¿Conoces a alguien que tenga un hábito inconsciente? ¿Cuál es? _____
Si un hermano tiene un hábito molesto, ¿qué harías tú para ayudarle?

_____

_____

Cuadro 4

El área del subconsciente es un misterio. Aunque influye en la actualidad (las reacciones, preferencias, etc.) los datos se quedan en el desconocido. Incluye un orden de debilidades y fuerzas de la persona que todavía no han sido descubiertas. En el subconsciente están los sucesos que han pasado en la vida de la persona y en el cual se efectúa una cadena de reacciones, a veces casi inexplicables. Mucha de la psicología moderna procura explorar esta área como fuente para resolver los problemas psicológicos.

Podemos pensar en el subconsciente como un lago. Solamente vemos la superficie. Es el Espíritu Santo el que trae las cosas a la superficie de nuestra subconsciencia para que puedan ser resueltas. Cuando aceptamos a Cristo como Salvador comienza este proceso progresivo de purificación y santificación. El nos ha salvado completamente, tanto el consciente como el subconsciente. La gran necesidad de muchos creyentes es de experimentar la sanidad en esta área del yo desconocido.

Formación espiritual

La comunión dentro del cuerpo de Cristo provee el ambiente en el cual podemos alcanzar la meta que Dios tiene para cada uno de nosotros. Mientras nos conocemos unos a otros, el área del yo público aumenta y el amor entre los hermanos va creciendo.

Lección 11: ¿Quién soy yo en Cristo?

Día 4:
Conociéndonos los unos a los otros

Cuando se descubre el "yo privado", esta área disminuye como se ve en el siguiente gráfico. No solamente aprendemos más información acerca de la persona, sino que también tenemos la oportunidad de comprenderle, de saber cómo es, y por qué se porta como tal.

La información es intelectual, pero la comprensión es espiritual. Es probable que nos olvidemos de mucha de la información que nos cuenta una persona, sin embargo, la revelación de información del "yo privado" abre camino hacia la verdadera comunión con aquel hermano. La información nos permite conocerle intelectualmente; la comunión nos permite conocerle como un hermano.

¿Qué información del yo privado debe de ser compartida? ¿Con quién? Debemos compartir solamente lo apropiado en cada situación determinada. Por ejemplo, puede ser apropiado hablar de tu vida pasada con unos hermanos de mucha confianza en la iglesia pero no contarla detalladamente a toda la iglesia. Dos pautas generales pueden ayudarnos a juzgar la conveniencia de la autorevelación:

1. La autorevelación tiene que ser de dos vías; es decir, las personas involucradas en una relación tienen que estar dispuestas a "abrir su ventana" y dejar que los demás les conozcan y
2. El nivel de la autorevelación entre las personas involucradas debe de ser más o menos igual. Así crece la relación.

¿Con quién debes revelar la información del cuadro 2? ¿Con todo el mundo? No. ¿Con los hermanos en la iglesia? ¿Qué piensas tú?

Recuerda, la autorevelación es un camino de dos vías. En las reuniones de INSTE, tú llegarás a conocerme más a mí, y yo a ti.

Cuando damos información del "yo ciego" a alguien, esa área (el cuadro 3) va disminuyendo. Al saber lo que otros piensan, se forma una opinión más realista de quien es. La valoración de uno mismo es una reflexión en parte de la información que se recibe en su relación con otros. La base para esta área es el mandato

©1992:OBSC

Día 4: Conociéndonos los unos a los otros

de Ef. 4.2, "*Soportándoos con paciencia... en amor.*" Si una persona puede sentir nuestro amor incondicional, normalmente podemos decirle todo lo queremos sobre esta área sin amenazarle. De este modo nos ayudamos los unos a los otros para desarrollar una personalidad equilibrada.

¿Con quién tienes bastante confianza para que te pueda decir cosas de tu "yo ciego" sin amenazarte?

_____

Normalmente, ¿cómo reacciona una persona al recibir información sobre el "yo ciego"?

_____
_____
_____

¿Qué papel tiene el ambiente sobre nuestra disponibilidad para recibir información de esta índole?

_____

La revelación mutua hace que aumente el cuadro 1. Se conoce más de sí mismo (y se acepta), y otros también le conocen y aceptan. Por eso, una persona es libre para ser ella misma. Dentro del ambiente de amor y aceptación, uno puede aceptarse a sí mismo, tal y como es, tanto sus puntos fuertes como sus debilidades.

Con la ayuda de otros, se puede corregir muchas debilidades personales. Esta es la transformación de uno mismo hacia la imagen de Cristo. En el ambiente verdaderamente cristiano es imprescindible para el desarrollo cristiano. Somos responsables los unos por los otros.

¿Puedes pensar en un hermano al cual has podido ayudar en su transformación hacia la imagen de Dios? ¿Cómo?

_____
_____

¿Quién te ha ayudado a ti? ¿Cómo?

_____
_____

El área 4 es el yo desconocido. Ayer la comparamos con un _____.[123] Los psicólogos nos dicen que las experiencias, tantas buenas como malas, de toda la vida están grabadas en el subconsciente. Muchas experiencias traumáticas se suprimen "bajo las aguas" del subconsciente donde siguen influenciando el comportamiento. El Espíritu Santo obra en esta área para limpiarnos de toda la contaminación de nuestro pasado. No sabemos ni nosotros los demás lo que hay en el "yo desconocido", pero el Espíritu Santo, sí sabe, y obra para nuestro bien.

Formación espiritual

Lee 1 Cor. 13:12. Ahora, dibuja en la ventana como seremos en el cielo. Prepárate para compartirlo en la próxima reunión.

Lección 11: ¿Quién soy yo en Cristo?

Día 5:
La vida cristiana es relacional

Una de las grandes bendiciones de tu grupo de INSTE es la oportunidad que tienes de conocer bien a los miembros de tu grupo. Mientras crecen en amor mutuo, cada miembro contribuye al desarrollo espiritual de los demás. Pablo aconseja a los efesios: "...*siguiendo la verdad en amor, crezcamos en todo en aquel que es la cabeza, esto es, Cristo, de quien todo el cuerpo, bien concertado y unido entre sí por todas las coyunturas que **se ayudan mutuamente**, según la actividad propia de cada miembro, recibe su crecimiento para ir edificándose en amor.*" (Ef. 4:15-16)

Un resumen de la lección

El tema esta semana es nuestra identidad como creyentes. Resumamos los conceptos más importantes de esta lección.

1. Dios nos acepta *en Cristo*. Somos nuevas criaturas, nacidos de nuevo por el Espíritu Santo. Dios tiene un plan maravilloso para cada uno de nosotros. Nos ve, no como miserables pecadores, sino como hijos amados, herederos Suyos, redimidos por la sangre de su Hijo, Cristo Jesús.
2. El concepto de sí mismo es la suma de las percepciones, ideas, e imágenes que uno tiene de sí mismo.
3. El concepto de sí mismo está compuesto por tres cosas: creencias, valores, y actitudes. Una creencia es el punto de vista que uno alberga en cuanto a quién es y cómo es el mundo. Los valores expresan sus prioridades, o sea, lo que considera importante. Su actitud es la predisposición para actuar sobre la base de sus valores.
4. Adquirimos creencias, valores y actitudes mayormente "por contagio" de las personas significativas en nuestra vida.
5. La revelación mutua de información personal es necesaria para el desarrollo saludable de una relación y el crecimiento individual de las personas involucradas en ella. El nivel de revelación depende del tipo de relación y de las varias personalidades del grupo.
6. Para poder desarrollar el verdadero amor y aceptación mutua en el cuerpo de Cristo, tenemos que conocernos los unos a los otros.
7. Llegamos a conocernos a nosotros mismos a través de la información que recibimos de las personas de nuestro derredor.
8. A través del descubrimiento del "yo privado" llegamos a comprender a otros y el por qué de su comportamiento. Esta es la base de la aceptación mutua en el cuerpo de Cristo.

Lección 11: ¿Quién soy yo en Cristo?

Una evaluación de las relaciones personales

Dibuja la ventana de Johari describiendo tu relación entre con las siguientes personas. ¿Cuánta información saben estas personas de ti? Por ejemplo, si estás casado, el "yo público" en cuanto a tu relación con tu cónyuge ocupa mucho más lugar que el "yo privado". Si no sabes cómo dibujarlo, vuelve a la página 223 y estudia las ventanas.

| tu esposa o marido | tu jefe | tu grupo de INSTE |

¿Qué y cuánto debes compartir con otros? Hay que escoger lo que vas a revelar a los otros. Ni es bíblico ni sano psicológicamente divulgar todo a todos. Algunos asuntos deben resolverse entre tú y Dios. ¿Qué tipo de información debes tratar a solas con Dios, o entre tu y un hermano de mucha confianza?

_____ 124

Por otro lado, si hay algo que impide el desarrollo de una relación saludable con alguien dentro del cuerpo de Cristo, ¿qué debes hacer?

_____ 125

Cuando enfrentas un problema y no sabes resolverlo, pide la ayuda de un hermano fidedigno. Muchas veces el hecho sencillo de hablar con alguien te ayuda a resolverlo.

Así que no es indiscreto revelar quién eres a los otros. La información que compartes con alguien debe ir acompañada por el amor y la aceptación. Ef. 4.15 nos proporciona tres pautas para tener comunicación dentro del cuerpo de Cristo:
- Hablar la verdad en amor
- así ocurre la edificación mutua
- para que se produzca en todos la imagen de Cristo.

Sé transparente

¿Por qué es tan difícil llevar una vida transparente delante de los otros? Porque con demasiada frecuencia cuando compartimos algo con alguien, en lugar de mostrar comprensión y amor, nos dan un "sermón", una "exhortación", o una "fórmula de versículos". ¿Te ha pasado alguna vez?

Día 5: La vida cristiana es relacional

¿Cómo te sentiste? _____

_____

Dejemos el impulso de corregir y de reformar la vida de otros. Nuestra tarea primordial es amar y aceptar a nuestros hermanos. Al hacerlo edificamos puentes entre nosotros, los cuales pueden soportar el peso de la verdad hablada en amor.

Otro impedimento para ser transparentes son los conceptos falsos de lo que es la espiritualidad. Para algunos, confesar un problema, o una batalla no es espiritual. Niegan la realidad, dando la impresión de que la vida cristiana siempre está llena de rosas, canciones, y brillantes cielos azules. No es así. Para la edificación del cuerpo hay que vernos unos a otros como somos en la realidad. La hipocresía, falsamente llamada espiritualidad, esconde almas heridas y corazones cargados de problemas y ansiedades. Dejemos las máscaras y las ropas espirituales para ser realmente la iglesia.

¿Conoces a alguien que quizás tiene un alma herida o un corazón cargado pero teme compartirlo con otros en el cuerpo porque ellos pensarían que él es débil o que no es espiritual? ¿Qué debemos hacer cuando sabemos que alguien tiene esta clase de problemas?

_____

Evaluémonos, ¿llevamos máscaras de "espiritualidad"? o ¿vivimos vidas verdaderamente transparentes?

Hay una tremenda liberación dentro del cuerpo cuando experimentamos las debidas relaciones unos con otros. Somos libres para ser nosotros mismos, incluyendo la libertad para poder fallar. La aceptación incondicional nos libra para poder arriesgarnos con el fracaso sin temor de que se nos rechace si fracasamos. Este es el amor que está basado en lo que Jesucristo ha hecho por ti y por mí. ¡Qué libertad!

Formación espiritual

El Espíritu Santo está obrando en tu vida. Recuerda Filipenses 1:5. *"...el que comenzó en vosotros la buena obra, la perfeccionará..."* Todavía no ha terminado contigo. Los instrumentos que usa el Espíritu Santo son los hermanos que te rodean. Y a ti te usa para edificarlos a ellos. Demos gracias al Señor por el cuerpo de Cristo.

El Discipulado 1

Notas

Lección 12:
"Unos a otros"

En la lección anterior examinamos la influencia de las relaciones en la iglesia sobre el desarrollo de un concepto equilibrado de sí mismo. El enfoque de esta lección está en el desarrollo del grupo en sí, basado en la obediencia a los mandatos de la Biblia de *amar...soportar...enseñar...*los unos a los otros. ¿Cuáles son las relaciones bíblicas que se debe desarrollar en la iglesia? ¿Por qué es tan importante el cuerpo de Cristo para el discípulo? Eso es lo que veremos en esta lección. En la última lección de esta unidad, el tema central será cómo mantener la unidad en el cuerpo de Cristo.

Acerca de esta lección

Las epístolas del Nuevo Testamento definen la relación de los miembros de la familia de Dios en una serie de mandatos de "unos a otros." En nuestro estudio consideraremos cómo podemos poner en práctica estos principios bíblicos.

Objetivos

Cuando termines esta lección deberás poder:
1. Recordar por lo menos siete de los mandatos de "unos a otros"
2. A la luz de estos mandatos bíblicos, evaluar tu propia vida con el fin de mejorar tus relaciones con otros miembros del cuerpo de Cristo.
3. Afirmar tu acuerdo con los principios de esta lección por asistir fielmente las reuniones de tu iglesia, poniendo en práctica estas normas.

El plan de estudio de esta lección

Día 1: Los principios 1 y 2 234
Día 2: Los principios 3 al 7 238
Día 3: Los principios 8 al 10 243
Día 4: Los principios 11 y 12 246
Día 5: Repaso 249

El Discipulado 1

Lección 12: "Unos a otros"

Día 1:
Los principios 1 y 2

Las relaciones bíblicas dentro del cuerpo de Cristo son definidas en una serie de frases "unos...otros" en las epístolas. Veámoslas.

Lee los versículos a continuación. Subraya la frase "unos... otros" y pon un círculo alrededor de los imperativos (mandatos), los cuales definen las relaciones personales.

Romanos 12:5	*"...y todos miembros los unos de los otros."*
Romanos 12:10	*"Amaos los unos a los otros con amor fraternal; en cuanto a honra, prefiriéndoos los unos a los otros."*
Romanos 12:16	*"Unánimes entre vosotros, no altivos, sino asociándoos con los humildes..."*
Romanos 13:8	*"No debáis a nadie nada, sino amaros unos a otros..."*
Romanos 14:19	*"Así que, sigamos lo que contribuye a la paz y a la mutua edificación."*
Romanos 15:5	*"...os dé entre vosotros un mismo sentir según Cristo Jesús."*
Romanos 16:16	*"Saludaos los unos a los otros con ósculo santo..."*
1 Corintios 16:20	*"...Saludaos los unos a los otros con ósculo santo."*
2 Corintios 13:12	*"Saludaos los unos a los otros con ósculo santo"*
Gálatas 5:13	*"...sino servíos por amor unos a otros."*
Gálatas 5:15	*"Pero si os mordéis y os coméis unos a otros, mirad que también no os consumáis unos a otros."*
Efesios 4:2	*"con toda humildad y mansedumbre, soportándoos con paciencia los unos a los otros en amor."*
Efesios 4:25	*"...hablad verdad cada uno con su prójimo, porque somos miembros los unos de otros."*
Efesios 4:32	*"Antes sed benignos unos con otros, misericordiosos, perdonándoos unos a otros..."*
Efesios 5:21	*"Someteos unos a otros en el temor de Dios."*
Colosenses 3:13	*"Soportándoos unos a otros, y perdonándoos unos a otros si alguno tuviese queja contra otro."*
Colosenses 3:16	*"enseñándoos y exhortándoos unos a otros en toda sabiduría."*
1 Tes. 3:12	*"Y el Señor os haga crecer y abundar en amor unos para con otros y para con todos como también lo hacemos nosotros para con vosotros."*
1 Tes. 4:9	*"...porque vosotros mismos habéis aprendido de Dios que os améis unos a otros."*
1 Tes. 4:18	*"Por tanto, alentaos los unos a los otros con estas palabras."*
1 Tes. 5:11	*"Por lo cual, animaos unos a otros y edificaos unos a otros, así como lo hacéis."*
Hebreos 3:13	*"Antes exhortaos los unos a los otros cada día..."*

Día 1: Los principios 1 y 2

Hebreos 10:24	*"Y consideremos unos a otros para estimularnos al amor y a las buenas obras."*
Santiago 5:9	*"Hermanos, no os quejéis unos contra otros, para que no seáis condenados..."*
Santiago 5:16	*"Confesaos vuestras ofensas unos a otros, y orad unos por otros para que seáis sanados..."*
1 Pedro 1:22	*"Habiendo purificado vuestras almas por la obediencia a la verdad, mediante el Espíritu, para el amor fraternal no fingido, amaos unos a otros entrañablemente, de corazón puro..."*
1 Pedro 3:8	*"Finalmente, sed todos de un mismo sentir, compasivos, amándoos fraternalmente, misericordiosos, amigables;"*
1 Pedro 4:9-10	*"Hospedaos los unos a los otros sin murmuraciones. Cada uno según el don que ha recibido, minístrelos a los otros, como buenos administradores de la multiforme gracia de Dios."*
1 Pedro 5:5	*"...y todos, sumisos unos a otros, revestíos de humildad;..."*
1 Juan 3:11	*"...que nos amemos unos a otros."*
1 Juan 3:23	*"...y nos amemos unos a otros como nos lo ha mandado."*
1 Juan 4:7	*"Amados, amémonos unos a otros, porque el amor es de Dios..."*
1 Juan 4:11-12	*"Amados, si Dios nos ha amado así, debemos también nosotros amarnos unos a otros. Nadie ha visto jamás a Dios. Si nos amamos unos a otros, Dios permanece en nosotros y su amor se ha perfeccionado en nosotros."*
2 Juan 5	*"...que nos amemos unos a otros."*

La palabra griega *"allelón"* que generalmente se traduce en "uno a otro" se usa 58 veces en las epístolas. Se puede agrupar estas exhortaciones en doce acciones que los creyentes han de realizar para edificar el Cuerpo de Cristo.[a]

Vuelve a leer los imperativos (mandatos) en los versículos de las páginas anteriores. ¿Cuál de ellos es el que más se usa?

Casi una cuarta parte de las referencias a "unos a otros" se refieren al amor. No es de extrañarse que el amor sobresale en nuestras relaciones mutuas en el cuerpo de Cristo; es también la primera virtud que aparece en la lista del fruto del Espíritu.

"Los unos a los otros"

En esta lección vamos a examinar los doce principios de "unos a otros" que se encuentran en las epístolas del Nuevo Testamento los cuales definen la relación entre los miembros del cuerpo de Cristo.

---

[a] Las agrupaciones siguen las clasificaciones de Gene Getz en su libro, *Edificándoos los unos a los otros* (Terrassa, España: CLIE, 1980).

Lección 12: "Unos a otros"

1. Miembros los unos de los otros.

Rom. 12.5, *"y todos miembros los unos de los otros."* En este pasaje y en 1 Cor. 12.14-26, ¿cuál es la ilustración (la figura) que utiliza Pablo para demostrar la relación íntima entre los creyentes?

_____ 128

Vuelve a 1 Cor. 12.14-26 y léelo una vez más fijándote en la palabra "cuerpo".

¿Cuántas veces se la usa en este pasaje? .... _____ 129

Como vemos en este pasaje, cada miembro es igual de importante en el cuerpo de Cristo. Ninguno puede decir al otro, "no te necesito". Ningún cristiano puede funcionar de modo efectivo por sí mismo. Todos los miembros tienen una función importante en el cuerpo.

En estos versículos, Pablo recalca **la importancia de la unidad del cuerpo de Cristo.** En el primer capítulo escribe (1 Cor.1:10) "que no haya entre vosotros divisiones, sino estéis perfectamente unidos en una misma mente..." Hemos de hacer todo lo posible para mantener la unidad del cuerpo de Cristo. Se puede sacar tres enseñanzas básicas de este pasaje que quiere decir ser miembros los unos de los otros. ¿Cuáles son?

1. _____
2. _____
3. _____ 130

En la próxima asignatura volveremos a este pasaje para estudiar los dones espirituales. Pero en esta lección el enfoque nuestro es el cuerpo de Cristo. El énfasis de este pasaje es el crecimiento hacia la madurez en Cristo. Hemos dicho en lecciones anteriores que una señal de la madurez espiritual es:

_____ 131

Para mantener la unidad es imprescindible que conozcamos bien a los otros miembros del cuerpo. Algunas de las actividades de la iglesia deben enfocarse en oportunidades de conocer e intimar con las personas que componen el cuerpo de Cristo. ¿Qué hacen en tu iglesia para fomentar la comunión entre los miembros?

2. Amaos los unos a los otros.

Rom. 12:10, *"Amaos los unos a los otros con amor fraternal."* El amor (*filadelfia*) del que Pablo menciona en este pasaje es el amor entre hermanos. Somos la familia de Dios. La ilustración del cuerpo es una analogía empleada para describir los aspectos estructurales de la iglesia, es decir, que cada miembro debiera participar en la iglesia, pero cuando usamos la analogía de la familia, estamos ilustrando los aspectos psicológicos de un cristianismo relacional.

La palabra "hermanos" (*adelfos*) se usa para referirse a la familia cristiana 230 veces en el Nuevo Testamento. Estamos relacionados los unos con los otros, a través de una herencia común. Como dijimos en la introducción de la lección anterior, somos verdaderamente "hermanos de sangre" porque en Cristo *"tenemos la redención por su sangre"*. Ef. 1:7. Lee los versículos siguientes y escribe la manera que *mostramos* nuestro amor los unos a los otros.

Fil. 2:2-4 _____

Día 1: Los principios 1 y 2

Heb. 13:3 _____

1 Pedro 3:8-9 _____

¹³²

¿Demostramos afecto hacia todos nuestros hermanos en Cristo? No escogemos los miembros de nuestra familia carnal; ni podemos ser selectivos en cuanto a nuestra familia espiritual. Todos los que han nacido de nuevo son nuestros hermanos. El mandato es claro; hay que amar a toda la familia, incluso a los que no nos caen bien, y a los de otras iglesias.

¿Cómo saben los demás que somos discípulos de Cristo? (Jn. 13:35) _____ ¹³³

¿Cómo es el amor entre hermanos? Lee 1 Cor. 13:4-8 y escribe en estas líneas la definición del amor que debe caracterizar el cuerpo de Cristo:

No es _____

Es _____

Formación espiritual

Vete ahora al diario y escribe un pensamiento que destaca de la lección. No te olvides del versículo de memorizar esta semana.

El Discipulado 1

Lección 12: "Unos a otros"

D í a   2 :
Los principios 3 al 7

Ayer estudiamos los dos primeros mandatos de "uno a otro." ¿Cuáles fueron?

1._____

2._____ 134

Comparamos la relación entre cristianos con dos cosas:

Somos un _____ y una _____ 135

Seguimos hoy con cinco principios más que definen la relación entre hermanos.

3. Honraos los unos a los otros.

Rom. 12:10, "*Prefiriéndoos en honra los unos a los otros.*" Honrar a otros quiere decir trabajar en equipo, cada uno contribuyendo su parte para alcanzar la meta. No hay lugar para "súper estrellas" en el reino de Dios. Cada uno juega un papel importante. Cuando honramos a nuestros hermanos, es Dios el que recibe la gloria, no nosotros mismos.

¿A quién debemos honrar?

Ef. 6:2 _____ 1 Tim. 5:3 _____ 1 Ped. 2:17 _____ 136

¿En qué manera podemos reflejar nuestro sincero aprecio por un hermano/a? Lee los versículos a continuación y escribe tu respuesta a esta pregunta.

1 Cor. 12:26 _____

_____

_____

Filipenses 2:3-4 _____

_____

_____

¿Honras a tu cónyuge, a tu hijo/a, a tu amigo/a? ¿Eres un miembro del cuerpo o tratas de hacer el papel de "estrella"? ¿Puedes hacer algo y sinceramente dejar que otro reciba el aplauso? Realmente ¿te regocijas del éxito de un hermano?

¿Cuál(es) de las virtudes mencionadas en Gálatas 5:22-23 es (son) manifestadas cuando obedecemos este mandato bíblico?

_____ 137

Día 2: Los principios 3 al 7

4. Sed del mismo sentir.

Rom. 15:5, "*Pero Dios... os dé entre vosotros un mismo sentir, según Cristo Jesús.*" Cada vez que habla la Biblia del cuerpo de Cristo se menciona la unidad. Divisiones y competencias en la familia de Dios no deben existir. Cuando ocurren, no se manifiesta el poder sobrenatural de Dios dentro de la iglesia, porque la unidad es de naturaleza sobrenatural. El pecado siempre divide y separa; la gracia de Dios nos hace uno en El.

En Juan 17:21-22 Jesús oró por la iglesia. ¿Qué pidió al Padre? _____ [138]

La unidad revela la verdadera esencia del evangelio. Es el medio más poderoso de comunicar a los hombres incrédulos que Jesús es Dios.

Lee los versículos siguientes: Rom. 12:16; 14:19; 15:5-6; Ef. 4:3; Fil. 1:27. ¿Qué conclusión sacas de ellos?

_____ [139]

¿Cómo lo logramos? ¿Crees que la unidad de la iglesia (y de la iglesia universal) es posible? ¿o es sólo un sueño imposible de alcanzar?

Sí, es posible, pero no es automática. Cada creyente tiene que hacer su parte. Imagínate lo que hubiera ocurrido en Jerusalén si los apóstoles no hubieran hecho frente al problema de las viudas. (Hch. 6:1-7) Habría resultado en una división de la iglesia. Tenemos que guardar la unidad y resolver los problemas que surgen. La clave de la unidad es la madurez cristiana, reflejada en amor.

El mismo sentir no necesariamente equivale al mismo pensar. Podemos diferir en posiciones doctrinales sin romper la unidad del Espíritu. Nos acercamos unos a otros *no* sobre la base de un credo, sino por el hecho de que compartimos la misma vida en Cristo.

Por ejemplo, hay mucha diversidad de opiniones en el cuerpo de Cristo sobre la doctrina de la segunda venida de Cristo. Otro punto de diferencia entre cristianos es el asunto del velo. Hay iglesias que enseñan que las mujeres deben llevar el velo en los cultos, mientras que otros dicen que no. Y ¿qué hay de la mujer en el ministerio? Algunos creen que la mujer no deber ministrar en la iglesia y otros les dan plena libertad en cuanto al ministerio. Hay los que hablan en lenguas, y otros que no. Con tantas diferencias, ¿cómo podemos ser del mismo sentir? Si la unidad está basada en el hecho de que *somos hermanos,* entonces la unidad va por encima de estas diferencias de doctrina y tradición.

"Sed del mismo sentir" quiere decir: [140]

- A. Pensar igual que todos los hermanos de la iglesia.
- B. Buscar la unidad con todos los hermanos incluso con los de otras denominaciones e iglesias
- C. Estar de acuerdo con todos los puntos doctrinales de la iglesia

5. Aceptaos los unos a los otros.

Rom. 15:7 "*Aceptaos los unos a los otros como también Cristo nos aceptó...*" Hay dos áreas en las cuales históricamente los cristianos han infringido este mandato: El legalismo (juzgar unos a otros) y los prejuicios (mostrar parcialidad). Los dos son pecados.

En muchas iglesias, la aceptación o el rechazo de alguien se basa en cómo cumple una lista de cosas que se debe o no debe hacer. Tal legalismo establece una falsa espiritualidad basada en

El Discipulado 1

Lección 12: "Unos a otros"

el conformismo externo con una lista interminable de "hacer y no hacer." Sin embargo, ¿qué debe establecer nuestras normas de comportamiento? La Biblia. Es el Espíritu Santo que obra en la vida del nuevo creyente para cambiar su comportamiento. Hay que aceptar a un hermano, con todas sus debilidades, y ayudarle a crecer en su fe. Mira lo que dice Pablo en Romanos 14:1. Fíjate en las palabras "sobre opiniones". En Roma algunos cristianos de conciencia débil tenían problemas con ciertas actividades que se asociaban con cosas pecaminosas. Otros no tenían este problema. He aquí la confusión. Lee Rom. 14:14 y 1 Cor. 8:4,7,8. ¿Cómo se resuelve el conflicto entre creyentes?

_____

_____ 141

¿Ocurren situaciones semejantes a éstas hoy en día en la iglesia? Da un ejemplo.

_____

_____

¿Qué debemos hacer?

_____

_____ 142

Otro obstáculo para la aceptación es mostrar parcialidad. ¿Qué dice Santiago sobre hacer acepción de personas en Stg. 2:9?

_____

_____ 143

El prejuicio, el favoritismo, la discriminación en el cuerpo de Cristo infringen la ley de Dios, y la naturaleza de la iglesia. Todos somos uno. Cada miembro, sea rico, pobre, joven, anciano, analfabeto, inteligente, blanco, negro, amarillo, es importante.

Seamos débiles o fuertes, no debemos juzgar ni ser tropiezo a otros. No debemos ser la causa por la que otro cristiano haga algo que va en contra de su conciencia.

¿Cuáles son las dos áreas en que históricamente los cristianos han infringido este mandato?

_____   _____ 144

¿Existe alguna justificación bíblica para juzgar a un hermano? Ninguna. Sólo Dios es juez justo. Lee Romanos 14: 10-13.

6. Amonestaos los unos a los otros.

Rom. 15:14, "...*amonestaos los unos a los otros*." La palabra griega "*nouthesia*" quiere decir exhortación, corrección, y advertencia. Este mandato nos da equilibrio en cuanto al mandato que acabamos de estudiar. ¿Cómo puede un cristiano llevar a cabo este mandato sin juzgar? El contexto nos da la respuesta. Pablo felicitó a los romanos porque eran competentes para instruirse (o amonestar) unos a otros. Pablo dijo que estaban "llenos" de dos cosas. En primer lugar estaban "llenos de _____ 145

Vivían vidas santas, vidas que imitaban a Cristo. Habían merecido el derecho de advertir a los que muestran características que infringen las enseñanzas de la Biblia. Tenían "la camisa limpia", es decir, vivían sin mancha delante de Dios y el mundo. Cuando se hace la amonestación de acuerdo con la Biblia, no es juzgar, porque la amonestación tiene por fin la restauración. El juzgar lleva consigo la condenación y sólo Dios tiene derecho de condenar.

También estaban "*llenos de*

_____"146

Eran conocedores de la Palabra de Dios. El amonestar debe basarse en la Biblia, y no en lo que pensamos.

Cómo amonestar a un hermano

1. Con profundo interés y amor. Pablo dijo, "*no he cesado de amonestar con lágrimas a cada uno.*" (Hch. 20:31) Ellos sabían que Pablo les amaba.
2. Individualmente. Cuando un cristiano tiene un problema particular, algunos pastores exhortan a toda la congregación, esperando que el que necesita la exhortación esté escuchando. Es mucho mejor hacer de la exhortación un asunto particular.
3. Con motivos puros. Lee 1 Cor. 4:14. Debemos hacer todo lo posible para no hundir a la persona que se está desviando del camino de Dios. Por eso, una confrontación privada debe preceder la confrontación pública si llegara a ser necesaria.
4. Con el objeto de ayudarles a crecer y madurar en Jesucristo. Lee Col. 1:28-29. La amonestación no es echarles un regaño, sino guiarles con mansedumbre en los caminos del Señor.
5. Debe ser la función natural de la iglesia. La amonestación es tanto preventiva como correctiva. La primera está ilustrada en Col. 3:16, la segunda en Gál. 2:14.

¿En qué se debe basar la amonestación?

_____147

¿Quién puede amonestar a los hermanos? ¿Sólo el pastor? ¿o todo el cuerpo? ¿Qué dice Rom. 15:14?

_____148

7. Saludaos los unos a los otros.

Rom. 16:3-6 y 16, "*Saludaos los unos a los otros con ósculo santo...*" Debemos expresar a otros nuestro amor fraternal. Se expresa de forma cultural; el mandato es supracultural (o sea, que transciende las culturas.)

Lo importante es que reflejemos sincero amor cristiano, que seamos transparentes en nuestra relación con los demás miembros del cuerpo. No hay lugar para la hipocresía y la falsedad. Tenemos que ser honestos y abiertos.

Saludar implica un interés sincero en ellos. Hay que conocer a otros creyentes, no superficialmente sino con interés genuino. Después del último culto que asististe, ¿con quién hablaste? ¿Hablas con las mismas personas o tratas de conocer a otros hermanos?

¿Puedes recordar los siete principios bíblicos de relaciones interpersonales que hemos estudiado? Escríbelos en las líneas a continuación:

Lección 12: "Unos a otros"

1. _____
2. _____
3. _____
4. _____
5. _____
6. _____
7. _____

Formación espiritual

¿Cuál es la verdad que yace bajo los principios de "unos a otros"? Piensa en lo que hemos estudiado en esta semana y apunta tu respuesta en tu diario.

©1992: OBSC

Día 3:
Los principios 8 al 10

Ya hemos considerado siete de los doce principios que rigen las relaciones interpersonales en el cuerpo de Cristo. Hoy miremos tres más.

8. Servíos los unos a los otros.

Gál. 5:13, *"Servíos por amor los unos a los otros."* Al servir a nuestro hermano, reflejamos el carácter de Jesucristo. Lee Juan 13:1-16. ¿Qué hizo Jesús en esta ocasión para demostrar la servidumbre?

Entonces dijo: "Ejemplo os he dado, para que como yo os he hecho, vosotros también hagáis." ¿Ejemplo de qué? ¿De lavar los pies los unos de los otros? No; solamente quiere decir que hemos de servir el uno al otro. Cristo dice que los líderes de la iglesias son los que ejemplifican la servidumbre en la iglesia. Mateo 20:25-28 "Sabéis que los gobernantes de las naciones se enseñorean de ellas, y los que son grandes ejercen sobre ellas potestad. Mas entre vosotros no será así, sino que el que quiera hacerse grande entre vosotros será vuestro servidor, y el que quiera ser el primero entre vosotros será vuestro siervo; como el Hijo del Hombre no vino para ser servido, sino para servir..." El mundo valora el poder; en el Reino de Dios lo más importante es el servir.

La palabra "ministro" (griego *"diakono"*) quiere decir "siervo." Cuando Pablo dice que debemos servir a nuestros hermanos, está hablando del ministerio mutuo el uno al otro. Todos somos ministros que sirven al cuerpo. El ministerio de un miembro del cuerpo de Cristo depende de los dones, talentos y destrezas que tenga de parte del Espíritu Santo. Este es el tema de las primeras cuatro lecciones de la próxima asignatura, *"El Discipulado 2."*

¿En qué maneras puedes servir (ministrar) a tu hermano? Puede ser que lo que venga primero a mente son "actividades religiosas" tales como enseñar una clase en la escuela dominical, orar por la iglesia, limpiar el local, etc. Pero incluye, también, las expresiones concretas del amor hacia un hermano. Por ejemplo, oí el otro día de un alumno de INSTE que recoge a un hermano que vive al otro lado de la ciudad para que éste puede continuar estudiando en INSTE y asistir a las reuniones de la iglesia. El hermano tiene una pierna fracturada y no puede conducir su automóvil. El alumno está ejemplificando lo que quiere decir servir al cuerpo de Cristo.

¿Puedes recordar una ocasión que un hermano te ha servido en amor? Descríbela. ¿Cómo te sentías?

_____
_____
_____
_____

Lección 12: "Unos a otros"

Al entregar nuestras vidas a Cristo, también las entregamos los unos a los otros. Ser siervo no viene naturalmente a nadie; más bien, somos propensos al egoísmo. Ser ¡siervos del Señor!, sí nos gusta, pero servir a nuestros hermanos es otra cosa. Pero fíjate en lo que dice Jesús en Mateo 25:40 "En verdad os digo que en cuanto lo hicisteis a uno de estos mis hermanos más pequeños, a mi lo hicisteis."

Pero más que desear servir a los otros, lo que deseamos hacer es servirnos a nosotros mismos. Lo necesario es un milagro de la gracia de Dios para hacernos siervos. No hay otra alternativa para el egoísmo. El servir a los otros se demuestra abundantemente en el fruto del Espíritu, como nos dice Pablo en el capítulo 5 de Gálatas.

9. Sobrellevar las cargas los unos de los otros.

Gál. 6:2, *"Sobrellevad los unos las cargas de los otros."* El contexto de este mandato se encuentra en el 6:1. Cuando un creyente cae en un pecado, es la responsabilidad de sus hermanos más fuertes restaurarle.

La restauración es tarea de los cristianos espirituales. Hay dos clases de cristianos: los carnales y los espirituales. Los espirituales manifiestan el fruto del Espíritu. Los carnales son cristianos pero a veces es difícil distinguirlos como tales. (1 Cor. 3:1-3).

"Vosotros que sois espirituales restauradle." (Gál. 6:1) ¿Cómo?

1. Con genuina humildad. Gál. 6:1-3. Ninguna persona que entiende verdaderamente la gracia de Dios en su propia vida puede acercarse a otra con arrogancia u orgullo. Pablo se preocupó por los que estaban "atrapados por algún pecado". Ayudarle y restaurarle es sobrellevar su carga; con mansedumbre, humildad, y amabilidad.
2. La restauración debe hacerse con precaución. Nadie está libre de la tentación; y ¡cuidado! las trampas del diablo son engañosas. Debemos estar alertas a las maquinaciones del diablo.
3. Debe hacerse con oración. Santiago dice que *algunas* (no todas) enfermedades son causadas por el pecado. (5:15). Pablo dice lo mismo en 1 Cor. 11:30. La oración y la restauración van mano en mano.

Evalúa tu propia vida. ¿Eres maduro? ¿Se manifiesta el fruto del Espíritu en tu vida? ¿Tienes más preocupación por el pecado que por el que ha pecado?

A los que no responden al enfoque manso

Algunos no responderán a un enfoque manso. La Biblia enseña que los cristianos deben dejar de tener comunión con los cristianos que practican habitualmente el pecado (1 Cor. 5:11) pero *sólo* después de seguir un procedimiento establecido bíblicamente. Ante todo, el pecado tiene que ser definido por la Palabra. ¿Es realmente pecado? (ver Gál. 5:19-21). Hay por lo menos tres pasos que debemos seguir:

1. Debemos exhortar con amor a las personas. 1 Tes. 5:14 y Gál 6:1-2.
2. Si no responden, debemos pedirles que dejen la comunión con los creyentes durante un período. 2 Tes. 3:6-14.
3. Si no responden, debemos dejar de considerarles como parte de nosotros, y tratarles como si no fueran creyentes. Mat. 18:17. A los que se arrepienten, deben ser recibidos de nuevo en la comunión de los santos. 2 Cor. 7:10-11 y 2 Cor. 2:5-8.

©1992: OBSC

La restauración es el verdadero propósito de toda disciplina en la iglesia. Según Gál. 6:1-2, ¿cuáles son las tres pautas que debemos seguir para restaurar a un hermano que ha caído en pecado?

1. _____
2. _____
3. _____

10. Soportándoos los unos a los otros.

Ef. 4:2 "*...soportándoos con paciencia los unos a los otros en amor.*" "*Sobrellevar las cargas*" tiene que ver con la confrontación del pecado en un creyente. "Soportar" significa "ser tolerante" hacia otros hermanos, tolerar con paciencia sus debilidades e idiosincrasias. Es un espíritu de perdonar a otros en áreas no pecaminosas. Escribe Col. 3.12-13 en las líneas a continuación:

_____
_____
_____
_____
_____
_____

La clave es la *paciencia*. Nadie es perfecto. Todos fallamos. Debemos esperar más de nosotros mismos que de los otros. La longanimidad y paciencia deben marcar nuestras vidas, dándonos tolerancia hacia los otros.

Hay que esforzarnos para soportar a otros. No es automático. ¿Qué hago (o no hago) en mi casa (o trabajo) qué irrita a los que están a mi alrededor? Ahora bien, ¿cómo puedo mejorar mis relaciones con los demás? Haz una lista de los cristianos con que tienes problemas para relacionarte. Si no puedes pensar en ninguno, ¡alabado sea Dios! Hay que ser sinceros. Al mirar la lista, ora por cada uno y perdónalos.

Formación espiritual

¿Eres siervo/a? El ministerio (o sea, el servicio) tiene más que ver con quienes somos que con lo que hacemos. Es una actitud del corazón. ¡Qué tengamos el corazón de nuestro Maestro que vino no para ser servido sino para servir!

Lección 12: "Unos a otros"

Día 4:
Los principios 11 y 12

Ayer añadimos tres principios más a nuestra lista de las cualidades que caracterizan las relaciones interpersonales en el cuerpo de Cristo. Hoy terminaremos esta lista con las dos últimas características.

11. Someteos unos a otros.

Ef. 5:921, "*Someteos unos a otros en el temor de Dios.*" Con este mandato comienza un pasaje que se aplica normalmente a los matrimonios. La esposa ha de someterse a su marido y él, a su vez, ha de amarla a su esposa como Cristo amó a la iglesia. Dado el contexto, es fácil pasar por alto la enseñanza más amplia de este pasaje; o sea, que la sumisión en el cuerpo de Cristo es mutua y se aplica a todo el mundo.

"Sumisión" es sinónimo de obediencia. Significa ceder al consejo o aviso de otro. Hay una variedad de relaciones cristianas a las cuales los escritores bíblicos aplicaron este concepto. Lee los versículos a continuación y escribe a quién se debe someter:

1 Pedro 5:5 _____

Hebreos 13:17 _____

Ef. 6:1 y Col. 3:20 _____

150

Los líderes han sido puestos en la iglesia para nuestro bien, para dar dirección y consejo al cuerpo de Cristo. La sumisión de un discípulo al consejo de su pastor o líder de la iglesia es una señal de crecimiento espiritual. Someterse también significa buscar consejo del otro. Lleva implícito la obediencia al consejo que se reciba. No debemos actuar como hacen algunos, o sea, buscar consejo de varios hermanos hasta que se encuentre a alguien que dice lo que quieren oír.

Este mandato destaca la importancia de la responsabilidad mutua en el cuerpo de Cristo. No vamos por libre, tomando decisiones según nos de la buena gana, sino buscando el consejo de nuestros hermanos. Esta fue una de las metas que teníamos en mente al formar las parejas de compañeros de crecimiento espiritual para que practiquen la sumisión el uno al otro, pedir consejo el uno del otro, etc. El grupo de INSTE es, también, útil para este fin. Todos necesitamos a una persona o un grupo ante quien tenemos que ser responsables.

Han caído algunos líderes espirituales porque no obedecieron este mandato de someterse a otros. Es peligroso estar en una posición de liderazgo sin tener gente a quien hay que dar cuentas. Es interesante que Pablo siempre describe el liderazgo de la iglesia en el plural (no es el obispo de la iglesia, sino los obispos). Los líderes han de someterse unos a otros para la protección mutua del ministerio.

En Proverbios 11:14 "Donde no hay dirección sabia, caerá el pueblo, mas

Día 4: Los principios 11 y 12

Proverbios 15:22 "Los pensamientos son frustrados donde no hay consejo;

¿Qué significa la palabra "sumisión"? _____ 151

Piensa en las relaciones en tu iglesia, ¿Estás sujeto a tus hermanos? ¿Cómo puedes someterte más? ¿Lo haces con gozo?

La sumisión mutua, incluso por aquellos que están en autoridad es un concepto distinto hecho posible por Jesucristo. En el mundo no hay tal cosa como sumisión mutua. El hombre opera básicamente por motivos egoístas. En cambio, en Cristo, todos tenemos el potencial para someternos unos a otros. (Marcos 10.42-45)

12. Animaos unos a otros.

1 Tes. 5:11, "*animaos unos a otros y edificaos unos a otros.*" (También Col. 2:2 y 4:8) La palabra griega "*parakaleo*" usada en 1 Tes. 5:11 aparece de varias formas en el Nuevo Testamento como "exhortar, amonestar, enseñar, consolar, estimular, confortar." Pero se usa siempre con un propósito: describir las funciones que ayudan a los cristianos a edificarse mutuamente en Cristo.

El modo principal de dar aliento a un hermano es compartir con él el consejo que se encuentra en la Palabra de Dios. Un buen ejemplo de esto se encuentra en la carta a la iglesia de Tesalónica. Aunque Pablo había enseñado a los tesalonicenses con respecto a los que habían muerto, todavía quedaban dudas. Pablo explica la doctrina en su carta y entonces dice, "*Por tanto alentaos unos a otros con estas palabras.*" (1 Tes. 4:8) La Palabra de Dios siempre alienta. Más adelante, tratando la cuestión de la segunda venida, Pablo dice: ¡Alentaos! (1 Tes. 5:11). Las falsas enseñanzas crean inestabilidad e inseguridad. La Palabra de Dios conduce a la madurez y el ánimo.

¿Qué debemos hacer? Si queremos alentar a nuestros hermanos, tenemos que estudiar la Palabra. Entonces, estaremos preparados para "*hablar la verdad en amor.*" ¿Hablamos de la Palabra en nuestras conversaciones con otros creyentes? ¿Conocemos bien la Palabra?

¿Cuál es el modo primario para dar aliento mutuo?

_____ 152

Repaso

¿Cuáles son los doce principios de la relaciones interpersonales que hemos estudiado esta semana?

1. _____
2. _____
3. _____
4. _____
5. _____

Lección 12: "Unos a otros"

6. _____
7. _____
8. _____
9. _____
10. _____
11. _____
12. _____ 153

Formación espiritual

Estos doce principios definen la relación entre hermanos en la iglesia de Cristo. Repásalos brevemente y apunta en tu diario espiritual tu compromiso de ponerlos en práctica en tu iglesia.

Día 5:
Repaso

El tema de esta lección ha sido las relaciones interpersonales en el cuerpo de Cristo. Hemos examinado doce principios que definen cómo debemos actuar como la familia de Dios.

Un repaso

Identifica la respuesta correcta escribiendo el número correspondiente en el espacio previsto a la izquierda del comentario. [154]

1. Sed miembros los unos de los otros
2. Amaos los unos a los otros.
3. Honraos los unos a los otros.
4. Sed del mismo sentir, unos a otros.
5. Aceptaos los unos a los otros.
6. Amonestaos los unos a los otros.
7. Saludaos los unos a los otros.
8. Servíos los unos a los otros.
9. Sobrellevar las cargas los unos de los otros.
10. Soportaos los unos a los otros.
11. Someteos los unos a los otros.
12. Animaos los unos a los otros.

1. _____ Este mandamiento se repite más veces que los otros.

2. _____ Debemos expresar a otros nuestro amor fraternal.

3. _____ El modo primario para este aliento mutuo es la Palabra de Dios.

4. _____ La ilustración que usa Pablo para describir la relación íntima de los creyentes es el cuerpo.

5. _____ La unidad es clave.

6. _____ La palabra griega "noutheteo" implica la idea de exhortación, corrección y advertencia.

7. _____ Tiene que ver con la confrontación del pecado en otro creyente.

8. _____ Somos la familia de Dios.

9. _____ Significa ceder al consejo o aviso de otro.

10. _____ Se puede dar como ejemplo un equipo de fútbol. No hay "superestrellas".

Lección 13: La unidad del cuerpo

11. _____ Ser tolerantes hacia otros cristianos, tolerar con paciencia sus debilidades.

12. _____ Fallamos este mandato al juzgar y tener prejuicios.

Tu grupo de INSTE

Haz una evaluación de tu grupo de INSTE. ¿Se están poniendo en práctica estos doce principios? En la próxima reunión del grupo, compara tus respuestas con las de tu compañero de crecimiento espiritual y con otros miembros de tu grupo.

Evaluación	nunca...siempre
1. ¿El amor se expresa entre nosotros?	1 2 3 4 5 6 7 8 9 10
2. ¿Hay evidencia de gozo y felicidad en el grupo?	1 2 3 4 5 6 7 8 9 10
3. ¿Actuamos con amabilidad el uno hacia el otro?	1 2 3 4 5 6 7 8 9 10
4. ¿Hay paz, unidad y armonía en el grupo?	1 2 3 4 5 6 7 8 9 10
5. ¿Mostramos paciencia los unos con los otros?	1 2 3 4 5 6 7 8 9 10
6. ¿Hablamos con moderación y respeto hacia los demás?	1 2 3 4 5 6 7 8 9 10
7. ¿Nos servimos los unos a los otros?	1 2 3 4 5 6 7 8 9 10

Formación espiritual

Identifica el área o las áreas en la cuales te sientes débil. Ora, pidiendo la ayuda del Señor en cualquier acción que él pida que hagas y obedécele. Ora también pidiéndole ayuda con tus relaciones dentro del cuerpo.

©1992: OBSC

Lección 13:
La unidad del cuerpo

El apóstol Pablo emplea una metáfora muy bella al referirse a la iglesia. Ya la hemos visto varias veces. Abre tu Biblia a 1 Corintios 12:12 y busca la respuesta de esta pregunta. ¿Cuál es la metáfora (figura) que se encuentra en aquel versículo?

_____
155

En este capítulo Pablo describe la iglesia como un cuerpo compuesto de muchos miembros, en que cada quien tiene importancia. En la lección 11 estudiamos el efecto del debido funcionamiento del cuerpo sobre el desarrollo de un concepto bíblico de sí mismo. En la lección anterior descubrimos las características de una iglesia relacionándose entre sí de acuerdo con las pautas establecidas en el Nuevo Testamento. En esta lección enfocamos nuestra atención en la unidad de la iglesia.

Acerca de esta lección

Cristo oró por la iglesia: "que todos sean uno; como tú o Padre, en mí, y yo en ti, que también ellos sean uno en nosotros; para que el mundo crea que tú me enviaste." (Juan 17:21). La vida cristiana se experimenta en comunidad, no en aislamiento. La perfecta armonía de la Trinidad es la medida de la relación que el Señor desea que disfrutemos como miembros de su iglesia. Por desgracia hay veces que la armonía entre hermanos se rompe. El tema de esta lección es cómo recuperar la paz y la unidad cuando surge una discordia o un conflicto entre hermanos. También trataremos el tema de la comunicación como medio de mantener la unidad.

Objetivos

Cuando termines esta lección deberás poder:
1. Distinguir entre un conflicto y un problema.
2. Usar los pasos bíblicos para resolver un conflicto.
3. Estar dispuesto a seguir los pasos bíblicos cuando hagas frente a un conflicto con un hermano.

El Discipulado 1

Lección 13: La unidad del cuerpo

4. Demostrar tu compromiso con la unidad de la iglesia al promover la comunicación en el Cuerpo.
5. Dejar que el Espíritu Santo moldee tu manera de hablar.

El plan de estudio para esta lección

Día 1: Cómo resolver un conflicto 252
Día 2: La verdadera reconciliación 255
Día 3: La comunicación en la comunidad del Rey 257
Día 4: Estudio temático: La lengua 260
Día 5: Repaso 265

Día 1:
Cómo resolver un conflicto

Una de las dos reacciones básicas frente al conflicto es *evitarlo*. Hay dos maneras de hacerlo:

1. Retroceder del conflicto. El que no tiene poder cede el terreno al otro, pero el que retrocede recuerda el conflicto y se resiente del que tiene el poder.
2. Quitar importancia de los puntos conflictivos y destacar los puntos de acuerdo. Al minimizar los puntos conflictivos, la relación entre los dos sufre por la tensión que surge de los asuntos no resueltos.

La segunda reacción básica frente al conflicto es *enfrentarlo*. Hay cuatro maneras de enfrentar un conflicto:

1. Usar el poder para imponer una solución. El que tiene poder lo usa para decretar la solución; la otra persona pierde todo.
2. Los dos llegan a un acuerdo que está entre las dos opiniones expuestas. Los dos tanto pierdan como ganan una parte del argumento; pero se quedan insatisfechos con el acuerdo.
3. Echar la culpa al otro. Es muy humano ver correcta y justificada nuestra propia opinión y equivocada la de la otra persona. En lugar de escuchar a la otra persona, tratamos de convencerla de que nuestra opinión es la correcta y la adecuada. Un ejemplo bíblico es Adán y Eva.

    ¿Adán a quién culpó?_____ ¿Y Eva?_____ [156]

4. Confrontación. Los dos dirigen sus energías a la resolución del conflicto, no en atacar el uno al otro. Se define la situación y se busca una solución que se beneficia a todos.

Día 1: Cómo resolver un conflicto

Ser pacificadores

La enseñanza bíblica es de restablecer la paz entre hermanos. Cuando hay conflicto, buscar la manera de confrontarlo para encontrar una solución. Cuando Pablo y Pedro enseñaban que viviéramos en paz con todo hombre, se estaban refiriendo a la paz verdadera basada en *el temor* de Dios y *la aceptación* del uno al otro.

Hay dos reacciones básicas frente al conflicto, ¿cuáles son? _____ 157

Pero la reacción bíblica es _____ 158

Conflictos y problemas

Un conflicto no resuelto se convierte en un problema. Un problema se puede definir como *una relación rota*. Todo el mundo conoce el profundo descontento que se siente frente a una ruptura de una relación. Satanás se aprovecha de una ruptura de relaciones. Su obra está manifestada por la confusión, la sospecha, el engaño, y la acusación. Por tanto, cuando el

La separación

La reconciliación

conflicto se convierte en un problema significa que ha sido una separación de personas y que el enemigo ha ganado una gran victoria.

El conflicto puede terminar en reconciliación, o sea, en un acercamiento mutuo.

En cambio, *el problema* siempre significa la separación, apartándose los unos de los otros.

En resumen, podemos ilustrar las dos reacciones de la siguiente manera:

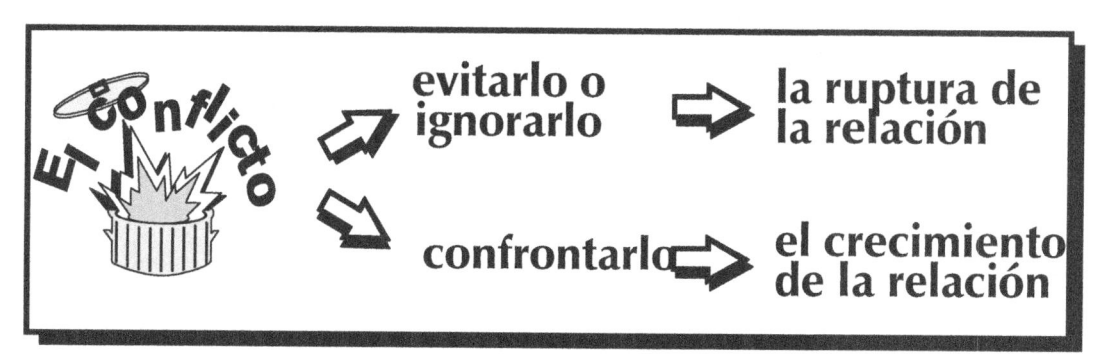

El conflicto → evitarlo o ignorarlo ⇒ la ruptura de la relación

El conflicto → confrontarlo ⇒ el crecimiento de la relación

El Discipulado 1

Si tratamos de evitar o ignorar el conflicto, termina convirtiéndose en un problema, o sea, una ruptura de la relación. Por el otro lado, si lo confrontamos, resulta en la reconciliación, la paz y el crecimiento de la relación. Mañana veremos cómo confrontar un conflicto.

Formación espiritual

¿Tienes un conflicto con un hermano? Repasa la lista de las maneras de resolver un conflicto en la página anterior. ¿Cómo debes resolverlo?

Día 2:
La verdadera reconciliación

Hay que darse cuenta que existe una diferencia entre la *reconciliación* y la *resolución* de las diferencias de opinión. Sobre algunos asuntos deberíamos estar dispuestos a aceptar el hecho de que la otra persona tiene una opinión diferente pero el conflicto se acaba. ¿Podemos mantener diferencias de opinión y todavía estar reconciliados? ¿Con quién mantienes una buena comunión a pesar de tener una diferencia de opinión sobre algún tema?

Los dos fundamentos de la reconciliación

1. **La reconciliación tiene que empezar por mí.**
   Estamos acostumbrados a esperar hasta que la otra persona se nos acerque para reconciliarse con nosotros. Mateo 7:1-5 nos enseña que debemos quitar la viga de nuestro ojo antes de hablar de la paja del otro. Cuando hay un conflicto, la reconciliación siempre empieza conmigo.

2. **Hay que arriesgarse al enfrentamiento.**
   La confrontación a veces es difícil y dolorosa. Sin embargo, confrontarlo es la única manera de resolver el conflicto y reconciliarse con otro hermano. Lo más pronto que puedes, debes enfrentar la situación. Si lo evitas, más tarde puede resultar en la ruptura de la relación.

Hay dos caras de esta moneda: Mat. 5:23-24 y Mat. 18:15.
- Cuando he ofendido a mi hermano Mat. 5.23-24 dice que yo tengo que ir a éste para que seamos reconciliados.
- Cuando mi hermano me ha ofendido, Mat. 18.15 dice que es mi deber ir a él para que seamos reconciliados.

En la reconciliación siempre hay acercamiento mutuo. ¿Qué hacemos cuando surgen conflictos entre nosotros? Algunos creen erróneamente que una iglesia que funciona debidamente nunca tendrá problemas. Pero no es así.

El conflicto es normal en la relación humana puesto que somos individuos con diferencias de opiniones y puntos de vista. Pero en vez de ser negativo, el conflicto puede ser positivo si resulta en el crecimiento en la relación. Sin choques la relación no cambia. La dificultad puede conducirse hacia una relación más flexible.

Los beneficios que conlleva el conflicto

El conflicto lleva consigo unos beneficios, tales como:
1. Una más profunda comprensión y compasión por la otra persona. 2 Cor. 1:3-4.
2. Reconocimiento de la gracia de Dios. Heb. 12:12-15 nos enseña que al ministrar a otros, corremos el riesgo de caer en la amargura. Sin embargo, si somos honestos al enfrentar el

Lección 13: La unidad del cuerpo

conflicto las diferencias dejan que la gracia de Dios sea manifestada en la situación, llevándonos a la "paz con todos".
3. Se mejora la comunicación. Al resolver la discusión, aprendemos a comunicarnos con el hermano.
4. Llegamos a conocernos a nosotros mismos. Sin la tensión nunca creceríamos en la aceptación de otros ni de nosotros mismos.

Basado en lo que hemos estudiado ¿cómo definirías "conflicto"?

_____
_____ 159

¿Qué beneficio trae el conflicto en cuanto a nuestras relaciones?

_____
_____ 160

¿Por qué es normal y necesario el conflicto?

_____
_____ 161

Fíjate bien en esto: no importa quien ha ofendido a quien; siempre es tu deber acercarte al otro. Tú te mueves hacia él y él se mueve hacia ti. La clave está en los dos moviéndose en la dirección del otro con el propósito de ser reconciliados. Entonces, ¿qué? Hay que celebrar el restablecimiento de la relación. Celebra el gozo de la unidad de Cristo. ¿Tienes un conflicto con alguien? ¡Regocíjate! Es una oportunidad única de crecer en tu relación con él.

Una advertencia

¿Qué pasa si no nos acercamos a nuestro hermano para ser reconciliados con él? ¿Qué dice Mateo 6:14 y 15?

_____ 162

Nuestra relación con Dios es consustancial (definición:: de la misma esencia) a nuestras relaciones los unos con los otros. Si no nos reconciliamos con los otros y les perdonamos, Dios tampoco nos va a perdonar.

Formación espiritual

¿Tienes algún conflicto? ¿Puedes pensar en alguien con quien necesitas reconciliarte? Párate unos momentos para considerar esta pregunta ante Dios en oración. Busca sinceramente en tu corazón, deja que el Espíritu Santo te hable y muestre su voluntad sobre este asunto. Si es necesario, ve y reconcíliate con tu hermano.

Día 3:
La comunicación en la comunidad del Rey

Un componente básico de la unidad en la familia de Dios es la comunicación. Efesios 4:15 nos dice "...*sino que **hablando la verdad en amor**, crezcamos en todos los aspectos en aquel que es la cabeza, es decir, Cristo...*" (LBLA) Hoy vamos a estudiar la comunicación desde el punto de vista psicológico y mañana haremos un estudio temático sobre la comunicación en el cuerpo de Cristo.

Cinco niveles de comunicación

1. **Comunicación prefabricada.** "Hola, ¿qué tal?" "Bien". Esta conversación es muy superficial, o en realidad, no es comunicación, es meramente protocolo. ¿Con cuántas personas en tu iglesia mantienes este nivel de comunicación?
2. **Comunicación de tercera persona.** Dos personas se juntan para hablar de una tercera persona no presente. Es comunicarse de modo impersonal pues las dos no revelan nada de sí mismas.
3. **Comunicación de ideas.** En este nivel se puede compartir ideas, hablar de teología, y verdades bíblicas. Sin embargo toda comunicación está al nivel del intelecto sin tocar la vida y emociones. Es el nivel usado con frecuencia en los estudios bíblicos en la iglesia.
4. **Comunicación de emociones.** Este es el nivel en el cual la Palabra de Dios impacta y cambia la vida. Hablamos de sentimientos, reacciones, emociones y aplicamos la Palabra de Dios a nuestras situaciones específicas y concretas. Un ambiente de amor, aceptación y confianza es preciso para alcanzar este nivel.
5. **Comunicación total.** Con muy pocas personas podemos sentir tanta libertad, aceptación y amor que es posible compartir cualquier cosa con ella. Este es el nivel ideal para todo matrimonio.

Debemos alcanzar el *nivel 4* en el cuerpo con algunos creyentes con los cuales sentimos libertad, aceptación y compresión. En tal ambiente, es fácil compartir mutuamente, edificándonos los unos a los otros. La comunicación del nivel 4 es nuestra meta para los grupos de INSTE.

La comunicación y el concepto de sí mismo

Solamente en un ambiente de amor y aceptación incondicional podemos desarrollar un concepto bíblico de nosotros mismos. ¿Te acuerdas de la ventana de Johari? ¿Hasta qué nivel de comunicación debemos llegar para poder desarrollar el concepto de nosotros mismos que sea realista y bíblico? _____ [163]

El Discipulado 1

Lección 13: La unidad del cuerpo

Para alcanzar este nivel de comunicación todas las personas en la relación tienen que estar dispuestas a:

- **Revelarse uno mismo al otro**, o sea, revelar algo que no podría saberlo sin decírselo; por ejemplo, una batalla espiritual, una percepción personal, una meta o miedo. Tal revelación hace crecer el cuadro del "yo público" en aquella relación.
- **Ser vulnerables**. Cada vez que nos abrimos a otra persona, corremos el riesgo de ser malentendidos, rechazados, criticados, o juzgados. Pero vale la pena, porque es imposible amar a otro sin ser vulnerable delante de él.

Nuestra relación en la iglesia es la de dependencia mutua. Nos necesitamos los unos a los otros, para el aliento mutuo, la aceptación y amor que proveerá el ambiente en el que podemos desarrollar el concepto correcto y bíblico de nosotros mismos. La comunicación honesta y abierta es imprescindible para el crecimiento personal y corporal.

La comunicación y la evangelización

Si comunicamos solamente al nivel de ideas, presentando el evangelio como un sistema de creencias, puede ser que algunos serán convencidos de la verdad del evangelio, pero no llegarán a ser convertidos a la Verdad.

¿Cómo debemos comunicar el evangelio a los de nuestro mundo personal? ¿A nivel de ideas? ¿Presentamos el evangelio como un credo o demostramos la verdad del evangelio por nuestra manera de vivir? Recuerda, comunicamos el evangelio no solamente hablando sino también viviendo la verdad.

En la evangelización debemos demostrar nuestra aceptación de la persona con la cual hablamos como alguien con dignidad y valor. Jesús muestra este principio en su aceptación de la mujer adúltera en Juan 8. En vez de acusarla como pecadora, le demostró su amor y aceptación. Entonces, le dijo, "*Vete y no peques más.*" Jesús no aprobó su comportamiento, pero la aceptó como individuo.

¿Quién más se convirtió a Cristo a través de su aceptación como personas de valor y dignidad?

Lucas 5:27 _____ Lucas 19:8-12 _____ [164]

¿Cómo puedes comunicar tu aceptación de una persona sin aprobar su manera de vivir?

_____

La comunicación y la reconciliación

¿Cuál nivel de comunicación es necesario para la reconciliación entre hermanos? _____ [165]

Muchas veces la comunicación entre dos personas en conflicto se deteriora. Pero para llegar a la verdadera reconciliación, tenemos que arriesgarnos en la comunicación de nuestros sentimientos, valores, y emociones.

Día 3: La comunicación en la comunidad del Rey

Indica con una "**x**" el nivel de comunicación que tienes en las siguientes áreas.

Nivel de comunicación	1	2	3	4	5
En tu grupo del INSTE					
Entre tú y tu mejor amigo/a					
Entre tú y el pastor					
En los cultos de tu iglesia los domingos por la mañana					
Entre tú y tus padres					
Entre tú y tu esposo/a o novio/a					

Nombra los cinco niveles de comunicación explicando brevemente cada uno.

1. _____

2. _____

3. _____

4. _____

5. _____

Formación espiritual

Vuelve al cuadro de arriba y marca el nivel de comunicación que deseas en las diferentes relaciones. ¿Con quién tienes que mejorar la comunicación?

Lección 13: La unidad del cuerpo

Día 4:
Estudio temático: La lengua

Santiago observa correctamente:

> Si alguno se cree religioso, pero no refrena su lengua, sino que engaña a su propio corazón, la religión del tal es vana (1:26). Ahora bien, si ponemos el freno en la boca de los caballos para que nos obedezcan, dirigimos también todo su cuerpo. Mirad también las naves; aunque son tan grandes e impulsadas por fuertes vientos, son, sin embargo, dirigidas mediante un timón muy pequeño por donde la voluntad del piloto quiere. Así también la lengua es un miembro pequeño, y sin embargo, se jacta de grandes cosas. Mirad, ¡qué gran bosque se incendia con tan pequeño fuego! Y la lengua es un fuego, un mundo de iniquidad. La lengua está puesta entre nuestros miembros, la cual contamina todo el cuerpo, es encendida por el

Aquella es la experiencia de todos. ¿Qué hemos de hacer? Ef. 4:29 nos manda: "No salga de vuestra boca ninguna palabra mala, sino sólo la que sea buena para edificación, según la necesidad del momento, para que imparta gracia a los que escuchan." La manera de hablar de un creyente es diferente a la de un no creyente, pues tiene el poder del Espíritu Santo que le cambia por dentro. Jesús nos dijo que lo que sale de la boca del hombre viene de su corazón. (Mateo 15:11-18)

El estudio bíblico

A continuación encontrarás el comienzo de un estudio temático sobre el tema de la lengua. He hecho los primeros tres pasos. Solamente te quedan dos para realizar:
1. Haz un resumen de la enseñanza, y
2. Aplícala a tu vida.

He organizado el material bíblico en 2 columnas; la de la izquierda es la manera de hablar de un creyente; la de la derecha la de un inconverso. Léelo con cuidado y resume la enseñanza.

Estudio Bíblico: Método temático

Tema: El contraste entre el creyente y el inconverso en su manera de hablar

El creyente	El inconverso
Prov. 10:6 Hay bendiciones sobre la cabeza del justo,	pero la boca de los impíos oculta violencia.
Prov. 10:11 Fuente de vida es la boca del justo,	pero la boca de los impíos encubre violencia
Prov. 10:31 La boca del justo emite sabiduría,	pero la lengua perversa será cortada.
Prov. 10:20 La lengua del justo es plata escogida,	pero el corazón de los impíos es poca cosa.
Prov. 10:31 La boca del justo emite sabiduría,	pero la lengua perversa será cortada.
Prov. 12:18 pero la lengua de los sabios sana.	Hay quien habla sin tino como golpes de espada,
Prov. 12:19 Los labios veraces permanecerán para siempre,	pero la lengua mentirosa, sólo por un momento.
Prov. 13:2 Del fruto de su boca el hombre comerá el bien,	pero el deseo de los pérfidos es la violencia.
Prov. 13:3 El que guarda su boca, preserva su vida;	el que mucho abre sus labios, termina en ruina
Prov. 14:3 pero los labios de los sabios los protegerán.	En la boca del necio hay una vara para su espalda,
Prov. 15:2 La lengua del sabio hace grato el conocimiento,	pero la boca de los necios habla necedades.
Prov. 15:4 La lengua apacible es árbol de vida,	mas la perversidad en ella quebranta el espíritu.
Prov. 15:14 El corazón inteligente busca conocimiento,	mas la boca de los necios se alimenta de necedades.
Prov. 15:28 El corazón del justo medita cómo responder,	mas la boca de los impíos habla lo malo.
Salmo 15:1,3 Señor, ¿quién habitará en tu tabernáculo?...El que no calumnia con su lengua	**Salmo 5:9** Porque no hay sinceridad en lo que dicen; destrucción son sus entrañas, sepulcro abierto es su garganta; con su lengua hablan lisonjas.
Salmo 35:28 Y mi lengua hablará de tu justicia y de tu alabanza todo el día.	**Salmo 10:7** Llena está su boca de blasfemia, engaño y opresión; bajo su lengua hay malicia e iniquidad.

Lección 13: La unidad del cuerpo

El creyente	El inconverso
Salmo 37:30 La boca del justo profiere sabiduría, y su lengua habla rectitud.	**Salmo 52:4** Amas toda palabra destructora, oh lengua de engaño.
Salmo 119:43 No quites jamás de mi boca la palabra de verdad, porque yo espero {en} tus ordenanzas.	**Salmo 50:19** Das rienda suelta a tu boca para el mal, y tu lengua trama engaño.
Salmo 66:17 Con mi boca clamé a El, y ensalzado fue con mi lengua.	**Salmo 78:36** Mas con su boca le engañaban, y con su lengua le mentían.
Salmo 34:13 Guarda tu lengua del mal, y tus labios de hablar engaño.	**Salmo 9:8** Saeta mortífera es su lengua, engaño habla; con su boca habla {cada uno} de paz a su prójimo, pero dentro de sí le tiende emboscada.
Salmo 51:14 ...mi lengua cantará con gozo tu justicia.	**Salmo 64:3** que afilan su lengua como espada, {y} lanzan palabras amargas {como} saeta,
Salmo 109:30 Con mi boca daré abundantes gracias al Señor, y en medio de la multitud le alabaré	**Salmo 52:2** Tu lengua maquina destrucción como afilada navaja, oh artífice de engaño.
Salmo 119:108 Te ruego aceptes las ofrendas voluntarias de mi boca, oh Señor...	**Salmo 12:4** {a los} que han dicho: Con nuestra lengua prevaleceremos, nuestros labios nos defienden; ¿quién es señor sobre nosotros?
Salmo 119:172 Que cante mi lengua de tu palabra, porque todos tus mandamientos son justicia.	**Salmo 140:3** Aguzan su lengua como serpiente; veneno de víbora hay bajo sus labios. (Selah)
Salmo 126:2 Entonces nuestra boca se llenó de risa, y nuestra lengua de gritos de alegría; entonces dijeron entre las naciones: Grandes cosas ha hecho el \Señor\ con ellos	**Jer 9:3** Tienden su lengua {como} su arco; la mentira y no la verdad prevalece en la tierra; porque de mal en mal proceden, y a mí no me conocen—declara el \Señor\.
Salmo 71:8 Llena está mi boca de tu alabanza {y} de tu gloria todo el día.	**Pro 17:4** El malhechor escucha a los labios perversos, el mentiroso presta atención a la lengua detractora.
Salmo 71:24 También mi lengua hablará de tu justicia todo el día..	**Pro 6:16,17** Seis cosas hay que odia el Señor...lengua mentirosa...
Salmo 141:3 \Señor\, pon guarda a mi boca; vigila la puerta de mis labios.	
Pro 18:21 Muerte y vida están en poder de la lengua, y los que la aman comerán su fruto.	
Pro 21:23 El que guarda su boca y su lengua, guarda su alma de angustias.	

Resumen de la enseñanza

Lección 13: La unidad del cuerpo

Formación espiritual:
Aplicación Personal

Día 5:
Repaso

A lo largo de esta unidad nos hemos fijado en la base bíblica de las relaciones interpersonales dentro del cuerpo de Cristo. También vimos la importancia de desarrollar un concepto bíblico de uno mismo y cómo este concepto te afecta a ti y a tus relaciones con otros. Esta semana tratamos un tema de mucha importancia para cada creyente: los conflictos entre los hermanos y cómo debemos resolverlos y reconciliarnos los unos con los otros.

Resumen de la lección

He aquí una recopilación de los conceptos y principios más importantes de esta lección.

1. Un conflicto es un desacuerdo, o una diferencia de opinión sobre un asunto. Los conflictos son normales en las relaciones humanas y pueden ser positivos si resultan en el crecimiento de la relación. Los beneficios son:

   a. Se mejora la comunicación.
   b. Crece la comprensión y compasión entre los dos.
   c. Los dos experimentan la gracia de Dios.
   d. Se llegan a conocer con más profundidad el uno al otro.

2. Las dos reacciones básicas frente a un conflicto es evitarlo o enfrentarlo. Un conflicto no resuelto llega a ser un problema que resulta en la ruptura de la relación.

3. Ser pacificador quiere decir confrontar el conflicto para buscar la solución que beneficia a todos. Es dirigir las energías para analizar el conflicto, no para atacar al otro.

4. La reconciliación se basa en dos principios:

   a. La responsabilidad personal de tomar el primer paso y
   b. La valentía de arriesgarse al enfrentamiento. El amor es lo que nos impulsa a tomar los pasos necesarios para resolver un conflicto.

5. En la reconciliación siempre hay acercamiento mutuo. Mat. 5:22-24 y Mat. 18:5.

6. La comunicación se puede definir en cinco niveles:
   a. Comunicación .... De protocolo, muy superficial.
   b. Comunicación .... _ Impersonal. No resulta en el crecimiento de la relación.
   c. Comunicación .... Al nivel intelectual, sin compromiso emocional.
   d. Comunicación .... La meta de nuestro grupo de INSTE. Se comparte al nivel personal
   e. Comunicación .... Lo ideal para el matrimonio.

7. La comunicación del evangelio en tu mundo personal es tanto hablado como vivido. Lo que más atrae la atención a los no cristianos es la forma que comunicas que los aceptas como personas valiosas.

8. La manera de hablar de un creyente difiere mucho de un no creyente. Tal diferencia surge de la obra de Dios en su vida, cambiándole desde adentro y la expresa en su modo de hablar.

Formación espiritual

¿Cómo cambió tu manera de hablar al convertirte?

_____
_____
_____

No te olvides del versículo de esta semana.

Lección 14:
El Discipulado: Repaso

En esta asignatura hemos estudiado cinco temas globales: el señorío de Cristo, el estudio bíblico, la oración, el testimonio personal, y las relaciones interpersonales en la iglesia. Hemos tratado de hacer este estudio lo más práctico posible. Nuestra meta ha sido ayudarte a desarrollar las actitudes, destrezas, valores, hábitos y conocimiento que deben caracterizar a un discípulo de Cristo. A través de tu estudio individual con este libro y tu Biblia más las reuniones de tu grupo, has experimentado lo que significa ser discípulo de Cristo.

En las próximas tres asignaturas del Primer Nivel de INSTE, continuamos con el entrenamiento del discipulado. El enfoque principal de esta asignatura ha sido las destrezas y actitudes que caracterizan a un seguidor de Cristo. En las próximas asignaturas destacaremos el conocimiento doctrinal y bíblico de un discípulo. Tendrás la oportunidad de usar todo lo que has aprendido en esta asignatura mientras que escudriñamos la Palabra de Dios.

Acerca de esta lección

Esta semana vamos a hacer un repaso de la asignatura, mirándola sobre todo a luz de tu crecimiento espiritual. Tendrás la oportunidad de evaluar tu progreso hacia las metas de esta asignatura y de tus metas personales. Propondrás metas personales para el próximo semestre. Harás también una evaluación de esta asignatura.

Objetivos

Cuando termines esta lección deberás poder...
1. Identificar las áreas donde has crecido espiritualmente por haber hecho este estudio.
2. Identificar por lo menos una meta personal que quieres alcanzar en el próximo semestre.
3. Resumir las lecciones que hemos estudiado.

Lección 14: El Discipulado: Repaso

El plan de estudio para esta lección

Día 1: Repaso de las lecciones 1 y 2: El señorío de Cristo 268
Día 2: Repaso de las lecciones 3 a 5: Estudio bíblico 272
Día 3: Repaso de las lecciones 6 a 8: La oración 274
Día 4: Repaso de las lecciones 9 y 10: El testimonio personal 276
Día 5: Repaso de las lecciones 11 a 13: La iglesia 278

D í a   1 :
Repaso de lecciones 1 y 2: El señorío de Cristo

Lección 1: Orientación

1. El propósito de INSTE es (página 2)

_____
_____

Queremos recalcar que INSTE va más allá de la adquisición de información; lo que buscamos es el crecimiento del alumno hacia la madurez en Cristo.

2. Los cuatro factores de formación cristiana en INSTE son (página 8)

_____   _____

_____   _____

3. Vuelve a la página. 11 y lee la lista de las disciplinas espirituales. ¿Qué ha cambiado en tu vida durante este estudio?

Lección 2: La base bíblica del discipulado

1. ¿Cuáles son los tres requisitos para hacer discípulos?

- La dimensión social _____

- La dimensión intelectual _____

- La dimensión emocional _____

Día 1: Repaso de las lecciones 1 y 2: El señorío de Cristo

2. ¿Cuál es la señal de ser un discípulo de Cristo que mencionamos en esta lección?
_____

3. Vuelve a la página 36 y haz una "inspección de fruto". ¿Ha crecido el fruto en tu vida?

4. La gran comisión es un mandato, "Yendo... **haced discípulos**... ¿Haciendo qué?

Evangelización _____

Edificación _____

5. El poder para hacer discípulos también es divino: Hch. 1:8 _____

Destrezas aprendidas

En esta unidad sobre el señorío de Cristo, presentamos dos destrezas que has ido practicando a lo largo de la asignatura: 1) el diario espiritual, y 2). la memorización de versículos bíblicos.

El diario espiritual

¿Cómo te ha ayudado para crecer espiritualmente el diario espiritual?
_____
_____

La memorización de los versículos

¿Cuántos de los trece versículos en el paquete de tarjetas de versículos puedes citar de memoria? (Debes tener por lo menos 10 memorizados). En las líneas a continuación escribe los versículos:

2 Timoteo 2:15 _____
_____
_____
_____

Lucas 9:23 _____
_____
_____

Filipenses 4:13 _____
_____

Colosenses 3:16 _____
_____

El Discipulado 1

Lección 14: El Discipulado: Repaso

Josué 1:8

Mateo 6:9-13

Filipenses 4:6-7

2 Pedro 3:9

Efesios 2:8,9

Día 1: Repaso de las lecciones 1 y 2: El señorío de Cristo

Romanos 10:9-10

2 Corintios 5:17

Hebreos 10:24-25

Juan 13:34-35

Lección 14: El Discipulado 1: Repaso

Día 2:
Repaso de las lecciones 3 a 5: Estudio bíblico

Lección 3: Cómo estudiar la Biblia

Hay dos maneras de alimentarse espiritualmente. Una es indirecta (aprovecharse de los estudios bíblicos de las personas dotadas como maestros de la Palabra de Dios) y la otra es a través de los estudios directos. ¿Cuáles son las tres fuentes de alimentación que hemos estudiado en esta lección?

1. Los s_____ y ens_____   b_____
   utilizando las hojas de apuntes

2. Las h_____   b_____ :
   c_____   d_____   b_____   c_____

3. La l_____   c_____

Lección 4: Cómo estudiar la Biblia: el método sintético

El propósito fundamental del estudio sintético es:
_____
_____

La piedra fundamental de este estudio es:
_____
_____

La división fundamental de un estudio sintético es un _____

El método sintético

1. _____
2. _____
3. _____
4. _____
5. _____
6. _____
7. _____

276   ©*1992: OBSC*

Día 2: Repaso de las lecciones 3 a 5: Estudio bíblico

Lección 5: Cómo estudiar la Biblia: los métodos temático y biográfico

El método temático

1. _____
2. _____
3. _____
4. _____
5. _____

El propósito del estudio temático es:

_____
_____
_____
_____

El propósito del método biográfico es similar al del método temático, esto es,

_____
_____
_____
_____

El método biográfico

1. _____
2. _____
3. _____
4. _____
5. _____

Evaluación personal

¿Cuál de estos métodos (o directo o indirecto) es más útil para ti? ¿Por qué?

_____
_____
_____

El Discipulado 1

Lección 14: El Discipulado 1: Repaso

Día 3:
Repaso de las lecciones 6 a 8: La oración

Lección 6: La oración equilibrada

Escribe en el gráfico a la derecha las seis partes de la oración que estudiamos en esta lección y a continuación, defínelos:

1._____
2._____
3._____
4._____
5._____
6._____

Lección 7: La lucha espiritual

¿Cuáles son los tres enemigos de nuestra fe?

_____ _____ _____

La armadura de Dios nos prepara para luchar contra Satanás. ¿Cómo hacer huir al diablo? Llevando toda la armadura de Dios y orando en el Espíritu, que significa:

_____

El bautismo en el Espíritu Santo

¿Has sido bautizado en el Espíritu Santo? ¿Cómo lo sabes?

_____

El propósito de la llenura del Espíritu es seguir creciendo hacia la madurez espiritual a través de Su poder. No es la experiencia en sí que buscamos, más bien queremos experimentar el poder del Espíritu Santo en nuestra vida y testimonio personal. Lo importante es seguir siendo llenos del Espíritu Santo, a través del rendimiento constante a Su voluntad. El bautismo en el Espíritu Santo es el punto de partida para poder vencer sobre la carne, el mundo, y el diablo.

El ayuno y la oración

Mencionamos tres tipos de ayuno individual:

_____   _____   _____

El ayuno general comprende a todo el pueblo de Dios tiene dos propósitos fundamentales: (página 147)

_____ y _____

Lección 8: Orando en el Espíritu

En esta lección hablamos de oraciones siempre eficaces y oraciones pendientes.

1. Oraciones _____ Hay algunas oraciones que siempre están en la voluntad de Dios.

Ejemplo: _____

2. Oraciones _____ Otras dependen de la voluntad de Dios en una situación determinada.

Ejemplo: _____

Recuerda que orar en el Espíritu significa: _____

Descubriendo la voluntad de Dios

Mencionamos tres pautas para conocer la voluntad de Dios en una situación:)

1. _____
2. _____
3. _____

La lista de oración

¿Usas la lista de oración en tu diario espiritual? ¿Cómo han cambiado tu hábitos de orar?

_____

Oración en grupos

En esta lección nombramos cuatro tipos de oración unida: devocionales familiares, grupos de oración, oración con tu compañero de crecimiento espiritual, y la cadena de oración. ¿Con cuál o cuáles de estas formas has experimentado?

_____
_____
_____
_____

El Discipulado 1

Lección 14: El Discipulado 1: Repaso

Día 4:
Repaso de las lecciones 9 y 10: El testimonio personal

Lección 9: "Me seréis testigos..."

Empezamos esta lección identificando las personas de tu mundo personal. Vuelve a la página 174 y repasa esa lista de personas que identificaste. ¿Debes quitar o añadir nombres de los que componen tu mundo? ¿Se ha convertido alguien de tu lista?

Hemos dicho que dar testimonio de la fe en Cristo a las personas de nuestro mundo personal es el método de evangelización más difícil y más eficaz. ¿Por qué?

_____

¿Cuál es la relación entre el testimonio eficaz y el crecimiento espiritual del creyente?

_____

El testimonio personal
El testimonio personal está compuesto por tres partes:

1._____
2._____
3._____

El plan de salvación
Resume el plan de salvación que utilizas en la evangelización personal

1._____
2._____
3._____
4._____
5._____
6._____
7._____

Día 4: Repaso de las lecciones 9 y 10: El testimonio personal

Lección 10: "Me seréis testigos", 2ª parte

El uso de la Escritura

Comenzamos la décima lección considerando el uso de la Escritura en el evangelismo personal. He aquí un resumen de las pautas que propusimos:

1. Es mejor llevar un Nuevo Testamento en el bolsillo que una gran Biblia.
2. Cuando sea apropiado, busca los versículos en tu Nuevo Testamento para que el inconverso sepa que lo que dices está basado en la Biblia.
3. Al tener los versículos aprendidos de memoria, los puedes usar en cualquier momento.
4. Al citar un versículo, no es necesario dar la referencia.
5. Parafrasea el versículo en lugar de citarlo cuando sea apropiado.
6. Usa solamente la parte del versículo que tiene que ver con tu argumento.

Tomar la decisión

Es el Espíritu Santo que convence al mundo de pecado. Si una persona resiste la invitación de aceptar a Cristo, termina la conversación agradeciéndole por escucharte y seguir orando por ella en tu tiempo devocional.

Si quiere aceptar a Cristo en su vida, la oración se hace en tres etapas:

1. orando por él, pidiendo del Espíritu su ayuda y dirección
2. orando con él, una oración de arrepentimiento y fe
3. dando gracias a Dios por el don de salvación.

El seguimiento

Las primeras semanas después de aceptar a Cristo son cruciales en la vida del nuevo creyente. Sugerimos 10 temas que debes estudiar junto con el nuevo creyente para ayudarle en sus primeros pasos como cristiano. Recuerda que el testimonio a través de tu vida es lo que más tiene impacto en su vida.

Terminamos este estudio considerando las objeciones que se oyen con más frecuencia en el evangelismo personal. También presentamos pautas para hablar con alguien de la nueva era sobre Jesucristo.

Lección 14: El Discipulado 1: Repaso

Día 5:
Repaso de las lecciones 11 a 13: La iglesia

Lección 11: ¿Quién soy yo en Cristo?

Dios tiene un concepto realista de quienes somos. Es instructivo ver lo que piensa Él de nosotros, que somos aceptados en Cristo. Cuando Dios nos mira, ¿qué ve?

_____

En esta lección usamos la ventana de Johari para analizar el efecto de las relaciones interpersonales en el desarrollo del concepto de sí mismo. ¿Cuáles son las cuatro áreas de la ventana? (página 223)

_____   _____   _____   _____

Explicamos el efecto de las relaciones interpersonales en el desarrollo de un concepto bíblico de sí mismo. El ambiente de un grupo pequeño de la iglesia caracterizarse por el amor, la aceptación incondicional, y la confianza mutua. En tales condiciones la autorevelación es posible.

Lección 12: "Unos a otros"

El Nuevo Testamento nos proporciona una serie de principios que rigen las relaciones interpersonales en el cuerpo de Cristo. De los doce, ¿cuáles son los tres principios que más te llamaron la atención? (página 249)

_____   _____   _____

Lección 13: La unidad del cuerpo

Notamos la diferencia entre un conflicto y un problema. ¿Cuál fue?
_____
¿Cuál es la forma bíblica de resolver un conflicto? _____
¿Cuál es la relación entre Mat. 5:23-24 y Mat. 18:15? _____
_____
_____
_____

Los cinco niveles de comunicación nos ayudan a evaluar la calidad de comunicación en varias relaciones tanto dentro de la iglesia como en las personales. El nivel que buscamos para el grupo de INSTE es el 4, o sea, el compartir al nivel personal. Nombra los 5 niveles

Día 5:Repaso a las lecciones 11-13: La Iglesia

Terminamos la lección analizando lo que dice la Biblia sobre el tema de la lengua. Descubrimos la gran diferencia entre el hablar de un creyente y el de un inconverso.

Un chequeo al final de la asignatura

Puesto que estamos a punto de terminar esta asignatura sobre el discipulado, sería bueno hacer un chequeo personal sobre los temas que hemos estudiado y las tareas que has hecho.

Calificación	Tema o tarea
1 2 3 4 5 6 7 8 9 10	¿Has estudiado todos los días la parte indicada de la lección?
1 2 3 4 5 6 7 8 9 10	¿Memorizaste fielmente los versículos asignados?
1 2 3 4 5 6 7 8 9 10	¿Asistes fielmente tanto a las reuniones de tu iglesia como a las de tu grupo de INSTE?
1 2 3 4 5 6 7 8 9 10	¿Mantienes tu tiempo de devocional todos los días utilizando tu diario espiritual para apuntar tus pensamientos y motivos de oración y las respuestas de tus oraciones?
1 2 3 4 5 6 7 8 9 10	¿Estás diezmando de tu sueldo a tu iglesia?
1 2 3 4 5 6 7 8 9 10	¿Te sometes a la autoridad de Cristo expresado en el liderazgo de tu iglesia?
1 2 3 4 5 6 7 8 9 10	¿Estás perfeccionando tus destrezas de estudio bíblico utilizando uno de los métodos de estudio bíblico que presentamos?
1 2 3 4 5 6 7 8 9 10	¿Oras por lo menos 15 minutos todos lo días?
1 2 3 4 5 6 7 8 9 10	¿Está equilibrado tu tiempo de oración? (Recuerda las seis partes de oración que estudiamos.)
1 2 3 4 5 6 7 8 9 10	¿Has sido bautizado en el Espíritu Santo, o estás pidiendo del Espíritu Santo que te llene de Su poder?
1 2 3 4 5 6 7 8 9 10	¿Estás aumentando tu capacidad de luchar contra el diablo, el mundo y la carne?
1 2 3 4 5 6 7 8 9 10	¿Has utilizado el arma de ayuno para crecer espiritualmente?
1 2 3 4 5 6 7 8 9 10	¿Utilizas la lista de oración de tu diario espiritual?
1 2 3 4 5 6 7 8 9 10	¿Oras con frecuencia por las personas que has identificado en tu mundo personal?
1 2 3 4 5 6 7 8 9 10	¿Ven los de tu mundo personal que el fruto del Espíritu brota en tu vida?
1 2 3 4 5 6 7 8 9 10	¿Tienes tu testimonio personal bien planificado y aprendido para usar en la evangelización personal?
1 2 3 4 5 6 7 8 9 10	¿Puedes explicar el plan de salvación a un inconverso?
1 2 3 4 5 6 7 8 9 10	¿Sabes usar efectivamente la Escritura en la evangelización personal?
1 2 3 4 5 6 7 8 9 10	¿Utilizas la hoja de "Los primeros pasos" para ayudar a un nuevo creyente en su andar cristiano?
1 2 3 4 5 6 7 8 9 10	¿Tienes la confianza suficiente para enfrentar las objeciones de los no creyentes?
1 2 3 4 5 6 7 8 9 10	¿Sabes quién eres tú en Cristo Jesús?

El Discipulado 1

Lección 14: El Discipulado 1: Repaso

1 2 3 4 5 6 7 8 9 10	¿Está creciendo tu relación con tus hermanos del grupo de INSTE a través de la autorevelación mutua?
1 2 3 4 5 6 7 8 9 10	¿Pones en práctica los principios "unos a otros" en las relaciones con otros miembros de tu iglesia?
1 2 3 4 5 6 7 8 9 10	¿Estás creciendo en tu capacidad de "hablar la verdad en amor" con los hermanos de tu grupo de INSTE?

Ahora, vuelve a la página 36 y haz otra "inspección de fruto". ¿Notas un cambio? Pensando en todo lo que ha ocurrido en tu vida en estas últimas catorce semanas, ¿cómo ha cambiado tu vida? ¿Cómo te ha ayudado este curso a crecer espiritualmente?

_____

_____

El examen final

En la reunión de esta semana harás el examen final. En el repaso que acabamos de hacer hemos examinado los conceptos más importantes de esta asignatura. En adición, debes repasar los exámenes semanales y los objetivos de cada lección.

El examen final está dividido en dos partes:
1. una examen de tu dominio de los conceptos que hemos estudiado, y
2. una autoevaluación de tu progreso hacia las metas del curso.

Comentario final

Esperamos que hayas disfrutado esta introducción al discipulado. Gracias por haber permitido que te acompañemos a través de estas lecciones. Nuestra oración es...

...que vuestro amor abunde aún más y más en conocimiento verdadero y (en) todo discernimiento, a fin de que escojáis lo mejor, para que seáis puros e irreprensibles para el día de Cristo; llenos del fruto de justicia que (es) por medio de Jesucristo, para la gloria y alabanza de Dios.

Filipenses 1:9-11

Dios te bendiga. Sigue creciendo en Su amor.

Discipulado 1
Formación Espiritual

Compromiso de Crecimiento Espiritual 282
Compromiso del Discipulado 283
Diario Espiritual 284
Versículos para Memorizar 313

Compromiso de Crecimiento Espiritual

Durante este semestre, mi meta de crecimiento espiritual es:
(elige por lo menos una de estas áreas y escribe tu meta personal)

Oración:
_____
_____

Testimonio:
_____
_____

Palabra:
_____
_____

Comunión:
_____
_____

Otra meta:
_____
_____

Con la ayuda del Señor y con el aliento de mis compañeros de grupo, me comprometo delante del Señor a hacer todo lo posible para alcanzar la(s) meta(s) que aquí presento.

_____   _____
Firma   *Fecha*

"...que vuestro amor abunde más y más en conocimiento verdadero y en todo discernimiento a fin de que escojáis lo mejor, para que seáis puros e irreprensibles para el día de Cristo; llenos del fruto de justicia que es por medio de Jesucristo, para la gloria y alabanza de Dios."
Filipenses 1:9-11

Compromiso del discipulado
Pacto de compañeros de crecimiento espiritual

_____ y _____

Se comprometen a:

1. *animarse y fortalecerse mutuamente durante este curso*
2. *orar diariamente el uno por el otro y*
3. *tomar responsabilidad mutua por el cumplimiento de las metas personales de su contrato de crecimiento espiritual.*

Se reunirán una vez por semana para compartir cómo el Señor está obrando en y a través de su vida, para orar juntos y para informar el uno al otro de su progreso en el cumplimiento de sus objetivos personales.

_____   _____
firma   *fecha*

_____   _____
firma   *fecha*

_____   _____
firma   *fecha*

_____
Firma del líder de grupo

Más valen dos que uno solo...
porque si uno de ellos cae,
el otro levantará a su compañero....
Eclesiastés 4:9-10

El Discipulado 1

Diario Espiritual Lección 1

Versículo de memorizar en la semana	_____	Lista de repaso _____ _____ _____ _____ _____ D L M M J V S
Día 1	Escritura _____ Comentario: _____ _____ _____ Oración: _____ _____ _____	Lista de oración
Día 2	Escritura _____ Comentario: _____ _____ _____ Oración: _____ _____ _____	Lista de oración
Día 3	Escritura _____ Comentario: _____ _____ _____ Oración: _____ _____ _____	Lista de oración

©1992: OBSC

Diario Espiritual Lección 1

Lista de oración	Escritura _____ Comentario: _____ _____ _____ Oración: _____ _____ _____	Día 4
Lista de oración	Escritura _____ Comentario: _____ _____ _____ Oración: _____ _____ _____	Día 5
Lista de oración	Escritura _____ Comentario: _____ _____ _____ Oración: _____ _____ _____	Día 6
Lista de oración	Escritura _____ Comentario: _____ _____ _____ Oración: _____ _____ _____	Día 7

El Discipulado 1

Diario Espiritual Lección 2

Versículo de memorizar en la semana	_____ _____ _____ _____ _____ _____	Lista de repaso _____ _____ _____ _____ _____ D L M M J V S
Día 1	Escritura _____ Comentario: _____ _____ _____ _____ Oración: _____ _____ _____	Lista de oración
Día 2	Escritura _____ Comentario: _____ _____ _____ _____ Oración: _____ _____ _____	Lista de oración
Día 3	Escritura _____ Comentario: _____ _____ _____ _____ Oración: _____ _____ _____	Lista de oración

©1992: OBSC

Diario Espiritual Lección 2

Lista de oración	Escritura _____ Comentario: _____ _____ _____ Oración: _____ _____ _____	Día 4
Lista de oración	Escritura _____ Comentario: _____ _____ _____ Oración: _____ _____ _____	Día 5
Lista de oración	Escritura _____ Comentario: _____ _____ _____ Oración: _____ _____ _____	Día 6
Lista de oración	Escritura _____ Comentario: _____ _____ _____ Oración: _____ _____ _____	Día 7

El Discipulado 1

Diario Espiritual Lección 3

Versículo de memorizar en la semana	_____ _____ _____ _____ _____ _____ _____	Lista de repaso _____ _____ _____ _____ _____ D L M M J V S
Día 1	Escritura _____ Comentario: _____ _____ _____ Oración: _____ _____ _____	Lista de oración
Día 2	Escritura _____ Comentario: _____ _____ _____ Oración: _____ _____ _____	Lista de oración
Día 3	Escritura _____ Comentario: _____ _____ _____ Oración: _____ _____ _____	Lista de oración

©1992: OBSC

Diario Espiritual Lección 3

Lista de oración	Escritura _____ Comentario: _____ _____ _____ Oración: _____ _____ _____	Día 4
Lista de oración	Escritura _____ Comentario: _____ _____ _____ Oración: _____ _____ _____	Día 5
Lista de oración	Escritura _____ Comentario: _____ _____ _____ Oración: _____ _____ _____	Día 6
Lista de oración	Escritura _____ Comentario: _____ _____ _____ Oración: _____ _____ _____	Día 7

El Discipulado 1

Diario Espiritual Lección 4

Versículo de memorizar en la semana	_____ _____ _____ _____ _____ _____	Lista de repaso _____ _____ _____ _____ _____ D L M M J V S
Día 1	Escritura _____ Comentario: _____ _____ _____ _____ Oración: _____ _____ _____	Lista de oración
Día 2	Escritura _____ Comentario: _____ _____ _____ _____ Oración: _____ _____ _____	Lista de oración
Día 3	Escritura _____ Comentario: _____ _____ _____ _____ Oración: _____ _____ _____	Lista de oración

©1992: OBSC

Diario Espiritual Lección 4

Lista de oración	Escritura _____ Comentario: _____ _____ _____ Oración: _____ _____ _____	Día 4
Lista de oración	Escritura _____ Comentario: _____ _____ _____ Oración: _____ _____ _____	Día 5
Lista de oración	Escritura _____ Comentario: _____ _____ _____ Oración: _____ _____ _____	Día 6
Lista de oración	Escritura _____ Comentario: _____ _____ _____ Oración: _____ _____ _____	Día 7

El Discipulado 1

Diario Espiritual Lección 5

Versículo de memorizar en la semana	_____	**Lista de repaso** _____ D L M M J V S
Día 1	Escritura _____ Comentario: _____ Oración: _____	Lista de oración
Día 2	Escritura _____ Comentario: _____ Oración: _____	Lista de oración
Día 3	Escritura _____ Comentario: _____ Oración: _____	Lista de oración

©1992: OBSC

Diario Espiritual Lección 5

Lista de oración	Escritura _____ Comentario: _____ _____ _____ Oración: _____ _____ _____	Día 4
Lista de oración	Escritura _____ Comentario: _____ _____ _____ Oración: _____ _____ _____	Día 5
Lista de oración	Escritura _____ Comentario: _____ _____ _____ Oración: _____ _____ _____	Día 6
Lista de oración	Escritura _____ Comentario: _____ _____ _____ Oración: _____ _____ _____	Día 7

Diario Espiritual Lección 6

Versículo de memorizar en la semana	_____ _____ _____ _____ _____ _____	Lista de repaso _____ _____ _____ _____ D L M M J V S
Día 1	Escritura _____ Comentario: _____ _____ _____ Oración: _____ _____ _____	Lista de oración
Día 2	Escritura _____ Comentario: _____ _____ _____ Oración: _____ _____ _____	Lista de oración
Día 3	Escritura _____ Comentario: _____ _____ _____ Oración: _____ _____ _____	Lista de oración

©1992: OBSC

Diario Espiritual Lección 6

Lista de oración	Escritura _____ Comentario: _____ _____ _____ Oración: _____ _____ _____	Día 4
Lista de oración	Escritura _____ Comentario: _____ _____ _____ Oración: _____ _____ _____	Día 5
Lista de oración	Escritura _____ Comentario: _____ _____ _____ Oración: _____ _____ _____	Día 6
Lista de oración	Escritura _____ Comentario: _____ _____ _____ Oración: _____ _____ _____	Día 7

El Discipulado 1

Diario Espiritual Lección 7

Versículo de memorizar en la semana	_____ _____ _____ _____ _____ _____	Lista de repaso _____ _____ _____ _____ D L M M J V S
Día 1	Escritura _____ Comentario: _____ _____ _____ Oración: _____ _____ _____	Lista de oración
Día 2	Escritura _____ Comentario: _____ _____ _____ Oración: _____ _____ _____	Lista de oración
Día 3	Escritura _____ Comentario: _____ _____ _____ Oración: _____ _____ _____	Lista de oración

©1992: OBSC

Diario Espiritual Lección 7

Lista de oración	Escritura _____ Comentario: _____ _____ _____ Oración: _____ _____ _____	Día 4
Lista de oración	Escritura _____ Comentario: _____ _____ _____ Oración: _____ _____ _____	Día 5
Lista de oración	Escritura _____ Comentario: _____ _____ _____ Oración: _____ _____ _____	Día 6
Lista de oración	Escritura _____ Comentario: _____ _____ _____ Oración: _____ _____ _____	Día 7

El Discipulado 1

Diario Espiritual Lección 8

Versículo de memorizar en la semana	_____ _____ _____ _____ _____ _____ _____	Lista de repaso _____ _____ _____ _____ _____ D L M M J V S
Día 1	Escritura _____ Comentario: _____ _____ _____ _____ Oración: _____ _____ _____	Lista de oración
Día 2	Escritura _____ Comentario: _____ _____ _____ _____ Oración: _____ _____ _____	Lista de oración
Día 3	Escritura _____ Comentario: _____ _____ _____ _____ Oración: _____ _____ _____	Lista de oración

©1992: OBSC

Diario Espiritual Lección 8

Lista de oración	Escritura _____ Comentario: _____ _____ _____ Oración: _____ _____ _____	Día 4
Lista de oración	Escritura _____ Comentario: _____ _____ _____ Oración: _____ _____ _____	Día 5
Lista de oración	Escritura _____ Comentario: _____ _____ _____ Oración: _____ _____ _____	Día 6
Lista de oración	Escritura _____ Comentario: _____ _____ _____ Oración: _____ _____ _____	Día 7

Diario Espiritual Lección 9

Versículo de memorizar en la semana	_____ _____ _____ _____ _____ _____	Lista de repaso _____ _____ _____ _____ _____ D L M M J V S
Día 1	Escritura _____ Comentario: _____ _____ _____ Oración: _____ _____ _____	Lista de oración
Día 2	Escritura _____ Comentario: _____ _____ _____ Oración: _____ _____ _____	Lista de oración
Día 3	Escritura _____ Comentario: _____ _____ _____ Oración: _____ _____ _____	Lista de oración

©1992: OBSC

Diario Espiritual Lección 9

Lista de oración	Escritura _____ Comentario: _____ _____ _____ Oración: _____ _____ _____	Día 4
Lista de oración	Escritura _____ Comentario: _____ _____ _____ Oración: _____ _____ _____	Día 5
Lista de oración	Escritura _____ Comentario: _____ _____ _____ Oración: _____ _____ _____	Día 6
Lista de oración	Escritura _____ Comentario: _____ _____ _____ Oración: _____ _____ _____	Día 7

El Discipulado 1

Diario Espiritual Lección 10

Versículo de memorizar en la semana	_____ _____ _____ _____ _____ _____	Lista de repaso _____ _____ _____ _____ _____ D L M M J V S
Día 1	Escritura _____ Comentario: _____ _____ _____ _____ Oración: _____ _____ _____	Lista de oración
Día 2	Escritura _____ Comentario: _____ _____ _____ _____ Oración: _____ _____ _____	Lista de oración
Día 3	Escritura _____ Comentario: _____ _____ _____ _____ Oración: _____ _____ _____	Lista de oración

©1992: OBSC

Diario Espiritual Lección 10

Lista de oración	Escritura _____ Comentario: _____ _____ _____ Oración: _____ _____ _____	Día 4
Lista de oración	Escritura _____ Comentario: _____ _____ _____ Oración: _____ _____ _____	Día 5
Lista de oración	Escritura _____ Comentario: _____ _____ _____ Oración: _____ _____ _____	Día 6
Lista de oración	Escritura _____ Comentario: _____ _____ _____ Oración: _____ _____ _____	Día 7

El Discipulado 1

Diario Espiritual Lección 11

		Lista de repaso
Versículo de memorizar en la semana	_____ _____ _____ _____ _____ _____	_____ _____ _____ _____ _____ D L M M J V S
Día 1	Escritura _____ Comentario: _____ _____ _____ Oración: _____ _____ _____	Lista de oración
Día 2	Escritura _____ Comentario: _____ _____ _____ Oración: _____ _____ _____	Lista de oración
Día 3	Escritura _____ Comentario: _____ _____ _____ Oración: _____ _____ _____	Lista de oración

©1992: OBSC

Diario Espiritual Lección 11

Lista de oración	Escritura _____ Comentario: _____ _____ _____ Oración: _____ _____ _____	Día 4
Lista de oración	Escritura _____ Comentario: _____ _____ _____ Oración: _____ _____ _____	Día 5
Lista de oración	Escritura _____ Comentario: _____ _____ _____ Oración: _____ _____ _____	Día 6
Lista de oración	Escritura _____ Comentario: _____ _____ _____ Oración: _____ _____ _____	Día 7

El Discipulado 1

Diario Espiritual Lección 12

Versículo de memorizar en la semana	_____ _____ _____ _____ _____ _____	Lista de repaso _____ _____ _____ _____ _____ D L M M J V S
Día 1	Escritura _____ Comentario: _____ _____ _____ Oración: _____ _____ _____	Lista de oración
Día 2	Escritura _____ Comentario: _____ _____ _____ Oración: _____ _____ _____	Lista de oración
Día 3	Escritura _____ Comentario: _____ _____ _____ Oración: _____ _____ _____	Lista de oración

©1992: OBSC

Diario Espiritual Lección 12

Lista de oración	Escritura _____ Comentario: _____ _____ _____ Oración: _____ _____ _____	Día 4
Lista de oración	Escritura _____ Comentario: _____ _____ _____ Oración: _____ _____ _____	Día 5
Lista de oración	Escritura _____ Comentario: _____ _____ _____ Oración: _____ _____ _____	Día 6
Lista de oración	Escritura _____ Comentario: _____ _____ _____ Oración: _____ _____ _____	Día 7

El Discipulado 1

Diario Espiritual Lección 13

Versículo de memorizar en la semana	_____ _____ _____ _____ _____ _____	Lista de repaso _____ _____ _____ _____ _____ D L M M J V S
Día 1	Escritura _____ Comentario: _____ _____ _____ Oración: _____ _____ _____	Lista de oración
Día 2	Escritura _____ Comentario: _____ _____ _____ Oración: _____ _____ _____	Lista de oración
Día 3	Escritura _____ Comentario: _____ _____ _____ Oración: _____ _____ _____	Lista de oración

©1992: OBSC

Diario Espiritual Lección 13

Lista de oración	Escritura _____ Comentario: _____ _____ _____ Oración: _____ _____ _____	Día 4
Lista de oración	Escritura _____ Comentario: _____ _____ _____ Oración: _____ _____ _____	Día 5
Lista de oración	Escritura _____ Comentario: _____ _____ _____ Oración: _____ _____ _____	Día 6
Lista de oración	Escritura _____ Comentario: _____ _____ _____ Oración: _____ _____ _____	Día 7

El Discipulado 1

Diario Espiritual Lección 14

Versículo de memorizar en la semana	_____ _____ _____ _____ _____ _____	Lista de repaso _____ _____ _____ _____ _____ D L M M J V S
Día 1	Escritura _____ Comentario: _____ _____ _____ Oración: _____ _____ _____	Lista de oración
Día 2	Escritura _____ Comentario: _____ _____ _____ Oración: _____ _____ _____	Lista de oración
Día 3	Escritura _____ Comentario: _____ _____ _____ Oración: _____ _____ _____	Lista de oración

©1992: OBSC

Diario Espiritual Lección 14

Lista de oración	Escritura _____ Comentario: _____ _____ _____ Oración: _____ _____ _____	Día 4
Lista de oración	Escritura _____ Comentario: _____ _____ _____ Oración: _____ _____ _____	Día 5
Lista de oración	Escritura _____ Comentario: _____ _____ _____ Oración: _____ _____ _____	Día 6
Lista de oración	Escritura _____ Comentario: _____ _____ _____ Oración: _____ _____ _____	Día 7

El Discipulado 1

Notas

Discipulado	*Discipulado*	*La Palabra de Dios*
Procura con diligencia presentarte a Dios aprobado, como obrero que no tiene de qué avergonzarse, que usa bien la palabra de verdad.	Y decía a todos: Si alguno quiere venir en pos de mí, niéguese a sí mismo, tome su cruz cada día, y sígame.	Todo lo puedo en Cristo que me fortalece.
La Palabra de Dios	*La Palabra de Dios*	Padre nuestro que estás en los cielos, santificado sea tu nombre. Venga tu reino. Hágase tu voluntad, como en el cielo, así también en la tierra. El pan nuestro de cada día, dánoslo hoy. Y perdónanos nuestras deudas, como también nosotros perdonamos a nuestros deudores. Y no nos metas en tentación, mas líbranos del mal; porque tuyo es el reino, y el poder, y la gloria, por todos los siglos. Amen.
La palabra de Cristo more en abundancia en vosotros, enseñándoos y exhortándoos unos a otros en toda sabiduría, cantando con gracia en vuestros corazones al Señor con salmos e himnos y cánticos espirituales.	Nunca se apartará de tu boca este libro de la ley, sino que de día y de noche meditarás en él, para que guardes y hagas conforme a todo lo que en él está escrito; porque entonces harás prosperar tu camino, y todo te saldrá bien.	
Oración	*Evangelización*	*Evangelización*
Por nada estéis afanosos, sino sean conocidas vuestras peticiones delante de Dios en toda oración y ruego, con acción de gracias. Y la paz de Dios, que sobrepasa todo entendimiento, guardará vuestros corazones y vuestros pensamientos en Cristo Jesús.	El Señor no retarda su promesa, según algunos la tienen por tardanza, sino que es paciente para con nosotros, no queriendo que ninguno perezca, sino que todos procedan al arrepentimiento.	Porque por gracia sois salvos por medio de la fe; y esto no de vosotros, pues es don de Dios no por obras, para que nadie se gloríe
Salvación	*Salvación*	*Comunión*
que si confesares con tu boca que Jesús es el Señor, y creyeres en tu corazón que Dios lo levantó de los muertos, serás salvo. Porque con el corazón se cree para justicia, pero con la boca se confiesa para salvación.	De modo que si alguno está en Cristo, nueva criatura es; las cosas viejas pasaron; he aquí todas son hechas nuevas.	Y considerémonos unos a otros para estimularnos al amor y a las buenas obras; no dejando de congregarnos, como algunos tienen por costumbre, sino exhortándonos; y tanto más cuanto veis que aquel día se acerca.
Comunión		
Un mandamiento nuevo os doy; Que os améis unos a otros; como yo os he amado, que también os améis unos a otros. En esto conocerán todos que sois mis discípulos, si tuviereis amor los unos con los otros.		

El Discipulado 1

Filipenses 4:13 Discipulado 1. 3	Lucas 9:23 Discipulado 1. 2	2 Timoteo 2:15 Discipulado 1. 1
Mateo 6:9-13 Discipulado 1. 6	Josué 1:8 Discipulado 1. 5	Colosenses 3:16 Discipulado 1. 4
Efesios 2:8,9 Discipulado 1. 9	2 Pedro 3:9 Discipulado 1. 8	Filipenses 4:6-7 Discipulado 1. 7
Hebreos 10:24-25 Discipulado 1. 12	2 Corintios 5:17 Discipulado 1. 11	Romanos 10:9-10 Discipulado 1. 10
		Juan 13:34-35 Discipulado 1. 13

©1992: OBSC

Evangelización	*Evangelización*	*Evangelización*
Pero si alguno ama a Dios, es conocido por él.	Nosotros le amamos a él, porque él nos amó primero.	Por cuanto todos pecaron, y están destituidos de la gloria de Dios
Evangelización	*Evangelización*	*Evangelización*
Como está escrito: No hay justo, ni aun uno; No hay quien entienda	Porque la paga del pecado es muerte, mas la dádiva de Dios es vida eterna en Cristo Jesús Señor nuestro.	Justificados, pues, por la fe, tenemos paz para con Dios por medio de nuestro Señor Jesucristo
Evangelización	*Evangelización*	*Evangelización*
Y de la manera que está establecido para los hombres que mueran una sola vez, y después de esto el juicio	Pero cuando se manifestó la bondad de Dios nuestro Salvador, y su amor para con los hombres, nos salvó, no por obras de justicia que nosotros hubiéramos hecho, sino por su misericordia, por el lavamiento de la regeneración y por la renovación en el Espíritu Santo	Porque de tal manera amó Dios al mundo, que ha dado a su Hijo unigénito, para que todo aquel que en él cree, no se pierda, mas tenga vida eterna.
Evangelización	*Evangelización*	*Evangelización*
Porque no envío Dios a su Hijo al mundo para condenar al muno, sino para que el mundo sea salvo por él. El que en él cree, no es condenado; pero el que no cree, ya ha sido condenado, porque no ha creído en el nombre del unigénito Hijo de Dios.	Mas a todos los que le recibieron, a los que creen en su nombre, les dio potestad de ser hechos hijos de Dios	Sino santificad a Dios el Señor en vuestros corazones, y estad siempre preparados para presentar defensa con mansedumbre y reverencia ante todo el que os demando razón de la esperanza que hay en vosotros
Evangelización	*Evangelización*	*Evangelización*
Con Cristo estoy juntamente crucificado, y ya no vivo yo, mas vive Cristo en mí; y lo que ahora vivo en la carne, lo vivo en la fe del Hijo de Dios, el cual me amó y se entregó a sí mismo por mí.	Porque cualquiera que guardare toda la ley, pero ofendiere en un punto, se hace culpable de todos.	Todos nosotros nos descarriamos como ovejas, cada cual se apartó por su camino; mas Jehová cargó en él el pecado de todos nosotros.

El Discipulado 1

Romanos 3:23	1 Juan 4:19	1 Corintios 8:3
Romanos 5:1	Romanos 6:23	Romanos 3:10
Juan 3:16	Tito 3:4,5	Hebreos 9:27
1 Pedro 3:15	Juan 1:12	Juan 3:17,18
Isaías 53:6	Santiago 2:10	Gálatas 2:20

©1992: OBSC

Nombres y abreviaturas de los libros de la Biblia

ANTIGUO TESTAMENTO

Génesis	Gén.	Proverbios	Prov.
Éxodo	Éx.	Eclesiastés	Ecl.
Levítico	Lev.	Cantares	Cant.
Números	Núm.	Isaías	Isa.
Deuteronomio	Deut.	Jeremías	Jer.
Josué	Jos.	Lamentaciones	Lam.
Jueces	Jue.	Ezequiel	Eze.
Rut	Rut	Daniel	Dan.
1 Samuel	1 Sam.	Oseas	Ose.
2 Samuel	2 Sam.	Joel	Joel
1 Reyes	1 Rey.	Abdías	Abd.
2 Reyes	2 Rey.	Jonás	Jon.
1 Crónicas	1 Crón.	Miqueas	Miq.
2 Crónicas	2 Crón.	Nahúm	Nah.
Esdras	Esd.	Habacuc	Hab.
Nehemías	Neh.	Sofonías	Sof.
Ester	Ester	Hageo	Hag.
Job	Job	Zacarías	Zac.
Salmos	Sal.	Malaquías	Mal.

NUEVO TESTAMENTO

Mateo	Mat.	2 Timoteo	2 Tim.
Marcos	Mar.	Tito	Tito
Lucas	Luc.	Filemón	Flm.
Juan	Jn.	Hebreos	Heb.
Hechos	Hch.	Santiago	Stg.
Romanos	Rom.	1 Pedro	1 Ped.
1 Corintios	1 Cor.	2 Pedro	2 Ped.
2 Corintios	2 Cor.	1 Juan	1 Jn.
Gálatas	Gál.	2 Juan	2 Jn.
Efesios	Ef.	3 Juan	3 Jn.
Filipenses	Fil.	Judas	Jud.
Colosenses	Col.	Apocalipsis	Apoc.
1 Tesalonicenses	1 Tes.		
2 Tesalonicenses	2 Tes.		
1 Timoteo	1 Tim.		

Notas

Respuestas

Lección 1

1. El estudio diario, la reunión semanal y la convención nacional de INSTE.
2. Conocimiento, experiencia, reflexión dinámica y formación espiritual
3. En tus estudios diarios usando esta guía de INSTE.
4. La reunión semanal brinda la oportunidad De reflexionar junto con los miembros del grupo sobre la relación entre lo aprendido (el conocimiento) y las experiencias de nuestro vivir como discípulos de Cristo.
5. Memorizándola. Nota también que mora **en abundancia** en nosotros.
6. "estas palabras...estarán sobre tu corazón"
7. Lo usaba para defenderse del ataque de Satanás.
8. Nos da estabilidad en la vida espiritual.
9. Debe estar escrito en el corazón.
10. Nos ayuda para superar la tentación.
11. ...meditar día y noche en ella.
12. Todas son verdaderas.

Lección 2

13. Seguir a Cristo significa *confesar* a Cristo y, al mismo tiempo, *negarse* a uno mismo. Como seguidores de Cristo, tomamos la decisión radical de rendirnos totalmente a la voluntad de Cristo y de no oponer su derecho soberano sobre nuestra vida. Es decir "no" a uno mismo y "sí" a Cristo siempre. La frase "tomar la cruz" intensifica la idea de no volver atrás. El reo llevaba su cruz hacia la muerte; de igual manera, tenemos que crucificar los deseos de la carne y vivir totalmente para Cristo y dejar que El indique el camino; en fin, significa que seamos como El es. El llamado al discipulado incluye el morir a uno mismo y la obediencia total a Cristo.
14. tener una relación íntima con el Maestro.
15. instrucción
16. Tener una relación íntima con el Maestro y ser instruido en su Palabra
17. 100%. Todo pertenece al Señor.
18. No debemos dejar de diezmar.
19. B y C

El Discipulado 1

[20] La medida del amor en el Antiguo Testamento fue el amor propio (hay que amar al prójimo como a sí mismo). Para ser discípulo, tenemos que amar a nuestros hermanos como Jesús nos ama, un amor más profundo y desinteresado. Además, es el amor expresado en una relación más íntima, es decir el amor hacia el hermano, no simplemente un prójimo.

[21] Permanecer en El, o sea, mantener una relación íntima con nuestro Señor.

[22] Dios es glorificado.

[23] testificar, servir, alabar

[24] Bautizar y enseñar.

[25] El resultado debe ser que andamos en vida nueva. (Ver también, Gál. 3:27)

[26] Cristo/ son hermanos. (v. 8)

Lección 3

[27] El creyente "D".

[28] La Biblia, los ojos, el Diario Espiritual

[29] (v.11) "apóstoles, profetas, evangelistas, pastores y maestros"

[30] Apacentar la iglesia

[31] Salmo 18:2

[32] Silas. Encontrarás 15 referencias en el libro de Hechos a Silas, conocido en las epístolas por el nombre Silvano.

[33] Israel

Lección 4

[34] Un libro

[35] Conocer un libro en su totalidad.

[36] Capítulos y versículos

[37] Ayudarnos a hallar pasajes determinados.

[38] Párrafo.

[39] Contiene una unidad de pensamiento centrado en una idea principal.

[40] Dos/ párrafos

[41] Un libro

[42] El gozo de la vida cristiana. (Nota el uso repetido de las palabras "gozo" y "regocijarse"

[43] Elegir un libro.

[44] Hechos 16:11-40

⁴⁵ 1. ¿Quién escribió este libro? Pablo (Filipenses 1:1). Timoteo estaba con el, pero Pablo fue el autor.

2. ¿A quién lo escribió? A los miembros de la iglesia (todos los santos) y a los líderes (obispos y diáconos) de la iglesia de Filipos. La iglesia fue establecida durante el segundo año misionero. Habían pocos judíos en Filipo (no la sinagoga). La primera creyente fue Lidia. Después de echar fuera al demonio de la muchacha, Pablo fue encarcelado. El carcelero y su familia se convirtieron.

3. ¿Dónde lo escribió? Probablemente desde la prisión en Roma. (1:13, 4:22)

4. ¿Cuándo lo escribió? Posiblemente fue en el 62 o 63 A.C. Mandó la carta a los Filipenses con Epafrodito.

5. ¿Qué motivó el que lo escribiera? Recibió una ofrenda que Epafrodito le trajo (2:25).

6. ¿Cuál era su propósito al escribirlo? Agradecerles por la ofrenda y exhortarlos a que siguieran el ejemplo de Epafrodito (su humildad y su abnegación), de Cristo, de Pablo y de Timoteo.

7. ¿En qué circunstancias se encontraba el autor al escribir esta carta? Pablo estaba preso, probablemente en Roma.

8. ¿En qué circunstancias estaban aquellas personas a quienes lo escribió? La iglesia estaba sufriendo persecución (1:29) y habían unos cuantas pequeñas disensiones entre los miembros de la iglesia.

9. ¿Qué información nos da el libro acerca de la vida de su autor? Cáp. 3 Circuncidado, Judío, de la tribu de Benjamín, fariseo, perseguidor de la iglesia. Hechos 16: Romano. Su carácter sobresale en este libro: aunque está sufriendo en la prisión, tiene gozo. No piensa en sus propios problemas mas está preocupado por la iglesia. El es un ejemplo de 3:8, cómo vivir en Cristo.

10. ¿Cuáles son las principales ideas del libro? La más prominente (mencionada por lo menos 18 veces) es gozo. Pero el secreto de este gozo es Cristo en nuestra vida (cáp. 1), como nuestro ejemplo (cáp. 2), nuestra meta (cáp. 3), nuestro todo (cáp. 4).

11. ¿Cuál es la verdad central del libro? El gozo de la vida cristiana. Pablo da ejemplos: Cristo, Timoteo, Epafrodito, y él mismo.

12. ¿Cuáles son las características del libro? Es muy personal y práctico. Es difícil encontrar una estructura.

⁴⁶ Hacer una introducción al libro.

⁴⁷ Conocer el fondo histórico del libro.

⁴⁸ La lectura repetida del libro en estudio.

⁴⁹ Elegir un libro.

⁵⁰ Hacer la introducción

⁵¹ El párrafo.

⁵²
1. 1:1,2 .... Salutación
2. 1:3-8 .... Acción de gracias
3. 1:9-11 .... Oración por los filipenses
4. 1:12-18 ...... Efecto del encarcelamiento de Pablo en Roma
5. 1:19-26 ...... Esperanza de la libertad
6. 1:27-30 ...... Exhortación: unidad frente a los enemigos
7. 2:1-11 Exhortación: Humildad y sometimiento
8. 2:12-18 ...... Exhortación: Obediencia
9. 2:19-24 ...... Timoteo
10. 2:25-30 ...... Epafrodito
11. 3:1-16 .... Advertencia: los "mutiladores del cuerpo"
12. 3:17-4:1 ..... Advertencia: los "enemigos de la cruz"
13. 4:2-3 .... Exhortación: Unidad en la iglesia
14. 4:4-7 .... Exhortación a las virtudes cristianas
15. 4:8-9 .... Exhortación: Seguid el ejemplo de Pablo
16. 4:10-14 ...... La ofrenda de los filipenses
17. 4:15-20 ...... Ofrendas previas de los filipenses
18. 4:21-23 ...... Despedida

⁵³ Llegar a conocer el libro de Filipenses en su totalidad.

⁵⁴ (Esta es mi reacción personal. Lo incluye para darte una idea de cómo hacerlo.) Mediante este libro, vi a Pablo como ejemplo misionero por excelencia. Me ha impresionado mucho su cariño por los filipenses. Los amaba de todo corazón. Pablo celosamente anheló para ellos una vida sumamente pura y sana en el Señor. Pablo vivía lo que enseñaba (ver 4:9). El es, para mí, un ejemplo de lo que yo quiero ser como misionera y maestra.

⁵⁵ La lectura repetida de un libro.

⁵⁶ Conocer un libro en tu totalidad.

⁵⁷ Párrafo

⁵⁸ 1. Elegir un libro; 2. Hacer una introducción; 3. Determinar las divisiones; 4. Titular cada párrafo; 5. Desarrollar el bosquejo; 6. Hacer un resumen de cada párrafo; 7. Escribir una reacción personal.

Lección 5

⁵⁹ La vida de oración de Jesús

⁶⁰ Gozo, regocijar, contentar

⁶¹ Gozo: 1:4; 1:25; 2:2; 2:29, 4:1 Regocijar: 2:17;2:18;4:4; Contentarme: 4:11

⁶² Aprender todo lo posible del personaje bíblico.

⁶³ Cerca de tres mil.

⁶⁴ Llegar a conocer un libro en tu totalidad.

⁶⁵ La lectura repetida del libro.

⁶⁶ un párrafo.

⁶⁷ Aprender todo lo posible del personaje bíblico.

68 Cuando uno quiere conocer lo que dice la Biblia sobre un determinado tema.

69 El método biográfico.

70 Aplicar el estudio, es decir, ponerlo por obra en nuestra vida.

Lección 6

71 los que le temen...

72 "aborrecer el mal"

73 1. altar 2. campo 3. cámara 4. Getsemaní (monte de los Olivos)

74 Orar sin cesar significa llevar una actitud de oración en todo lo que hacemos. Es siempre tener las líneas de comunicación abiertas al Señor.

75 Podemos orar la oración S.O.S. en cualquier momento, pidiendo la ayuda del Señor en circunstancias difíciles.

76 1. Muy de mañana en el desierto. 2. Cuando fue bautizado, Jesús oró. 3. Antes de escoger a los doce discípulos, pasó toda la noche en oración. 4. Bendijo el pan y lo multiplicó. 5. La alimentación de los cinco mil. Después de haber despedido a la multitud y haber hecho a los discípulos ir delante de el, subió al monte a orar aparte. Jesús necesitaba estar solo con su Padre para derramar su corazón ante él. 6. Cuando mucha gente venía a verle y oírle, se apartaba de ellos a lugares desiertos y oraba. Cuando hizo grandes milagros y la multitud le alababa, se humillaba ante el Padre dándole a El toda la gloria y honra. No dejó entrar el orgullo y la autosatisfacción. 7. Jesús oró de tal manera que los discípulos querían que les enseñara a orar. 8. Oró por sus discípulos y por la iglesia. 9. Oró por Pedro para que su fe no faltara. 10. Hoy en día intercede por nosotros. ¡Aleluya! 11. En el momento más triste y difícil de su vida, Jesús oró. Cuando su alma estaba muy triste "hasta la muerte" se postró sobre su rostro orando. Rindió su voluntad para que fuera cumplida la voluntad de su Padre. Buscó las fuerzas espirituales que sólo se pueden hallar en la oración intensa. 12. La vida de Cristo estaba tan saturada de oración que incluso las últimas palabras que dijo en la cruz fueron en forma de una oración.

77 Dios es Espíritu, infinito, uno, omnipotente, omnipresente, omnisciente, inmutable, sabio, soberano, santo, justo, fiel, misericordioso, amor y bueno.

78 **1 Tim. 1:17,** Dios es Rey de los siglos, inmortal, invisible, al único y sabio Dios, al cual sea honor y gloria por todos los siglos. **Judas 24, 25,** Dios es poderoso para guardarnos; es el único y sabio Dios, nuestro Salvador al cual sea gloria y majestad, imperio y potencia, ahora y por todos los siglos **2 Reyes 19:15**, sólo El es Dios de todos los reinos de la tierra **2 Cró. 20:6,** es el Dios de los cielos que tiene dominio sobre todos los reinos y naciones. Nadie puede resistirle porque es poderoso y fuerte.

79 Porque según 1 Pedro 2:5 somos un sacerdocio santo para ofrecer sacrificios espirituales y lo que ofrecemos es el sacrificio de alabanza a Dios que corresponde al incienso del tabernáculo en el Antiguo Testamento.

80 Cantar

El Discipulado 1

---

⁸¹ Antes de resucitar a Lázaro, Jesús dio gracias a Dios por haberle oído. En la Santa Cena dio gracias antes de beber de la copa.

⁸² Todos los ángeles que estaban de pie alrededor del trono, y los ancianos y los cuatro seres vivientes.

⁸³ Alabamos a Dios por quien es; le damos las gracias por lo que ha hecho.

⁸⁴ Iniquidades, pecados/ El Señor no nos escucha/ Los justos

⁸⁵ **Gen. 18.16-33**. Abraham intercedió por Sodoma. Empezó rogando que Dios salvara la ciudad de Sodoma si hallara 50 hombres justos. Como no había 50 justos, siguió pidiendo hasta que si pudiera encontrar a sólo 10 hombres justos. La realidad triste fue que no había ni 10 hombres justos en esa ciudad y por lo tanto Dios salvó a Lot y a su familia y destruyó la ciudad.
Ex. 32.31-35. Moisés intercedió por el pueblo de Israel hasta el punto de decir *"que perdones ahora su pecado, y si no ráeme ahora de tu libro que has escrito."* Dios les perdonó.
Jn. 17.15-18. Jesús oró por sus discípulos y por la iglesia. La iglesia fue establecida.
Luc. 22.31-32. Jesús intercedió por Pedro. Después de arrepentirse por haber negado a Cristo, Pedro volvió y confirmó a sus hermanos.
Hch. 7.54-60. Esteban oró por los que le mataron. Dentro de este grupo estaba un joven que se llamaba Saulo, el cual, más adelante vino a conocer a Cristo como su Señor.

⁸⁶ La diferencia es enorme. La oración S.O.S. es una oración de emergencia en la cual pedimos la ayuda de Dios para nosotros mismos. La intercesión es una oración intensa que invoca las bendiciones de Dios a beneficio de otros.

⁸⁷ Es pedir a Dios que supla las necesidades personales. Es pedir algo para uno mismo.

⁸⁸ Aseguran al que suplica que ya ha recibido lo que ha pedido en el momento de pedir.

⁸⁹ En el nombre de Jesucristo.

Lección 7

⁹⁰ Depende de dónde vives. En algunos lugares la gente piensan que el diablo no existe, o si existe, no es tan malo cómo se le pinta en la Biblia. Otros creen plenamente en el diablo y le adoran como su dios (los espiritistas) en terror y temblor.

⁹¹ tener la mente de Cristo y que *"Cristo habite por la fe en vuestros corazones"*. Por eso podemos orar en el Espíritu.

⁹² Permanecer en Él.

⁹³ Hablar en lenguas. Mira Hechos 2:4; 8:17-18; 10:44-46 y 19:6. (Muchos ven otras señales iniciales que se mencionan en la Escritura, tales como alabanza Hch. 2:11, 2:47, 10:46), gozo (Hch. 2:46), poder (Hch. 1:8), un gran impulso para testificar y predicar (Hch. 2:14,21, 4:31).)

Respuestas

94 Tu respuesta. Yo diría que una persona llena del Espíritu Santo se caracteriza por el fruto del Espíritu, es decir, por su gozo, paz, paciencia, etc., su deseo de testificar de su fe en Cristo, su vida llena de alabanza al Señor, su constancia en las cosas del Señor...

95 Mateo 6:5-18 y 9:14-17

96 El ayuno natural

97 80 días sin comer ni beber.

98 La abstinencia tanto de comida como de bebida

99 En emergencias de naturaleza espiritual

100 Es un ayuno más de régimen especial que una abstinencia total de comida.

101 Natural, total, parcial

102 En el día de expiación.

103 Efesios 6

104 El ayuno natural, total, parcial

Lección 8

105 Cuando oramos "conforme a Su voluntad"

106 Debemos saturarnos con la Palabra de Dios

107 A toda la verdad.

108 La Palabra, las circunstancias y la voz del Espíritu Santo

109 Alabanza: es adorar a Dios por quien es. Acción de gracias: es adorarle por lo que hace. Confesión: es quitar todo impedimento entre el adorador y su Dios. Intercesión: es invocar las bendiciones de Dios para beneficio de otros. Súplica: es pedir con perseverancia por el restablecimiento del reino de Dios en los asuntos que le presentamos. Petición: es pedir a Dios que supla las necesidades personales.

110 El diablo, la carne, y el mundo

111 Efesios 6

112 La salvación no depende de nuestro estado emocional, ni de lo que hacemos. Somos salvos porque la Biblia lo dice. Juan 1:12, Romanos 10:9,10, Efesios 2:8,9.

113 Depender del poder de Dios para darnos la fuerza necesaria para resistir y salir de la tentación

114 Natural, total y parcial.

115 Las dos son oraciones cortas de "orar sin cesar." La primera es pedir la ayuda del Señor en un momento difícil, la segunda es interceder o suplicar al Señor por la Su bendición sobre las vidas de otros.

El Discipulado 1

Lección 9
116 Su hermano, Andrés/ Su amigo, Felipe.

117 *"si tuviereis amor los unos con los otros."*

118 2 Pedro 3:9

Lección 10
119 1. Tu oración por la persona
2. La oración con ella y
3. La oración para que el Espíritu Santo le dé seguridad de que es hijo suyo.

Lección 11
120 Dios nos ve a través de la sangre de Cristo por la cual somos justificados.

121 (Tus comentarios pueden diferir de los míos.) 2 Cor. 5:17, una nueva criatura, 1 Cor. 12: miembro importante del cuerpo de Cristo. Rom. 8:17: heredero de Dios, Fil. 2:14: luz en este mundo perverso. Jn. 3:16: de eterno valor al Padre que envió a su propio Hijo para darnos vida eterna

122 1. B, 2.D, 3.A, 4.C, 5.B

123 un lago

124 Por ejemplo, los pensamientos impuros, o malas actitudes hacia una persona.

125 Ha de compartirlo con dicha persona y hacer todo lo posible para mantener la unidad del cuerpo.

126 Siempre debemos amarle, aceptarle, y escucharle incondicionalmente.

Lección 12
127 Amar.

128 La del cuerpo.

129 13 veces

130 Este pasaje nos enseña que ningún cristiano puede funcionar de modo efectivo por sí mismo. Nos necesitamos los unos a los otros. También aprendemos que todos los miembros son importantes. También subraya la importancia de la unidad en el cuerpo.

131 El fruto del Espíritu

132 **Fil. 2:2-4.** Mostramos amor al estar unánimes. No debemos hacer nada por contienda o vanagloria; debemos portarnos con humildad, estimando a los otros como superiores a nosotros mismos. También miramos por lo de los otros.

Heb. 13:3. Debemos recordarnos de los presos y maltratados en el cuerpo como si estuviéramos con ellos.

Respuestas

1 Ped. 3:8-9. Debemos ser de un mismo sentir, compasivos, amándonos fraternalmente, misericordiosos, amigables, no devolviendo mal por mal, sino por el contrario, bendiciendo.

133 Por el amor entre hermanos

134 1. Sed miembros los unos de los otros 2. Amaos los unos a los otros
135 un cuerpo y una familia
136 a los padres, a las viudas, a todos
137 Tu respuesta. Yo diría lo siguiente: amor y mansedumbre
138 Para la unidad de la iglesia
139 Llegamos a la conclusión que la iglesia debe ser unida
140 B
141 Pablo enseñó que no debemos juzgar a otros en áreas que no son específicamente pecaminosas (Rom. 14:5) y que los fuertes en la fe deben soportar las flaquezas de los débiles (Rom. 14: 20-21). Pablo ponía la carga más pesada sobre los cristianos maduros. Tened cuidado, dijo él, que nadie haga nada que pueda ser causa de tropiezo a los demás.
142 Sobre todo debemos aceptarnos unos a otros y no hacer nada que sea de tropiezo.
143 Dice que si hacemos aceptación de personas, cometemos pecado y quedamos convictos por la ley como transgresores
144 El legalismo (juzgando unos a otros) y los prejuicios (mostrando parcialidad)
145 bondad
146 todo conocimiento
147 La Biblia
148 Todo el cuerpo. *"Amonestaos los unos a los otros."*
149 1. hacerlo con genuina humildad; 2. debe hacerse con precaución; 3. debe hacerse con oración.
150 **1 Pedro 5:5.** Estar sujeto a los ancianos, y todos sumisos unos a otros. **Hebreos 13:17.** Obedecer a vuestros pastores y sujetarse a ellos. **Col. 3: 20 y Ef. 6:1**. Los hijos deben obedecer y ser sumisos a sus padres
151 Significa ceder al consejo o aviso de otro.
152 Compartir la Palabra de Dios con alguien
153 1. Sed miembros los unos de los otros. 7. Saludaos los unos a los otros.
   2. Amaos los unos a los otros. 8. Servíos los unos a los otros.
   3. Honraos los unos a los otros. 9. Sobrellevar las cargas unos de los otros.
   4. Sed del mismo sentir, unos a otros. 10. Soportaos los unos a los otros.
   5. Aceptaos los unos a los otros. 11. Someteos los unos a los otros.
   6. Amonestaos los unos a los otros. 12. Animaos los unos a los otros.
154 **1.** 2 **2.** 7 **3.** 12 **4.** 1 **5.** 4 **6.** 6 **7.** 9 **8.** 2 **9.** 11 **10.** 3 **11.** 10 **12.** 5

El Discipulado 1

El Discipulado 1

Lección 13

[155] El cuerpo

[156] Adán culpó a Dios y a Eva, y Eva culpó a la serpiente. Génesis 3: 12-14

[157] Evitarlo (ignorarlo) o enfrentarlo

[158] restablecer la paz al confrontar el conflicto y encontrar una solución.

[159] Tu respuesta. Yo diría que el conflicto es un desacuerdo, o una diferencia de opiniones sobre algún asunto.

[160] El conflicto conlleva crecimiento de una relación, una oportunidad para el acercamiento el uno del otro.

[161] Es normal porque somos individuos con diferencias. Es necesario porque sin choques la relación no cambia. Una dificultad puede conducirse hacia una relación más flexible.

[162] Si no perdonamos a nuestros hermanos sus ofensas tampoco Dios nos perdonará nuestras ofensas.

[163] El nivel 4.

[164] Mateo y Zaqueo, los dos recaudadores de impuestos

[165] Nivel 4.

Made in the USA
Monee, IL
05 March 2025